As Questões Fundamentais da Filosofia

Martin Heidegger, filósofo alemão, nascido Messkirch em 1889. Inicialmente quis ser padre e chegou mesmo a estudar em um seminário. Depois, estudou na Universidade de Freiburg com o professor Edmund Husserl, o fundador da fenomenologia, e tornou-se professor ali em 1928. É seguramente um dos pensadores fundamentais do século XX. Faleceu em Freiburg em 1976. Escreveu, entre outros livros, *Metafísica de Aristóteles*, *Ser e tempo*, *Ser e verdade* e *Introdução à filosofia*, publicado por esta editora.

Martin Heidegger

As Questões Fundamentais da Filosofia

("Problemas" seletos da "lógica")

Tradução
MARCO ANTONIO CASANOVA

wmf martinsfontes
SÃO PAULO 2020

Esta obra foi publicada originalmente em alemão com o título GRUNDFRAGEN DER PHILOSOPHIE por Vittorio Klostermann Verlag. Editado por Friedrich-Wilhelm von Hermann.

1ª edição *2017*
2ª tiragem *2020*

Tradução
MARCO ANTONIO CASANOVA

Acompanhamento editorial
Luzia Aparecida dos Santos
Revisões
Ana Caperuto
Ana Maria de O. M. Barbosa
Edição de arte
Katia Harumi Terasaka
Produção gráfica
Geraldo Alves
Paginação
Studio 3 Desenvolvimento Editorial

Dados Internacionais de Catalogação na Publicação (CIP)
(Câmara Brasileira do Livro, SP, Brasil)

Heidegger, Martin, 1889-1976.
As questões fundamentais da filosofia : ("problemas" seletos da "lógica") / Martin Heidegger ; tradução Marco Antonio Casanova. – São Paulo : Editora WMF Martins Fontes, 2015.

Título original: Grundfragen der Philosophie.
ISBN 978-85-7827-916-5

1. Filosofia 2. Lógica 3. Verdade I. Título.

14-12558 CDD-111.8

Índices para catálogo sistemático:
1. Verdade : Filosofia 111.8

Editora WMF Martins Fontes Ltda.
Rua Prof. Laerte Ramos de Carvalho, 133 01325.030 São Paulo SP Brasil
Tel. (11) 3293.8150 e-mail: info@wmfmartinsfontes.com.br
http://www.wmfmartinsfontes.com.br

SUMÁRIO

PARTE PREPARATÓRIA

A ESSÊNCIA DA FILOSOFIA E A QUESTÃO ACERCA DA VERDADE

Primeiro Capítulo
Interpretação prévia da essência da filosofia

Segundo Capítulo
A questão acerca da verdade como questão fundamental

PARTE PRINCIPAL

PONTOS FUNDAMENTAIS SOBRE A QUESTÃO ACERCA DA VERDADE

PRIMEIRO CAPÍTULO
A questão fundamental acerca da essência da verdade como meditação histórica

Segundo Capítulo

A questão acerca da verdade (essencialidade) da essência

QUARTO CAPÍTULO

A necessidade da pergunta acerca da essência da verdade a partir do início da história da verdade

ANEXO

A QUESTÃO ACERCA DA VERDADE

A PARTIR DO PRIMEIRO PROJETO

I. Algo principial sobre a questão acerca da verdade

PARTE PREPARATÓRIA

A ESSÊNCIA DA FILOSOFIA E A QUESTÃO ACERCA DA VERDADE

CAPÍTULO PRIMEIRO

INTERPRETAÇÃO PRÉVIA DA ESSÊNCIA DA FILOSOFIA

§ 1. A filosofia futura e a retenção como tonalidade afetiva fundamental[1] da ligação com o seer[2]

"Questões fundamentais da filosofia" – isso parece implicar que haveria "a filosofia" em si, de cujo domínio

---

1. O termo alemão *Stimmung* possui um campo semântico deveras peculiar. Traduzido em sua dimensão mais coloquial, o termo indica um "estado de humor", um "afeto", uma "disposição", assim como uma "atmosfera" que se forma em um ambiente ou um "astral" que surge em determinada circunstância. O uso heideggeriano do termo, por sua vez, procura retirar da palavra toda e qualquer conotação subjetivista. Para Heidegger, a *Stimmung* não é um estado de humor ou uma afecção do sujeito, mas aponta muito mais para uma afinação de todos os elementos que tomam parte em uma situação, para uma harmonia do mundo enquanto abertura do ente na totalidade. Em sua relação com *Stimme* [voz] e *Stimmen* [afinar], a *Stimmung* indica o estabelecimento de uma afinação harmônica. A essa significação acrescentamos o adjetivo "afetivo" apenas porque a *Stimmung* se abate sobre nós como um afeto, como um *páthos*. O próprio Heidegger traduziu em seus escritos de juventude o termo grego *páthos* por *Stimmung*. (N. do T.)

2. O termo "seer" remete-nos a um recurso utilizado por Heidegger a partir da década de 1930 para diferenciar a questão metafísica acerca do *ser*, enquanto a pergunta sobre o ser, do ente na totalidade do pensamento interessado em colocar em questão, pela primeira vez, a verdade do próprio ser. Enquanto a metafísica compreende o ser como o ente supremo (*óntos ón*) e como o fundamento último da realidade, o pensamento voltado para a possibilidade de um outro início da filosofia

seriam extraídas, então, "questões fundamentais". Mas esse não é nem pode ser o caso. Ao contrário, é só *por meio* do questionamento das questões fundamentais da filosofia que se determina o que a filosofia é. Na medida em que as coisas se comportam desse modo, somos obrigados a indicar de antemão como a filosofia se nos torna manifesta quando questionamos; isto é, quando investimos todas as coisas – a saber, tudo – nesse questionamento, e não apenas agimos como se perguntássemos, acreditando sempre já possuir as nossas supostas verdades.

Essa breve *interpreta*ção prévia da essência da filosofia não tem por tarefa senão sintonizar a *tonalidade afetiva fundamental* correta ou, dito de maneira mais prudente, levar essa tonalidade afetiva fundamental a uma primeira ressonância. Mas ora: a filosofia, o trabalho pensante mais rigoroso do conceito e – a tonalidade afetiva? Como essas duas coisas se coadunam, filosofia *e* tonalidade afetiva? Com certeza, elas se coadunam; pois justamente se e porque a filosofia é e continua sendo o pensamento mais tenaz oriundo da mais pura sobriedade, ela emerge e permanece em uma tonalidade afetiva maximamente elevada. A pura sobriedade não é com certeza um nada, ela não se mostra de modo algum apenas como

---

aquiesce radicalmente à impossibilidade de transformar o ser em objeto de tematização e procura acompanhar o ser em seus acontecimentos históricos. Para marcar mais nitidamente essa diferença, Heidegger cria uma distinção pautada no modo arcaico de escrita do verbo ser em alemão (*Seyn*), um modo de escrita que ainda era usual em autores como Fichte, Schelling e Hegel. Surgem, assim, os termos "*Sein*" e "*Seyn*", que traduzimos respectivamente por "ser" e "seer" em função do fato de "ser", em português arcaico, ser grafado com a letra "e" dobrada (seer). A esse respeito, conferir Augusto Magne, *A Demanda do Santo Graal*, Rio de Janeiro, Ed. Imprensa Nacional, 1944, pp. 37-9 entre outras. (N. do T.)

a ausência de uma tonalidade afetiva, nem tampouco como a mera frieza do conceito rígido. Ao contrário, a pura sobriedade do pensamento não é no fundo senão a mais rigorosa manutenção-em-si da mais elevada tonalidade afetiva, daquela tonalidade afetiva justamente que se abriu ao fato único e descomunal: o fato de que o ente é e não antes não é.

Essa tonalidade afetiva fundamental *da* filosofia, isto é, da filosofia *futura*, se é que algo pode ser dito imediatamente sobre ela, nós denominamos *retenção*. Na retenção, dois elementos estão unidos e se compertencem de maneira originária: o *terror* diante daquilo que há de mais próximo e importuno, a saber, o fato de que o ente é, e, ao mesmo tempo, o *pudor* ante o fato mais remoto de que o seer se essencializa no ente e antes de todo ente. A retenção é aquela tonalidade afetiva na qual esse terror não é superado e alijado, mas, precisamente, resguardado e conservado por meio do pudor. A retenção é a *tonalidade afetiva fundamental da ligação com o seer*. Nessa ligação, o velamento da essência do seer torna-se aquilo que há de mais digno de questão. Apenas quem se lança no fogo ardente da questão acerca desse elemento maximamente digno de questão tem o direito de dizer mais do que uma palavra alusiva sobre essa tonalidade afetiva fundamental. Se ele conquistou arduamente esse direito, não precisará usá-lo, mas terá antes de silenciar. A tonalidade afetiva fundamental, contudo, nunca pode ser transformada em objeto de um falatório, por exemplo, segundo o modo popular e precipitado que constata agora que o que estamos ensinando aqui é uma filosofia da retenção.

§ 2. A filosofia como saber imediatamente inútil, apesar de soberano, sobre a essência do ente

Sempre segundo o curso profundo da história de um povo, o poetar do poeta e o pensar do pensador, a filosofia, encontram-se presentes ou ausentes em seu início[3], no início que a tudo determina. Um povo histórico sem filosofia é como uma águia sem a amplitude elevada do éter radiante, no qual seus movimentos oscilatórios se transformam no mais puro impulso.

A filosofia é algo completamente diverso da "visão de mundo" e fundamentalmente distinto de toda "ciência". Por si mesma, a filosofia não pode substituir nem a visão de mundo nem a ciência; mas ela nunca pode ser tampouco avaliada segundo tal possibilidade. Não pode ser medida de maneira alguma senão por sua essência, ora reluzente, ora velada. Se tentarmos calcular se a filosofia tem alguma utilidade imediata e qual pode ser essa utilidade, também perceberemos que a filosofia não realiza nada.

Todavia, pertence necessariamente ao caráter da opinião habitual e do pensamento "prático" o fato de sempre

---

3. Heidegger faz uma distinção entre as palavras alemãs *Anfang* e *Beginn*. Enquanto o *Anfang* descreve um momento inicial que permanece vigente na história de seus desdobramentos e se aproxima do sentido básico do termo grego *arch* [princípio], o *Beginn* não caracteriza senão o começo de um movimento, o primeiro ponto de uma trajetória. Para acompanhar o campo semântico desses termos, portanto, optamos por reservar "início" para *Anfang* e "começo" para *Beginn*. Essa opção baseia-se em dois pontos: 1) A proximidade entre os termos "início" e "origem" em português, o que insere a palavra "início" no campo semântico de *Anfang*; 2) O fato de, tal como o termo alemão *Anfang*, "início" ter um correlato adjetivo no termo "inicial" (*anfänglich*), enquanto a palavra "começo", tal como *Beginn* em alemão, só possui um uso nominal. (N. do T.)

se estimar equivocadamente a filosofia, seja sob o modo de uma superestimação, seja sob a forma de uma subestimação. A filosofia é superestimada quando esperamos de seu pensamento um efeito que traga imediatamente consigo uma utilidade. A filosofia é subestimada quando não reencontramos em seus conceitos, senão "abstratamente" (de maneira dispersa e diluída), aquilo que o lidar com as coisas, pautado pela experiência, já assegurara de modo palpável.

A questão é que um saber filosófico autêntico nunca se mostra como o suplemento claudicante, que segue as representações mais gerais sobre o ente já conhecido sem tal esforço. Ao contrário, a filosofia é muito mais o saber que abre, antecipando-se por meio de um salto, novos âmbitos de questões e novos aspectos da questão, um saber acerca da essência constantemente autoveladora das coisas. Exatamente por isso, esse saber nunca pode se transformar em algo útil. A meditação filosófica nunca produz um efeito, se é que ela o produz, senão de maneira mediata, na medida em que prepara, para todo comportamento, novos ângulos de visão e novos critérios para toda decisão. A filosofia só consegue fazer algo assim, contudo, quando se lança arrojadamente em direção ao que lhe há de mais próprio: estabelecer por meio do pensamento para o ser-aí humano a finalidade de toda meditação e erigir, assim, na história do homem, um domínio velado. Por isso, precisamos dizer: *a filosofia é o saber imediatamente inútil, apesar de soberano, sobre a essência das coisas.*

Não obstante, a essência do ente permanece a todo momento aquilo que há de mais digno de questão. Na medida em que, por meio de seu questionamento incessante, a filosofia nunca luta senão pela apreciação desse elemento maximamente digno de questão e jamais atualiza aparentemente "resultados", ela sempre permanecerá necessariamente *estranha* ao pensamento que se liga de maneira empedernida ao cálculo, ao uso e à possibilidade de aprendizado. Porquanto as ciências e, em verdade, não apenas as ciências naturais, precisam tender ininterruptamente a uma completa "tecnicização", a fim de seguir até o fim o seu caminho há muito fixado; e porquanto as ciências parecem estar ao mesmo tempo de posse do saber propriamente dito, realiza-se precisamente *nas* ciências, e *por meio* delas, a mais aguda alienação em relação à filosofia e, ao mesmo tempo, a comprovação supostamente convincente do caráter prescindível da filosofia.

(*Verdade e "ciência"*: é somente quando e a cada vez em que acreditamos estar de posse da "verdade", que chegamos à ciência e ao seu funcionamento. A "ciência" é a negação de todo saber sobre a verdade. Achar que a ciência seria hoje perseguida e hostilizada é um erro fundamental: as coisas nunca estiveram tão boas para a "ciência" quanto hoje, e elas ainda ficarão melhores para ela do que até aqui. No entanto, nenhum homem do saber invejará os "cientistas" – os mais deploráveis escravos dos tempos modernos.

A reinserção da "ciência" naquilo que é digno de questão [Cf. "A autoafirmação da universidade alemã"][4] é a dissolução da "ciência" moderna).

§ 3. O questionamento acerca da verdade do seer como saber soberano

A filosofia é o saber inútil, apesar de soberano, sobre a essência do ente. A soberania da filosofia baseia-se no

4. Trata-se aqui do discurso proferido por Heidegger no dia 27 de maio de 1933 por ocasião da solenidade de sua posse no cargo de reitor da Universidade Albert-Ludwig Freiburg em Brisgau. (N. do T.)

estabelecimento pensante de metas para toda meditação. Que meta, porém, é estabelecida por nosso pensamento? O estabelecimento da meta de toda meditação só possui uma verdade lá onde, e no momento em que, tal meta é efetivamente buscada. Se os alemães buscam essa meta, e até o ponto em que a buscam, eles também já a encontraram. Pois a *nossa meta é a própria busca*. A busca – que outra coisa ela seria senão o mais constante estar-na-proximidade daquilo que se vela, daquilo a partir do que toda necessidade nos toca e todo júbilo nos atiça. A própria busca é a meta e, ao mesmo tempo, a descoberta.

Aqui, porém, vêm à tona ponderações naturais. Se a busca deve ser a meta, não se estaria estabelecendo, com isso, afinal, a ausência sem fim de metas como meta? É assim que pensa o entendimento calculador. Se a busca deve ser a meta, não se estaria eternizando assim a inquietude e a insatisfação? Essa é a opinião do sentimento ávido por uma posse rápida. Reconhecemos incessantemente que a busca traz consigo a mais elevada constância e equilíbrio para o interior do ser-aí – apesar de isso só acontecer quando essa busca mesma procura *autenticamente*, isto é, quando ela se projeta muito para além e se estende até o interior *daquilo que há de mais velado*, deixando para trás toda mera curiosidade. E o que há de mais velado do que o fundamento daquele fato descomunal, a saber, o fato de que o ente é e não antes não é? O que se nos subtrai mais do que a essência do seer, isto é, a essência daquilo que em todo ente fabricado e disposto que vige à nossa volta e nos suporta é o mais imediato e apreensível, e, contudo, permanece intangível?

Estabelecer a própria busca como a meta significa: ancorar o início e o fim de toda meditação na *questão acerca da verdade do próprio seer* – não desse ou daquele ente ou mesmo de todos os entes. A grandeza do homem é medida por aquilo que ele busca e pela urgência por força da qual ele permanece aquele que busca.

Tal questionamento acerca da verdade do seer é um saber soberano, é filosofia. Aqui, o questionamento já vige como saber porque, por mais essencial e decisiva que deva ser uma resposta, ela não pode ser outra coisa senão o primeiríssimo passo na longa série de passos em um questionamento fundado em si mesmo. No âmbito da busca propriamente dita, a descoberta não é a interrupção da busca, mas a sua mais elevada intensificação.

Com certeza, essa interpretação prévia da essência da filosofia só nos diz alguma coisa quando experimentamos tal saber no trabalho do questionamento – por isso, "questões fundamentais da filosofia". Mas que questão estamos levantando?

SEGUNDO CAPÍTULO
A QUESTÃO ACERCA DA VERDADE COMO QUESTÃO FUNDAMENTAL[1]

§ 4. A verdade como "problema" da "lógica" (correção do enunciado) distorce a visão da essência da verdade

O título e o subtítulo indicam a *tarefa desta preleção* de duas maneiras, sem que fique claro a partir daí o conteúdo daquilo que é agora discutido. Para aprendermos tal conteúdo, partiremos do subtítulo, segundo o qual o que está em questão aqui é a "lógica". De acordo com a tradição, a lógica é uma "disciplina", uma "matéria" da filosofia, supondo que consideremos a própria filosofia uma "disciplina" e que a dividamos, de modo escolar, em matérias particulares: lógica, ética, estética etc., matérias por meio das quais, então, uma série de "problemas" pertinentes são respectivamente abarcados. "Problemas" – a palavra entre aspas serve-nos como designação daquelas questões que não são mais questionadas. Elas são fixadas enquanto questões, e a única coisa que importa é encontrar a resposta para elas ou, antes ainda, modificar

1. A pergunta acerca da essência da verdade é o estabelecimento projetivo da única meta que, enquanto verdade, se lança por si para além de si mesma – verdade entendida aqui como verdade do seer e vista em termos da essência do acontecimento apropriativo. O que está em questão não é apenas o afastamento da ausência de metas, mas, antes de tudo, a superação da resistência contra toda busca por uma meta.

as respostas já encontradas, reunir e equilibrar as opiniões até aqui sobre elas. Por isso, tais "problemas" são particularmente próprios para encobrir questões autênticas, para rejeitar, de antemão, como estranhas, questões até aqui nunca formuladas, sim, para produzir uma interpretação completamente equivocada da essência do questionar. Os assim chamados "problemas" podem se colocar facilmente no lugar das questões fundamentais da filosofia. Vistos a partir da filosofia, portanto, tais "problemas", característicos da erudição filosófica, possuem a notável distinção de, sob a aparência impressionante de um "problema", prevenirem de antemão e definitivamente o aparecimento de um questionamento real.

É um *tal* "problema" da "lógica" que deve ser discutido aqui. Isso significa: nós aspiramos a ir além do "problema", da questão enrijecida, e, do mesmo modo, da "lógica" enquanto "disciplina" própria à erudição filosófica desertificada de maneira escolar, assim como a alcançar um questionamento filosófico que penetre no fundamento e emerja do fundamento. No entanto, precisamos partir de "problemas", porque somente assim se torna visível a forma tradicional da questão que precisa ser por nós questionada, uma forma que, por isso, continua dominante para nós mesmos. Na medida em que, na maioria das vezes, o tradicional deixa para trás um passado muito longo, ele não é nada arbitrário, mas ainda porta em si o rastro de uma necessidade outrora autêntica. Sem dúvida alguma, porém, tais rastros só chegam a ser vistos quando o tradicional é reconduzido ao seu fundamento.

Selecionamos um "problema da lógica" por detrás do qual se esconde uma "questão fundamental da filosofia" que ainda se acha inquestionada. "Lógica" é o termo abreviado para a expressão λογικὴ ἐπιστήμη. Essa expressão significa: saber acerca do λόγος compreendido como enunciado. Em que medida o *enunciado* é o "tema" da lógica? E como se obtém, a partir daí, a construção dessa "matéria" da filosofia? Isso precisa ser elucidado para que o nome "lógica" não permaneça um mero título.

O que entrega ao enunciado – à proposição do tipo "a pedra é dura" – um status tal que ele pode se transformar expressamente em objeto de um saber, em objeto da lógica? O enunciado enuncia algo sobre o ente: ele enuncia o que o ente é e como ele é. Dizendo isso, o enunciado é *dirigido para* o ente e, se o enunciado se *retifica com vistas ao* ente e se o que é dito por ele mantém essa direção e re-presenta, a partir dela, o ente, o enunciado é *correto*[2]. A *correção* do enunciado – isso significa para nós, há muito tempo, a *verdade*. Portanto, o enunciado é a sede e o lugar da verdade – mas também da *não-verdade*, da falsidade e da mentira. O enunciado é a forma fundamental daquelas declarações que podem ser verdadeiras ou falsas. Não é como um tipo de declaração, nem tampouco como uma estrutura vocabular, mas como a sede e o lugar da correção, isto é, da "verdade", que o enunciado, o λόγος, se mostra como um "objeto" eminente do conhecimento. Como esse lugar da verdade, por sua vez, ele só

---

2. Heidegger joga nessa passagem com algumas possibilidades de composição oriundas do verbo *sich richten* [dirigir-se]: *sich richten auf* [dirigir-se para], *sich richten nach* [orientar-se por], *Richtung* [direção] e *Richtigkeit* [correção]. O sentido do texto aponta para o fato de o enunciado correto se constituir tradicionalmente a partir do estabelecimento do ente como critério de correção. Exatamente para manter o campo semântico de correção e direção, optamos pela tradução de *sich richten nach* por "retificar-se" em vez de "conformar-se". O enunciado retifica-se, isto é, assume a sua posição reta, na medida em que se conforma ao ente. (N. do T.)

requisita uma atenção particular porque a "verdade" e a posse da verdade atraem para si um "interesse" acentuado. O homem procura a verdade; nós falamos da "vontade de verdade"; acreditamos que estamos de posse da verdade; apreciamos o "valor" da verdade. É somente porque a verdade e a sua posse ou ausência de posse se mostram como o inquietante, o venturoso ou o decepcionante que o enunciado, enquanto o lugar da verdade, encontra basicamente uma atenção particular, e que há, no fundo, algo do gênero da "lógica". Dizemos de maneira ponderada "no fundo", pois as coisas já estão há muito diversas e se dão *precisamente de modo inverso*. Há muito temos a lógica como uma disciplina da filosofia escolar, e, em verdade, desde os primórdios da escola de *Platão* – mas também somente a partir de então. Na medida em que há a lógica como a explicitação do λόγος, também há o "problema" da "verdade" compreendida como propriedade insigne do λόγος. Por isso, o "problema da verdade" é um problema da "lógica" ou, como se diz nos tempos modernos, da "teoria do conhecimento". A verdade é aquele "valor" por meio do qual um conhecimento passa a valer pela primeira vez como conhecimento. Enquanto *forma* fundamental do conhecimento, porém, vige o juízo, a proposição, o enunciado – o λόγος. A teoria do conhecimento sempre é, com isso, "lógica", no sentido essencial supracitado.

Mesmo que possa soar exagerado dizer que o "problema" da verdade "existe" enquanto "problema" porque há a "lógica" e porque, de tempos em tempos, essa disciplina é retomada uma vez mais e oferecida com uma nova roupagem, ao menos uma coisa permamece incontestável: desde os tempos de Platão e Aristóteles, a questão acerca da verdade é uma questão da lógica. Isso implica o seguinte: a busca por aquilo que a verdade é se movimenta nas vias e nas perspectivas que foram firmadas com a abordagem e o círculo de tarefas da lógica e de suas pressuposições. Para mencionar apenas pensadores modernos, esse estado de fato pode ser facilmente atestado a partir das obras de Kant, Hegel e Nietzsche. Por mais certo que seja o fato de, para esses filósofos e, em geral, para toda a tradição da filosofia ocidental, a pergunta sobre a verdade permanecer uma meditação sobre o pensamento e sobre o λόγος, e, com isso, uma pergunta da "lógica", seria completamente superficial e falseador afirmar que esses pensadores *só* teriam formulado a pergunta sobre a verdade ou buscado a resposta a essa pergunta porque há a lógica e porque a lógica exige o tratamento de tal questão. Pois é de se supor que uma outra preocupação, para além de um aprimoramento ou de uma reconfiguração da "lógica", tenha conduzido esses pensadores à pergunta acerca da verdade – precisamente aquele "interesse" que o homem tem pela verdade, o homem como aquele que é exposto ao ente e que, desse modo, é ele mesmo um ente.

Todavia, por meio do domínio da lógica, é possível que esse "interesse" pela verdade, um interesse que também pode estar desperto onde não subsiste absolutamente nenhum "interesse" pela "lógica", tenha sido impelido, com o tempo, para uma direção totalmente determinada e assumido uma configuração completamente definida. É assim que as coisas de fato se encontram. Mesmo quando a pergunta acerca da verdade não emerge do interesse pela lógica, o tratamento da pergunta já se movimenta nas *vias* da lógica.

Dito de maneira resumida: desde tempos imemoriais, a verdade é um "problema da lógica", mas não uma questão fundamental da filosofia.

Esse fato também continua produzindo os seus efeitos lá – e, precisamente lá, do modo mais agudo possível – onde pela última vez na filosofia ocidental se colocou a pergunta acerca da verdade da maneira mais apaixonada possível: em Nietzsche. Pois Nietzsche parte em primeiro lugar o fato de não termos a "verdade", o que torna manifestamente a pergunta sobre a verdade a mais urgente possível; em segundo lugar, pergunta qual é o "valor" da verdade; e, em terceiro lugar, pergunta sobre a origem da "vontade de verdade". E, contudo, apesar do radicalismo aparentemente insuperável de seu questionamento, a pergunta sobre a verdade continua presa, mesmo em Nietzsche, às correntes da "lógica".

Mas o que há de tão errado nisso? Pode ser que o campo de visão de *toda* lógica, enquanto lógica, *distor*ça justamente a *visão da essência da verdade*. Pode ser que até mesmo os pressupostos de toda lógica não admitam uma questão originária sobre a verdade. Pode ser que a lógica não alcance nem mesmo a antessala da pergunta sobre a verdade.

Com essas observações não fazemos agora outra coisa senão aludir ao fato de o "problema da verdade" se encontrar em uma longa tradição, que removeu, por fim, cada vez mais, a *questão* acerca da verdade de seu solo de enraizamento, ou seja, ao fato de a pergunta sobre a verdade ainda não ter sido absolutamente colocada de maneira originária. Na medida em que o pensamento moderno e o pensamento atual se movimentam completamente no interior dos campos de visão dessa tradição, é só com muita dificuldade que um questionamento originário sobre a verdade se torna acessível para ele. Com efeito, esse questionamento deve parecer estranho, se não mesmo insano.

§ 5. Discussão da verdade a partir da questão fundamental da filosofia juntamente com a inserção de uma confrontação histórica com a filosofia ocidental. Urgência[3] e necessidade de um questionamento originário

Se não discutimos a seguir a verdade como um "problema da lógica", mas levantamos a questão sobre a verdade *a partir da questão fundamental da filosofia*, então teremos de levar em conta de antemão essas dificuldades de compreensão e entendimento, isto é, teremos de reconhecer que a questão acerca da verdade, hoje, encerra em si a confrontação com o conjunto da filosofia ocidental e que essa questão nunca pode ser colocada em curso sem tal confrontação histórica. Uma confrontação *histórica*, porém, é algo essencialmente diverso de um cálculo *historiológico* que toma conhecimento daquilo que até aqui se passou[4]. Nós devemos experimentar o

3. Há um intuito argumentativo específico que se perde um pouco na tradução. Em verdade, os termos *Nötigung* [urgência] e *Notwendigkeit* [necessidade] possuem uma mesma raiz etimológica: eles provêm do termo *Not*, que significa "penúria" e "estado de necessidade". Heidegger procura pensar essa "penúria" a partir do cerne do ser-aí como um ente que não possui em si mesmo nenhuma concretude objetiva e que precisa encontrar, a cada vez, projetivamente em seu mundo, um apoio para tal penúria. Nesse contexto, a *Nötigung* [urgência] designa o que impele à compreensão da dinâmica histórica dos projetos de mundo a partir da penúria constitutiva do ser-aí e a *Notwendigkeit* [necessidade] repousa justamente sobre tal compreensão. (N. do T.)

4. Heidegger trabalha incessantemente com uma diferença entre os termos *Geschichte* [história] e *Historie* [historiologia]. Enquanto a história diz respeito para ele às decisões intrínsecas à história do ser e à constituição dos projetos históricos de mundo, decisões que nunca se perdem simplesmente no passado, mas que sempre continuam vigentes no presente e determinantes para o futuro, a historiologia aponta para

que significa uma confrontação histórica em meio à realização de um pensamento que atravessa a questão acerca da verdade.

A questão acerca da verdade – mesmo quando a resposta ainda não surgiu – já soa, enquanto questão, por demais presunçosa. Pois, se não houvesse por detrás de tal pergunta uma pretensão de saber efetivamente, de alguma forma, a verdade, então todo esse empreendimento permaneceria mero jogo. E, contudo, maior do que essa pretensão é a retração pela qual esse questionamento acerca da verdade precisa ser transpassado em sua afinação afetiva. Pois não deve ser discutido uma vez mais um "problema" bem estabelecido. Ao contrário, é a questão acerca da verdade que deve ser levantada enquanto uma questão fundamental. Isso significa: a verdade deve ser *honrada* pela primeira vez a partir do fundamento como aquilo que é *digno de questão*. Quem se mantém nessa atitude e honra algo mais elevado fica livre de toda presunção. Não obstante, vista de fora, a questão acerca da verdade contém sempre a aparência de uma petulância, da petulância de querer decidir algo primeiro e derradeiro. Somente o próprio questionamento correto e a experiência de sua necessidade podem impor aqui a atitude apropriada.

No entanto, como devemos experimentar justamente a *necessidade de um questionamento originário* e, com isso, de uma saída da esfera do problema tradicional da verdade, e, consequentemente, a *urgência* de *outra* colo-

---

a abordagem lógico-científica dos eventos do passado. Em geral, opta-se pela tradução de *Historie* por "historiografia". No entanto, como o que está em questão aqui não é necessariamente a escrita da história, mas a logicização do elemento histórico, preferimos seguir a solução usada por David Krell em suas traduções de Heidegger para o inglês e traduzir *Historie* por "historiologia". (N. do T.)

cação da questão em face da tradição que se conservou por 2 mil anos? Por que as coisas não podem nem devem permanecer "como antes"? Por que é que a determinação até aqui da verdade não nos é suficiente? A resposta a essas questões não é nada menos do que um retorno à essência mais originária da verdade, uma essência que, contudo, deve ser colocada em curso pela primeira vez por meio de nosso questionamento. Não obstante, por meio de uma simples meditação sobre a concepção tradicional da verdade, já podemos nos convencer do fato de termos diante de nós algo digno de questão e de que algo permanece inquestionado.

Repetição

1) A questão acerca da verdade como o que há de mais necessário à filosofia na era da total ausência de questionamento

Se tentarmos determinar metafisicamente – ou seja, não historiologicamente, nem tampouco em termos de visões de mundo – o lugar do homem sobre a Terra, então será preciso dizer que o homem começa a entrar na *era da total ausência de questionamento* de todas as coisas e de todas as maquinações[5] – um acontecimento descomu-

5. O correlato alemão do termo "maquinação" apresenta um caso paradigmático dos problemas de tradução da obra de Heidegger. A palavra alemã para "maquinação" é *Machenschaft*, que possui uma relação etimológica direta com o verbo *machen* [fazer]. Heidegger vale-se dessa relação em seu emprego filosófico do termo. O que ele procura salientar com a palavra *Machenschaft* é o fato de, no mundo contemporâneo, tudo ter sido reduzido ao âmbito de um fazer autonomizado que, em sua repetição incessante, acaba por tornar irrelevante até mesmo aquilo que é feito. *Machenschaft* designa literalmente algo como uma "fazeção", como uma "facção" ou uma "factibilidade". Uma das coisas mais importantes para

nal, cujo sentido direcional ninguém consegue fixar e cuja amplitude ninguém consegue avaliar.

Só uma coisa é clara até aqui: nessa era da completa ausência de questionamento, a filosofia como a evocação questionadora *do que há de mais digno de questão* se transforma incontornavelmente no que há de mais estranho. Por isso, ela é *o mais necessário*. O necessário tem a sua figura mais poderosa no *simples*. Denominamos simples, porém, aquilo que há de discretamente mais difícil: aquilo que, quando é, se mostra de imediato e desde então como o mais simples e palpável, mas permanece intocável como o mais difícil. O simples (unifacetado[6]) é o mais difícil, porque o multifacetado permite e favorece a dispersão e porque toda dispersão, como o lance oposto à reunião, ratifica o homem em sua constante fuga ante si mesmo – quer dizer, ante a sua relação com o próprio seer – e, assim, desonera e arranca o peso mais pesado (o fiel da balança) do ser-aí. O multifacetado é o fácil – mes-

---

uma tradução da obra de Heidegger, porém, é lutar o máximo possível contra a criação de uma linguagem artificial, que se enuncie envolta em um tom aurático e produza uma relação artificial com a coisa em questão. É preciso finalmente quebrar com tal gesto, a fim de encontrar a consistência propriamente dita da filosofia heideggeriana. Nesse sentido, é preciso lembrar que *Machenschaft* é uma palavra corrente da língua alemã e que ela possui o mesmo significado de nossa "maquinação". Ao mesmo tempo, como a palavra "maquinação" possui um acento na ideia de máquina e na automatização daí decorrente, ela contém elementos importantes presentes no original. Para além desses elementos, contudo, é preciso ler o termo não em seu sentido vulgar, mas em seu sentido ontológico, sem perder de vista a sua proximidade com o verbo fazer. (N. do T.)

6. Há um jogo de palavras no original que tende a se perder na tradução. Simples em alemão (*einfach*) é o que possui uma única (*ein-*) divisão, um único ramo, uma única faceta (*-fach*). Nesse sentido, ele se contrapõe ao multifacetado (*viel-fach*). Para não se afastar muito do original, optamos por inserir uma tradução literal do vocábulo alemão entre parênteses. (N. do T.)

mo lá onde é aparentemente penoso arranjá-lo. Pois: o progresso do difícil para o fácil é sempre um alívio, e precisamente esse progresso fracassa em se ater ao simples, compelindo ao retorno constante, que se enriquece incessantemente, ao mesmo. Somente se ousamos o simples, ganhamos o campo de jogo do necessário. O mais necessário à filosofia – supondo que ela precise se tornar uma vez mais o que há de mais estranho – é aquela *questão simples* por meio da qual eles, os questionadores, são trazidos pela primeira vez a si mesmos: *a questão acerca da verdade.*

2) O digno de questão na determinação até aqui da verdade (verdade como correção do enunciado) como o que urge para a questão acerca da verdade

De acordo com o modo como foi tratada até aqui, a questão da verdade é um "problema da lógica". Se um questionamento deve surgir a partir desse problema – isto é, a partir da questão *encalhada* – e se esse questionamento não deve ser tampouco arbitrário e calcificado, mas originariamente necessário, então precisamos buscar realmente experimentar a *urgência* da questão acerca da verdade.

A definição da verdade até aqui, que continua válida por toda parte, sob os disfarces mais diversos, é: verdade é a correção da representação do ente. Toda representação do ente é um exprimir-se sobre o ente, por mais que a expressão também possa ser levada a termo silenciosamente e não careça da elocução. O modo mais usual do exprimir-se sobre o ente, contudo, é o *enunciado,* a pura e simples proposição, o λόγος. É na proposição, portanto, que a correção da representação – a verdade – é mais imediatamente encontrada. A verdade tem seu lugar e sede no λόγος. A definição mais próxima da própria verdade torna-se, por conseguinte, uma tarefa da meditação sobre o λόγος – da "lógica".

O que pode nos *urgir*, contudo, a colocar em *questão* a delimitação corrente da verdade como correção da representação? Com certeza, apenas a circunstância, talvez ainda velada, de que a definição inquestionada da verdade como correção contém algo *digno* de questão, algo que *exige* ser colocado como uma questão. Poder-se-ia objetar aqui que nem tudo aquilo que é digno de questão precisa se tornar objeto de uma questão. Talvez; e por isso gostaríamos de conferir se, e em que medida, reside na definição corrente da verdade como correção algo de efetivamente digno de questão, e se, por outro lado, esse elemento digno de questão é de tal tipo que não podemos saltar por sobre ele sem dignificá-lo, ou seja, sem questioná-lo – supondo que levantamos a pretensão de estarmos de acordo com os outros e com nós mesmos sobre a verdade.

§ 6. A definição tradicional da verdade como correção

Um enunciado, ou o conhecimento nele sedimentado, é verdadeiro, na medida em que ele, como se diz, se *orienta* (se *retifica*[7]) por seu *objeto*. Verdade é *correção*. Ainda no início da Modernidade e sobretudo na Idade Média, essa *rectitudo* também significa *adaequatio* [adequação],

---

7. *Sich richten nach* [orientar-se por] é uma locução que possui uma relação direta com o substantivo *Richtigkeit* [correção]. "Orientar-se por" significa aqui literalmente "retificar-se a partir de". Para não adotar, contudo, uma solução artificial, optamos por inserir o sentido etimológico do termo entre parênteses. (N. do T.)

assimilatio [assimilação] ou *convenientia* [concordância]. Essas definições remontam a Aristóteles, cuja filosofia corresponde ao fim da grande filosofia grega. Aristóteles concebe a verdade domiciliada no λόγος [enunciado] como ὁμοίωσις [adequação]. A representação (νοήμα) se adequa àquilo que é preciso apreender. Contudo, o enunciado representativo sobre a pedra dura, tanto quanto a representação em geral, é algo "anímico" (ψυχή), "espiritual"; em todo caso, ele não é nada dotado do modo de ser da pedra. Como a representação pode se adequar a algo assim? Ora, a representação não deve e também não pode se transformar em algo de pedra; e, no caso análogo de um enunciado sobre a mesa, ela precisaria tornar-se de madeira, assim como na representação do rio, ela precisaria tornar-se algo fluido. Não obstante – justamente a re-presentação precisa se adequar ao respectivo ente, a saber, *como* re-presentação ela precisa a--presentar e manter apresentado diante de nós aquilo que vem ao nosso encontro. O re-presentar (isto é, o pensamento) *orienta*-se (*retifica*-se) pelo ente, para deixá-lo aparecer no enunciado tal como ele é.

A relação da representação com o objeto (ἀντικείμενον) é a coisa "mais natural" do mundo, de tal modo que as pessoas chegam quase a se envergonhar de ainda falar expressamente sobre essa relação. Por isso, precisamente a visão não degradada, que ainda não se tornou titubeante por conta da "teoria do conhecimento", também não consegue perceber de maneira alguma o que há afinal de incorreto ou mesmo apenas de questionável nessa definição da verdade como correção. Com certeza, nos múltiplos esforços do homem pelo conhecimento do ente, ocorre com frequência o infortúnio de não encontrarmos o ente como ele é e de nos enganarmos quanto a isso. A questão é que mesmo o engano só há onde predomina a intenção de se *orientar* (de se retificar) pelo ente. Alguém só pode enganar um outro, iludir um outro, se o outro, tanto quanto ele mesmo, já se movimentar de antemão na postura[8] do orientar-se por... (do retificar-se a partir de...) e na visada da correção. A correção permanece normativa mesmo na incorreção. Assim, essa definição da verdade como correção, juntamente com o seu oposto, a incorreção (falsidade), é de fato clara como o sol. Uma vez que essa concepção da verdade emerge e corresponde de maneira manifesta e total ao pensamento "natural", ela também se manteve através dos séculos e se cristalizou há muito tempo como uma obviedade.

Verdade é correção, ou na formulação ainda corrente: verdade é a concordância do conhecimento (da representação – do pensamento – do juízo – do enunciado) com o objeto.

→ *Verdade*
Correção
Rectitudo
Adaequatio
Assimilatio
Convenientia
ὁμοίωσις
→ *Concordância*

8. Heidegger joga muitas vezes com três termos importantes em sua obra. Na medida em que acentua o caráter ontologicamente indeterminado do ser-aí humano, o filósofo procura destacar desde o princípio a necessidade de um apoio (*Halt*) para que o ser-aí possa efetivamente experimentar uma base específica para a sua existência. Esse apoio, que é fornecido pelo mundo, torna possível, ao mesmo tempo, o postar-se do ser-aí em relação aos entes intramundanos, o despontar de uma postura (*Haltung*). Com essa postura, então, surge a possibilidade dos comportamentos (*Verhalten*) em geral do ser-aí. (N. do T.)

§ 7. A contenda entre idealismo e realismo sobre o solo comum da verdade como correção da representação

Com certeza, surgiram com o tempo ponderações quanto a essa definição da verdade e, com efeito, isso aconteceu na medida em que se começou a duvidar de se, afinal, nossa representação alcançaria o ente mesmo e não permaneceria, antes, encerrada na esfera de sua própria atividade, ou seja, no âmbito da "alma", do "espírito", da "consciência", do "eu". Cedendo a essa dúvida, afirma-se: aquilo que alcançamos em nossa representação nunca é outra coisa senão aquilo que é por nós re-presentado, e, com isso, é ele mesmo uma "representação". De acordo com isso, o conhecimento e o enunciado passam a consistir na representação de uma representação e, assim, em uma ligação de representações. Essa ligação é uma atividade e um processo que transcorrem pura e simplesmente "em nossa consciência". Acredita-se que, com essa doutrina, se teria purificado e superado "criticamente" aquela definição corrente da verdade como correção. Essa "crença", contudo, é um equívoco. Essa doutrina, segundo a qual o conhecimento só se relacionaria com representações (algo representado), só restringe a amplitude do representar, mas continua requisitando para o representado assim restrito o fato de que ele se orienta (se retifica) pelo re-presentado e *apenas* pelo representado. Também se pressupõe aqui algo normativo, pelo qual o representar *se orienta* (se retifica) – aqui também a verdade é concebida como correção.

Denomina-se *idealismo* essa opinião doutrinária, segundo a qual nosso representar só se relacionaria com o representado, o perceptum, a *idea*. A opinião contrária, segundo a qual o representar alcança a coisa mesma (*res*) e aquilo que pertence a ela (*realia*), é chamada, desde o avanço do idealismo, de *realismo*. Todavia, esses irmãos inimigos, entre os quais um adora se arrogar superior ao outro, concordam completamente, sem que o saibam de maneira clara, no essencial, isto é, naquilo que fornece o pressuposto e a possibilidade de sua contenda: o fato de a relação com o ente se mostrar como o representar do ente e de a verdade do representar consistir nessa *correção*. Um pensador como Kant, que pensou às últimas consequências, fundamentou e reteve de uma forma maximamente profunda o idealismo, admite de antemão que a concepção da verdade como correção do representar – como concordância com o objeto – precisaria permanecer intocada. O realismo, porém, por outro lado, ao achar que, por conseguinte, mesmo Kant, o mais profundo de todos os "idealistas", seria uma testemunha-chave em favor do realismo, permanece preso a um erro maior. Não – não se segue dessa retenção de Kant da definição tradicional, senão inversamente, que o realismo se encontra sobre o mesmo solo que o idealismo na definição de verdade como correção do representar, e sim, de acordo com um conceito mais rigoroso e mais originário de "idealismo", que ele mesmo continua sendo idealismo. Pois mesmo segundo a doutrina do realismo – do realismo crítico e do ingênuo –, a *res*, o ente, é alcançado pela via do representar, da *idea*. O idealismo e o realismo, portanto, descrevem as duas posições fundamentais extremas na doutrina da relação do homem com o ente. Todas as doutrinas até aqui sobre essa relação e seu caráter – a verdade como correção – ou são reconfigurações unilaterais das posições extremas, ou variantes quaisquer das inúmeras misturas e formas híbridas das duas opiniões doutrinárias. A contenda entre todas essas opiniões pode prosseguir ao infinito, sem jamais levar a uma meditação e a uma intelecção, porque a característica distintiva dessa disputa infrutífera é abdicar de antemão do questionamento acerca do solo sobre o qual se movimentam os contendores. Em outras palavras: considera-se como óbvia, por toda parte, a concepção da verdade como correção do representar, tanto na filosofia quanto na opinião extrafilosófica.

Quanto mais elucidativa e inquestionável permanecer a definição corrente de verdade, mais simples precisará ser o que há de digno de questão nessa definição – supondo que algo desse gênero se encontre encoberto nela. Quanto mais simples for o que há de digno de questão, mais difícil será conceber simplesmente esse *simples* em sua plenitude interna, retendo-o de maneira una como algo digno de questão, isto é, como algo estranho, a fim de desdobrá-lo em sua própria essência e, assim, refundá-lo em seu fundamento velado.

§ 8. O campo de jogo da abertura quádrupla e una. Primeira referência ao que há de digno de questão na definição tradicional da verdade como correção

Precisamos tentar agora uma *primeira referência a isso que há de digno de questão* a fim de assegurar a nossa colocação da questão em geral e, mesmo que apenas provisoriamente, a sua legitimidade. Reflitamos: se nosso representar e enunciar – por exemplo, na proposição "a pedra é dura" – devem se orientar (se retificar) *pelo* objeto, então esse ente – a própria pedra – precisa estar de qualquer modo anteriormente acessível, para que possa se oferecer abertamente como normativo *para* o orientar-se (retificar-se) *por* ele. Em suma: o *ente*, a coisa, nesse caso, precisa estar patente. Sim, e ainda mais: não é apenas a própria pedra que precisa estar patente – para ficar no exemplo –, mas também o âmbito que o orientar-se *pela* (retificar-se a partir da) coisa precisa atravessar mensurativamente para ler, junto a essa coisa, de maneira re-presentativa, aquilo que caracteriza o ente em seu ser de tal e tal modo. Além disso, o *homem* que re-presenta e, representando, *se* orienta (se retifica) pela coisa também precisa se encontrar aberto. Ele precisa estar aberto *para aquilo que* vem ao seu encontro, para que ele *o* encontre. Por fim, o homem também precisa estar aberto *para* o homem, para que, co-representando aquilo que lhe é comunicado no enunciado, ele possa se orientar (se retificar) juntamente *com* os outros homens e a partir do ser-com que se dá com eles pela mesma coisa, colocando-se de acordo e concordando com eles sobre a correção da representação.

Na correção da representação enunciativa impera, com isso, uma *quádrupla abertura*: 1. da coisa, 2. do âmbito entre a coisa e o homem, 3. do homem mesmo para a coisa, 4. do homem para o homem.

Essa abertura quádrupla, porém, não seria o que ela é e precisa ser se cada uma dessas aberturas fosse novamente encapsulada, ficando isoladas umas das outras. Essa abertura quádrupla impera antes como a abertura *una* e uniforme, na qual todo orientar-se por... (todo retificar-se a partir de...), assim como toda correção *e* incorreção da representação são postos em jogo e se mantêm em jogo. Se visualizarmos essa abertura quádrupla e, contudo, una, nos encontraremos de uma tacada só em meio a algo diverso para além da correção e da atividade representativa aí pertencente.

Essa abertura multiplamente una impera *na* correção. A abertura não é produzida pela primeira vez pela correção do representar, mas nunca é inversamente *assu-*

mida senão como aquilo que já vigora. A correção da representação só é possível se ela puder se fixar, a cada vez, nessa abertura como aquilo que a suporta e a envolve como uma abóboda. A abertura é o fundamento, o solo e o campo de jogo de toda correção. Ora, mas na medida em que a verdade é concebida como correção e a própria correção é considerada algo inquestionável, ou seja, como algo derradeiro e primeiro, essa concepção da verdade – por mais que sempre possa ser uma vez mais ratificada por uma tão antiga tradição – permanece desprovida de solo. No entanto, logo que vislumbramos, ainda que de maneira bastante intuitiva, essa abertura como possibilitação e fundamento da correção, a verdade concebida como correção se torna digna de questão.

§ 9. A concepção da verdade e a concepção da essência do homem. A questão fundamental acerca da verdade

a) A determinação da essência da verdade em sua conexão com a determinação da essência do homem

As pessoas podem se espantar com o fato de nunca se ter colocado em questão até aqui, de maneira séria, o fundamento da correção. Mas esse descaso se revela como menos estranho se levarmos em conta que aquela relação do homem com o ente, que se concebe desde a Antiguidade como o representar e o apreender imediatos, parece ser a mais corrente e, com isso, a mais natural no interior da experiência humana. O predomínio dessa relação do homem com o ente logo se tornou tão impositiva que mesmo a *essência do homem* foi determinada com vistas a ela. Pois o que nos diz a antiga, e ainda hoje válida, delimitação da essência do homem como *animal rationale* (ζῷον λόγον ἔχον)? Traduz-se, isto é, interpreta-se essa definição com as seguintes palavras: o homem é o ser vivo racional; o homem é um animal, mas o animal dotado de razão. O que significa razão, ratio, νοῦς? Se pensarmos metafisicamente, tal como é necessário aqui, e não psicologicamente, então razão significa: a apreensão[9] imediata do ente. A definição corrente do homem adquire agora outro tom: o homem – aquele ser que apreende o ente. Somos remetidos aqui para um contexto importante, mas ainda obscuro: o fato de o *caráter corrente da concepção da verdade como correção* ser tão antigo quanto essa "definição" da *essência do homem* – e, com isso, o fato de a definição da essência da verdade depender da respectiva definição da essência do homem. Ou será o contrário, o fato de a concepção da essência do homem depender da respectiva concepção da verdade?

b) A questão acerca do fundamento da possibilidade de toda correção como questão fundamental acerca da verdade

Por ora, ainda não estamos em condições de decidir sobre isso. É suficiente que, na concepção corrente da verdade como correção, algo tenha se mostrado como *digno de questão*. Esse elemento digno de questão, por sua vez, é de tal tipo que precisa ser reconhecido e desdobrado como o *fundamento da possibilidade de toda correção*. Se perguntarmos por esse *fundamento* da correção, então estaremos perguntando pela verdade no sentido de uma *questão fundamental*. Assim, não é de modo algum arbi-

9. Em alemão há uma relação etimológica entre o substantivo razão (*Vernunft*) e o verbo apreender (*vernehmen*). (N. do T.)

trário nem tampouco um vício vazio buscar configurar a qualquer preço de maneira diversa algo que se deu até aqui se definitivamente não nos aquietamos mais junto à concepção tradicional da verdade como correção, mas a experimentamos como fonte de inquietação.

A questão é que essa referência à *abertura* como o fundamento da correção chegou até aqui totalmente de fora: ela não pode indicar, senão de maneira bastante, provisória, o fato de que, e em que medida, existe algo digno de questão no interior da concepção tradicional da verdade.

Mas o que é propriamente isso que se encontra à base da correção, onde e como essa própria abertura múltipla e ao mesmo tempo una tem sua essência e sua consistência? Tudo isso permanece obscuro. Por isso, tampouco conseguimos explicar o que significa o fato de esse fundamento só ser muito raramente pressentido e, quando o é, só ser pressentido à distância. Também não conseguimos avaliar ainda aonde o homem chega quando a ex-periência[10] desse fundamento se efetiva em toda a sua amplitude.

Apesar de tudo, vamos precisar meditar sobre a razão pela qual e com vistas à qual inquirimos aquilo que é digno de questão se 2500 anos de história ocidental se satisfizeram com essa concepção.

---

10. Por mais que haja uma proximidade entre o verbo alemão *erfahren* e o latino *experimentar* (*experire*), na medida em que os dois descrevem o que surge de um percurso, de uma travessia, de um caminho (tanto *fahren*, quanto *perire* designam o movimento de percorrer um caminho), o termo alemão possui uma peculiaridade. Traduzido ao pé da letra, *er-fahren* significa "entregar-se radicalmente ao percurso". Nesse sentido, a hifenização do vocábulo da língua portuguesa só acompanha em parte o correlato no original. (N. do T.)

Repetição

1) A relação entre pergunta e resposta no âmbito da filosofia

Para que não se cristalize nenhuma incompreensão sobre a presente preleção, uma incompreensão que poderia impedir facilmente a postura correta da colaboração, é preciso dizer rapidamente o seguinte: não será anunciada aqui nenhuma verdade eterna. Nem estou em condições de fazer isso nem tenho o direito particular a tanto. Ao contrário, trata-se aqui muito mais de um questionamento, do exercício do questionamento correto a ser alcançado em meio à realização efetiva. Isso parece ser muito pouco para aquele que busca avidamente respostas. No que concerne à *relação entre pergunta e resposta*, contudo, temos uma conjuntura própria *no âmbito da filosofia*. Para falar de maneira imagética, o importante é escalar uma montanha. A escalada não acontece na medida em que nos colocamos no plano da opinião usual e fazemos um discurso sobre essa montanha para, dessa maneira, "vivenciá-la". Ao contrário, a subida e a proximidade do cume só ocorrem uma vez que comecemos imediatamente a subir. Com isso, em verdade, perdemos o cume de vista, mas vamos nos aproximando cada vez mais dele à medida que subimos; algo de que também faz parte o resvalar e o escorregar para trás – na filosofia até mesmo a *queda*. *Só quem verdadeiramente sobe pode cair.* O que aconteceria se aqueles que caem pretendessem experimentar o cume, a montanha e seu *soerguimento* de maneira mais profunda e única do que aqueles que aparentemente chegam ao cume? Por meio disso, o cume não perde para eles a sua altura, transformando-se em um plano e em um hábito? Não se pode julgar e mensurar nem a filosofia nem a arte nem absolutamente nenhuma confrontação criativa com o ente com o auxílio do saudável entendimento humano ou do "instinto" supostamente saudável, mas já há muito tempo deformado e desencaminhado, assim como não se pode julgá-las nem mensurá-las com a argúcia vazia do assim chamado "elemento intelectual". Tudo, tanto quanto o particular, só é passível de ser experimentado, aqui, na realização, no esforço da subida.

Quem apenas fisga proposições particulares não acompanha a subida. É preciso seguir junto os passos particulares e a sequência dos passos. Somente assim se descerra a coisa na qual meditamos e em direção à qual queremos nos remeter.

2) A determinação corrente da verdade como correção da representação e a abertura quádrupla e una como fundamento digno de questão da possibilidade da correção da representação

Nós levantamos a questão acerca da verdade. *A definição corrente da verdade* é: verdade é *correção da representação,* é concordância do enunciado (da proposição) com a coisa. Ainda que tenham surgido diferentes opiniões no curso da história do pensamento ocidental sobre o conhecer e o representar e que elas continuem se combatendo e se misturando sempre uma vez mais até agora, a mesma concepção é, em todas elas, normativa. As duas opiniões centrais sobre o conhecer e o representar, o idealismo e o realismo, não se distinguem na concepção da verdade, as duas a consideram na mesma medida como uma determinação do representar: do enunciado. Elas só se distinguem no ponto de vista sobre a amplitude do representar: se o representar alcançaria a coisa mesma – *res, realitas* – (realismo), ou se o representar sempre se referiria apenas ao representado enquanto tal – *perceptum*, idea (idealismo). Assim, impera constantemente por toda parte, apesar da aparente diversidade do ponto de vista lógico e epistemológico, consonância sobre aquilo que a verdade é: correção da representação.

Mas nessa definição autoevidente da verdade como correção se acha algo *digno de questão*: aquela *abertura multiplamente una* da coisa, do âmbito entre coisa e homem, do homem mesmo e do homem para com o homem. Se não houvesse essa abertura, então nunca poderia ser levado a termo um orientar-se (retificar-se) pela coisa. Pois não é esse orientar-se por... (retificar-se a partir de...) que cria pela primeira vez a abertura da coisa e a abertura do homem para aquilo que vem ao seu encontro. Ao contrário, ele apenas se fixa, por assim dizer, a cada vez de maneira nova nessa abertura que já vigora. Essa abertura, portanto, é o fundamento da possibilidade da correção e, *como esse fundamento*, algo *digno* de questão e de inquirição. Mas permanece obscuro *o que* é agora esse elemento digno de questão ao qual nos referimos e o que denominamos abertura. Isso poderia se mostrar agora como mais uma razão para abandonarmos imediatamente, uma vez mais, o questionamento desse elemento digno de questão, sobretudo se nos lembrarmos que a história ocidental vem se satisfazendo há 2500 anos com a concepção corrente da verdade.

c) A questão acerca da verdade como o mais questionável de nossa história até aqui e como o que há de mais digno de questão de nossa história por vir

Neste momento do mundo, porém, podemos perguntar aonde esse Ocidente finalmente chegou com a sua concepção da verdade. Onde nos encontramos hoje? O que é e onde está a verdade? Será que, em meio a todas as correções, perdemos a verdade? O Ocidente não se viu preso a uma situação na qual todas as metas estão encobertas e todo impulso e todo estímulo não visam senão encontrar uma saída para essa situação? De que outro modo devemos conceber *metafisicamente* o fato de que o homem ocidental ou bem impele para a total destruição do que se tinha até aqui ou bem para a resistência contra essa destruição?

Todavia, saídas não são decisões. Contudo, em seu âmbito extremo, decisões exigem o posicionamento daquelas metas que excedem toda utilidade e toda finalidade, e, apenas desse modo, são poderosas o suficiente para doar a urgência de um novo criar e fundar. Decisões como tais estabelecimentos de metas – sobretudo na situação caracterizada – carecem da fundação, do solo e da instauração do campo de visão sobre o qual e no qual elas devem ser tomadas.

Afinal, será que – e isso é o decisivo para essa decisão mesma –, voluntária e conscientemente, chegamos ao menos o mais próximo possível dessa decisão? Será que chegamos à *preparação* dessa decisão?

Visto à luz dessa tarefa, a questão acerca da verdade é apenas um "problema de lógica"? Ou será que *a questão acerca da verdade* é *o mais questionável* de nossa história até aqui e *o mais digno de questão* de nossa história futura? Para todos aqueles que têm olhos para ver e sobretudo para aqueles que tiverem se arrancado à comodidade de, no enrijecimento não criativo junto a algo dado até aqui, se arrogar de posse dos meios da graça; para todos aqueles que não quiserem voltar, mas seguir em frente – e isso não rumo a um "progresso", mas para o interior do futuro encoberto: para todos esses, a tarefa está decidida. Como o que há de primeiro, de mais constante e derradeiro, essa tarefa exige a *meditação*. Com a questão acerca da verdade – questionada previamente por assim dizer em uma preleção "acadêmica", tentemos dar alguns passos em tal meditação.

Ora, mas como o questionamento mais provisório acerca da verdade já se encontra há muito tempo enredado em enormes confusões, como ele já foi há muito retirado de seu caminho e perdeu sua direção, carece-se inicialmente de uma meditação sobre o fundamental no que diz respeito à questão acerca da verdade.

PARTE PRINCIPAL

PONTOS FUNDAMENTAIS SOBRE A QUESTÃO ACERCA DA VERDADE

PRIMEIRO CAPÍTULO

A QUESTÃO FUNDAMENTAL ACERCA DA ESSÊNCIA DA VERDADE COMO MEDITAÇÃO HISTÓRICA

§ 10. A ambiguidade da questão acerca da verdade: a busca do verdadeiro – o meditar sobre a essência da verdade

Comecemos com uma meditação simples. Ela leva a uma meditação *histórica*, e essa meditação histórica faz com que o desdobramento da questão acerca da verdade se transforme na meditação sobre a sua necessidade e a sua unicidade.

A questão acerca da verdade pergunta sobre a "verdade". A colocação da questão é tão inequívoca que reflexões fundamentais sobre a questão acerca da verdade poderiam parecer supérfluas. Perguntar sobre a verdade é, evidentemente, buscar a verdade. E isso significa constatar e assegurar *o verdadeiro*, e, com isso, de acordo com o esclarecimento acima, o correto sobre as coisas e sobre todo ente; o correto, porém, também e sobretudo no sentido das metas e critérios pelos quais todo o nosso agir e todo o nosso comportamento se orientam (se retificam). Perguntar sobre "a verdade" é o mesmo que buscar o verdadeiro.

Todavia, claramente temos em vista pelo "*verdadeiro*" que é aí buscado mais do que apenas constatações corretas quaisquer sobre objetos quaisquer. Temos mais em vista do que apenas indicações corretas para o agir correto. Contudo, o verdadeiro, que denominamos assim e que talvez desejemos mais do que busquemos, tampouco significa para nós somente a soma de todas as constatações e indicações corretas para o agir correto. Buscar o verdadeiro – por essa expressão temos em vista perseguir *aquele* elemento correto, sobre o qual se funda toda ação e inação tanto quanto *todo* julgamento das coisas, aquele elemento correto sobre o qual está assentado o nosso ser humano histórico. O verdadeiro significa para nós aqui aquilo pelo que vivemos e morremos. *Esse* verdadeiro é "a verdade".

Já podemos deduzir dessas rápidas reflexões que a palavra "verdade" não é inequívoca. Ela tem em vista o verdadeiro e aqui, por sua vez, inicialmente, o a cada vez e indiscriminadamente correto no conhecimento e para o agir e a postura, e, então, o verdadeiro no sentido acentuado daquilo de que tudo depende e a partir do que tudo se regula e decide.

Mas mesmo que atentemos para essa plurissignificância, na qual se fala aqui do verdadeiro e da verdade, podemos afirmar, contudo, e mesmo com razão, que ainda não perguntamos de maneira alguma sobre a verdade nessa busca pelo verdadeiro – mesmo que tenhamos em vista aquele verdadeiro decisivo. E isso na medida em que levamos em conta que a verdade é aquilo que torna verdadeiro algo verdadeiro e determina cada verdade particular como o algo verdadeiro que ele é. Assim como a inteligência é aquilo que distingue tudo o que é inteligente enquanto tal, pensada rigorosamente a verdade designa aquilo que determina todo verdadeiro a ser como tal. Isso que determina todo particular no geral é há muito tempo denominado a *essência*. Por meio da essência, cada particular é limitado naquilo *que* ele é e em contraposição ao diverso. A ver*dade* significa o mesmo que a essência do verdadeiro. A verdade abarca aquilo que distingue um verdadeiro enquanto tal, assim como a "velocidade" indica aquilo que determina algo veloz a ser como tal. Perguntar sobre a *verdade*, agora, não significa mais buscar *algo verdadeiro*, mas delimitar a *essência*, isto é, as propriedades universais de cada verdadeiro. Com isso, deparamos pela primeira vez com a *ambiguidade decisiva* no discurso acerca da "questão sobre a verdade".

§ 11. A questão sobre a verdade como questão acerca da essência do verdadeiro: não um questionamento acerca do universal conceitual do verdadeiro

Perguntar sobre a verdade pode significar: 1. buscar o verdadeiro, 2. delimitar a essência de todo verdadeiro. É fácil descobrir qual dessas duas maneiras de colocar a questão acerca da verdade é a mais urgente e a mais importante. Evidentemente, a busca pelo verdadeiro, e sobretudo no sentido do verdadeiro que a tudo regula e que tudo decide. Em contrapartida, o questionamento acerca da verdade, isto é, acerca da essência do verdadeiro, se mostra como algo ulterior, sim, até mesmo supérfluo. Pois a essência no sentido do universal, que vale a cada vez para muitos particulares, tal como, por exemplo, a representação de casa para todas as casas efetivamente reais e possíveis, esse universal é captado e expresso no *conceito*. Quem pensa o mero conceito de algo volta o olhar para além do efetivamente real particular. Quando queremos e buscamos o verdadeiro, contudo, não aspiramos à verdade no sentido do mero conceito, no qual pode ser inserido todo verdadeiro como verdadeiro; quando buscamos o verdadeiro, queremos nos apossar daquilo sobre o qual se assenta nosso ser humano histórico, aquilo pelo que ele é inteiramente dominado e por meio do que ele é elevado acima de si. Toda postura autêntica do homem, postura essa que se encontre no efetivamente real e queira recriá-lo, tirá-lo do lugar e liberá-lo para possibilidades mais elevadas, chegará, por isso, à exigência inequívoca que pode ser expressa sinteticamente da seguinte maneira: *nós queremos o verdadeiro, o que nos interessa a verdade*?

Porém, na medida em que *nós* perguntamos aqui *filosoficamente*, e considerando que a filosofia é o saber sobre a essência das coisas, já nos decidimos de uma maneira diversa. Filosofando, meditamos sobre a *essência* do verdadeiro, nos mantemos junto àquilo justamente que não preocupa aqueles que querem o verdadeiro. E, assim, *eles*, que querem o *verdadeiro*, precisam rejeitar nosso intuito como esdrúxulo e inútil. Não à toa, mas, antes, prevendo essa rejeição de nosso intuito, foi dito logo no início que a filosofia seria o saber imediatamente inútil. Para a eliminação correta de dificuldades econômicas, para a elevação e o asseguramento corretos da saúde do povo, nossa meditação sobre a correção e a verdade mesmas não realizará nada; ela também não realizará nada para o aumento correto da velocidade dos motores dos aviões, também não para o aprimoramento correto dos receptores de rádio e muito menos para a disposição correta dos planos de aula nas escolas. A filosofia fracassa ante todas essas coisas urgentes da "vida" cotidiana. Sim, ainda mais: uma vez que ela só pergunta sobre a essência do verdadeiro e não determina o próprio verdadeiro, tampouco poderá constituir algo sobre o verdadeiro decisivo. Ela é o saber *imediatamente inútil* – e, contudo, ainda outra coisa: é o saber *soberano*.

Se as coisas se mostram assim, então o saber acerca da essência do verdadeiro, ou seja, acerca da verdade, talvez pudesse portar de qualquer modo, em si, um significado e, até mesmo, um significado tal que alcance uma dimensão para além de toda utilidade. Mas como é que a essência enquanto o conceito universal de algo pode chegar a conquistar um nível hierárquico soberano? O que é mais sombrio e, por isso, mais impotente do que um mero conceito?

Aqui resta, contudo, ainda uma questão, que talvez esteja articulada da maneira mais íntima possível com a questão acerca da verdade enquanto a questão acerca da essência do verdadeiro: a questão de saber se nós determinamos suficientemente a *essência* de algo quando equiparamos a essência ao *conceito*. Talvez a essência do verdadeiro, ou seja, a verdade, não seja de maneira alguma apreendida quando não fazemos outra coisa senão imaginar em geral aquilo que cabe sem exceção a cada verdadeiro enquanto tal. A essência do verdadeiro, ou seja, a verdade, talvez não seja o elemento indiferente ante o verdadeiro, mas o seu elemento mais essencial. Nesse caso, o verdadeiro propriamente dito e decisivo sobre o qual tudo precisaria ser estabelecido seria precisamente essa essência do verdadeiro, a própria verdade. Nesse caso, aquela tomada de posição supostamente solícita ante a realidade efetiva – nós queremos o verdadeiro, o que nos interessa a verdade? – seria um grande erro – *o* erro dos erros e até hoje o mais longo de todos os erros. Supondo que a verdade é o verdadeiro, então a nossa questão acerca da verdade enquanto a questão acerca da essência do verdadeiro, caso tenha sucesso a sua realização correta, não é nenhuma brincadeira com conceitos vazios.

§ 12. A questão acerca da legitimidade da definição corrente da verdade como ponto de partida para o retorno ao fundamento da possibilidade da correção

O fato de não nos inserirmos na disputa vazia sobre a mera definição do conceito de verdade, mas de querermos nos deparar com algo essencial, mostra-se em termos logo abandonado a concepção corrente da verdade e de buscarmos retornar ao fundamento da determinação da verdade como correção. Por meio de tal *retorno ao fundamento* – ao que é digno de questão –, colocamos a determinação até aqui da verdade em questão e nos libertamos dela.

Mas – será que realmente nos libertamos? Será que não nos atamos agora ainda mais a essa delimitação da essência – e isso a tal ponto que a transformamos em algo normativo para nós? Não nos iludamos. Em meio ao *retorno àquela abertura* por meio da qual toda correção se torna pela primeira vez possível, já pressupomos de fato que haveria alguma correção na própria determinação da verdade como correção. Isso já se comprovou? A caracterização da verdade como correção poderia ser efetivamente um erro. Em todo caso, não se mostrou até aqui que essa caracterização não é *nenhum* erro. Mas se a concepção da verdade como correção é um erro, o que dizer da exposição do fundamento da possibilidade da correção? Nesse caso, tal exposição não pode sequer pretender conceber de maneira mais fundamental a essência da verdade. Ao contrário, ela precisa admitir que aquele que traz consigo e fundamenta um erro é com maior razão um equivocado.

Qual o sentido do retorno à abertura multiplamente una se não for antes comprovado que aquilo que tomamos como ponto de partida do retorno, a definição corrente da verdade, subsiste por seu lado com razão?

Pois bem, a concepção da verdade como correção é de fato confirmada por uma longa tradição. O problema é que o reportar-se ao que vem da tradição ainda não é de modo algum uma fundamentação e uma garantia da verdade de uma visão. Foi mantida e legada por séculos, e até mesmo ratificada pela aparência visual, a opinião de que o Sol girava em torno da Terra. Não obstante, essa opinião pôde ser abalada. O caráter tradicional de um ponto de vista talvez seja até mesmo uma objeção *contra* a sua correção. Aquilo que talvez seja em si um erro não pode se tornar uma "verdade" pelo fato de se acreditar por um tempo suficientemente longo nisso? Como quer que as coisas se deem nesse caso, o mero fato de algo durar por longo tempo ou a idade de uma tradição ainda não constituem – considerados por si sós – nenhum argumento confiável acerca da verdade de uma definição essencial.

Ora, mas será que precisamos nos reportar efetivamente à opinião tradicional para nos assegurarmos da legitimidade da definição de verdade como correção? Nós mesmos podemos formar para nós, por fim, um juízo sobre essa legitimidade. Fazer isso também não dá nenhum trabalho, pois essa caracterização da verdade como concordância da representação com o objeto é por si compreensível. O óbvio tem o seu privilégio no fato de que prescinde de uma fundamentação ulterior. Denominamos óbvio aquilo que é elucidativo por si e sem a necessidade de uma reflexão ulterior. Pois bem, com certeza vemos de maneira suficientemente clara que, ao considerarmos a verdade como correção da representação, não fazemos de fato nenhuma reflexão ulterior; que algo é elucidativo para nós aqui, porque abdicamos de esclarecê-lo propriamente de maneira mais próxima. Como as coisas se encontram, porém, no caso de uma obviedade que vive do fato de quebrar todo anseio de compreensão e de afastar-se de todo questionamento acerca de seu fundamento? Tal obviedade pode ser considerada como uma compensação para uma fundamentação? Não. Pois autoevidente no sentido autêntico é apenas aquilo que rejeita por si mesmo, como impossível, uma reflexão ulterior, de tal modo que, com isso, impera clareza sobre o modo de compreensão da compreensibilidade.

§ 13. A fundamentação da concepção tradicional da verdade na reorientação para a sua proveniência

Assim, só resta um caminho no qual podemos chegar a uma fundamentação da concepção tradicional da verdade como correção. Investigarmos de onde essa tradição provém e considerarmos como essa determinação da verdade foi fundamentada em sua exposição inaugural. Isso aconteceu na filosofia de Aristóteles. Se nos voltarmos para a filosofia de Aristóteles, nossa meditação também conquistará o mérito de poder trazer para diante do olhar interior a concepção desde então válida da verdade em sua originariedade e pureza iniciais. Portanto, nos encontramos agora inopinadamente diante da tarefa de uma *consideração historiológica* da doutrina da verdade e do juízo em Aristóteles, que criou sua filosofia no século IV a.C.

Se tomarmos essa tarefa historiológica, porém, no campo de visão propriamente mais amplo de nossa questão, então ficaremos perplexos. Pois a intenção decisiva de nosso questionamento é nos libertar daquilo que se tinha até aqui; não porque isso foi válido até aqui, mas porque isso é desprovido de solo. O importante é questionar a partir das necessidades próprias da atualidade e do futuro. Em vez disso, nos perdemos em uma consideração historiológica do passado. Isso significa com certeza um abandono e uma fuga em relação àquilo e ante aquilo que se precisa fazer, a saber, perguntar por si mesmo, em vez de apenas relatar o que se pensava em épocas passadas. Parecemos estar agindo com tal consideração historiológica contra a nossa própria intenção. Por isso, precisamos fazer aqui um esclarecimento fundamental – sobretudo com vistas ao curso posterior da preleção.

a) A consideração historiológica do passado

A inserção na história talvez não se mostre sempre e necessariamente como tal fuga diante das tarefas "atuais". Pode-se considerar o passado a partir dos pontos de vista e segundo os critérios do presente vivo. Por meio disso, o passado é liberado de seu encrostamento, é relacionado com o presente e se torna tempestivo. Só tal consideração do passado se torna efetivamente uma sondagem do passado; pois é isso também que significa a palavra "historiológico": ἱστορεῖν – *explorações*. Por isso, "historiologia" e "historiológico" significam para nós: sondagem do passado a partir do campo de visão do presente. Nesse caso, esse campo de visão pode se mostrar como algo óbvio. Por exemplo, quando Ranke – em oposição consciente às supostas construções históricas de Hegel – acredita estar apresentando o passado tal como ele foi, determinados critérios normativos da interpretação também se mostram para ele como diretrizes – só que esses critérios são diferentes dos hegelianos. Ou, por outro lado, os critérios de medida retirados do presente são estabelecidos expressamente como tais, e o passado se torna expressamente tempestivo. Os dois tipos de *con-*

sideração historiológica não se distinguem de maneira fundamental.

Ora, mas ainda resta aqui naturalmente uma pergunta: se os critérios de medida e as normas diretivas da consideração historiológica são hauridas do respectivo presente – seja expressa ou inexpressamente –, será que já está com isso decidido que esses critérios são suficientes para apreender o passado? Pelo fato de um presente ser o presente e o hoje respectivo, *ainda não* se garantiu que os critérios atuais correspondem e estão à altura do que há de respectivamente grande em um passado. Em verdade, todo passado pode ser em qualquer tempo apresentado de maneira tempestiva. Nisso reside o elemento funesto de toda consideração historiológica. Seria bem possível, porém, que um presente seja tão calcificado quanto o passado, e que os critérios de medida de um presente não passem de péssimas estacas de um passado não mais concebido. Seria bem possível que um presente estivesse totalmente preso em si e, por isso, justamente cerrado e lacrado contra aquilo que o passado tem a dizer. A mera relação daquilo que passou com o respectivamente presente chega, em verdade, necessariamente e, em certa medida, de modo bastante confortável, a resultados sempre novos, já que, a cada vez, um presente sempre pode ser diverso ante o presente anterior. Mas esses novos resultados historiológicos, com os quais as pessoas se embriagam e com recurso aos quais elas se arrogam superiores ante a ciência historiológica mais antiga, também já se tornam caducos antes mesmo de terem se tornado propriamente novos, porque o presente logo se torna um outro e o caráter tempestivo continua sendo o que há de mais inconstante. Por isso, toda consideração historiológica é sedutora.

b) A meditação histórica sobre o porvir como o início de todo acontecimento

Mas a consideração historiológica não esgota a relação possível com a história; e isso a tal ponto que ela até mesmo impede e inviabiliza tal relação. Aquilo que denominamos *meditação histórica* é algo essencialmente diverso da consideração historiológica. Se expomos conscientemente a diferença entre o historiológico e o histórico também de maneira terminológica e a sustentamos em contraposição à mistura corrente dos dois termos[1], então, à base dessa exatidão no emprego vocabular, encontra-se uma postura pensante fundamental. A palavra *"geschichtlich"* [histórico] visa ao *Geschehen* [acontecer], à história [*Geschichte*] mesma como um ente[2]. A palavra "historiológico" designa um tipo de conhecimento. Não falamos de uma consideração histórica, mas de uma meditação. Meditação (um voltar-se para o sentido[3]): entrar no sentido

---

1. Heidegger refere-se aqui ao uso indiscriminado em alemão dos termos *historisch* [historiológico] e *geschichtlich* [histórico] como sinônimos. Em verdade, esse uso corresponde diretamente às traduções correntes do alemão, nas quais os dois termos são sempre vertidos por "histórico". No nosso caso, porém, diante da peculiaridade do texto heideggeriano, vimo-nos diante da necessidade de pensar em uma saída para marcar a diferença entre os dois termos, o que acaba por repercutir de maneira um pouco estranha na passagem acima, pois não confundimos em português "historiológico" com "histórico". (N. do T.)

2. Heidegger vale-se na passagem acima de uma particularidade etimológica do termo *Geschichte* [história]. *Geschichte* deriva diretamente do verbo *geschehen* [acontecer, dar-se, ocorrer]. Em alemão, história diz respeito originariamente ao acontecimento da história. Como esse contexto se perderia na simples tradução, optamos por manter os termos alemães e explicitar o seu conteúdo na nota. (N. do T.)

3. Temos aqui mais um exemplo do uso técnico que Heidegger faz de certos termos. Em alemão corrente, *Besinnung* significa "meditação". No entanto, Heidegger compreende o termo na sua relação com o subs-

do que acontece, da história. "Sentido" visa aqui ao âmbito aberto das metas, critérios, impulsos, possibilidades de irrupção e poderes – tudo isso pertence *essencialmente* ao acontecimento.

O acontecimento como um modo de *ser* é próprio apenas do homem. O homem *tem* história, porque só ele pode *ser* histórico, isto é, só ele pode se encontrar e se encontra naquele âmbito aberto das metas, critérios, impulsos e poderes, na medida em que esse âmbito o suporta e subsiste sob o modo da configuração, direção, ação, resolução e padecimento. Só o homem é histórico – como aquele ente que, exposto ao ente na totalidade, se libera para o cerne da necessidade na confrontação com esse ente. Todo ente não humano é a-histórico, mas pode ser histórico em um sentido derivado; e isso é necessário, porquanto pertence à esfera daquela confrontação do homem com o ente. Uma obra de arte, por exemplo, tem sua história como obra. Nisso reside, porém, o seguinte: ela tem sua história com base no fato de ter sido criada pelo homem; mais ainda, com base no fato de que abre e mantém aberto como obra o mundo do homem.

Fica claro a partir daí o seguinte: o *acontecimento* e a *história* não são o passado nem aquilo que é considerado enquanto tal, ou seja, o historiológico. O acontecimento, contudo, também não é o atual. O acontecimento e o que

---

tantivo *Sinn*, "sentido". *Be-sinnung* significa literalmente "voltar-se para o sentido". Emanuel Carneiro Leão, por exemplo, exatamente por isso, traduz o termo pela locução "pensamento do sentido". Se não seguimos essa opção, porém, é justamente para impedir que locuções explicativas assumam o lugar da linguagem em sua dimensão mais mundana, mais familiar, o que acaba por criar uma artificialidade na leitura da obra e na interpretação do pensamento de Heidegger. Assim, quando um termo aparece hifenizado, preferimos apresentar entre parênteses a sua tradução literal. (N. do T.)

acontece da história são, em primeiro lugar e sempre, o *porvir*, o ir-à-frente que veladamente vem ao nosso encontro, que descortina e se lança de forma arrojada; e, assim, aquilo que compele previamente para si. O *porvir* é o *início de todo acontecimento*. No início, tudo se acha resolvido. Ainda que aquilo que começou e que veio a ser pareça avançar para além de seu início, esse início permanece – aparentemente tendo se tornado ele mesmo o passado – de qualquer modo o que ainda se essencia, aquilo com o que tudo o que é vindouro deve se confrontar. Em toda história propriamente dita, que é mais do que a sequência do que se deu, decisivo é o caráter de porvir, isto é, a dignidade hierárquica e a extensão das metas do criar. A grandeza da criação é medida de acordo com o quão amplamente se consegue seguir a lei velada mais íntima do início e levar sua via até o fim. Historicamente inessencial, mas ao mesmo tempo inevitável, é, por isso, o novo, o desviante, o divergente e extravagante. Ora, como o inicial sempre se mostra, porém, como o mais velado, como ele permanece inesgotável e se subtrai incessantemente, como aquilo que respectivamente veio a ser logo se torna o habitual e como esse elemento habitual encobre, com sua propagação, o início, o inicial carece das viradas daquilo que se tornou habitual – das revoluções. A relação originária e autêntica com o início é, por isso, o revolucionário, que sempre libera uma vez mais, por meio do revolvimento do habitual, a lei velada do início. Por isso, o início não é preservado – porque não é de modo algum alcançado – pelo elemento conservador. Pois esse elemento constrói a partir daquilo que veio a ser o regular e ideal que, então, é sempre novamente buscado na consideração historiológica.

Repetição

1) A ambiguidade da questão acerca da verdade. A essência não é o universal indiferente, mas o mais essencial

A questão acerca da verdade é ambígua. Nós buscamos a "verdade" pode significar: queremos saber o *verdadeiro*, sobre o qual nossa atuação e nosso "ser" permanecem estabelecidos. Nós perguntamos sobre "a verdade" pode significar: nos empenhamos por encontrar a *essência* do verdadeiro. Por essência compreende-se aquilo que torna cada verdadeiro um verdadeiro. No caso em que se visa intencionalmente à essência, o que está em questão não é precisamente o verdadeiro particular. Por isso, a questão a respeito da verdade no sentido da questão acerca da essência está imediatamente exposta à mais incisiva suspeita; pois "nós queremos o verdadeiro, o que nos importa a verdade?" Nesse caso, pressupõe-se naturalmente, sem uma meditação ulterior, que a essência seria aquele universal, que vale para todo particular da mesma maneira – o universal indiferente. A questão é que isso poderia significar muito bem um desconhecimento da essência. Por isso, precisamos, e, em verdade, o mais rápido possível, chegar a uma posição em nossa meditação, na qual a questão sobre o que afinal seria a essência de algo se torne incontornável. É possível que se evidencie o fato de que a *essência* de algo *não* é *o indiferente*, mas *o mais essencial*. Assim, precisaríamos mesmo inverter por fim aquela exigência aparentemente óbvia – "nós queremos o verdadeiro, o que nos importa a verdade?" – e dizer: nós queremos a verdade, o que nos importa o verdadeiro? Com isso, precisamente a verdade, a essência do verdadeiro, o verdadeiro propriamente dito, é que seria aquilo que é querido na exigência citada, mas que é buscado por meio de um desvio.

2) A obviedade questionável da concepção tradicional de verdade e a questão acerca de sua legitimidade

Os primeiros passos de nossas reflexões já mostraram o fato de não aspirarmos a uma definição indiferente da essência da verdade, a fim de nos aquietarmos com ela. Nós nos libertamos da definição corrente da verdade como correção do enunciado na medida em que mostramos como essa definição repousa sobre algo mais originário, que constitui o fundamento da possibilidade da correção.

Por mais inexoravelmente que precisemos reconhecer essa *abertura*, tal como ela foi chamada, é ao mesmo tempo duvidoso dizer se nos libertamos, afinal, da concepção corrente da verdade com o retorno à abertura como o fundamento da correção. Nós nos apoiamos precisamente sobre essa concepção; e isso a tal ponto que buscamos a base para esse apoio e, com isso, procuramos ratificá-lo com ainda maior razão.

Nós nos apoiamos sobre a concepção corrente da verdade como correção sem termos fundamentado de antemão e suficientemente essa concepção. Nós a tomamos como algo legado pela tradição. O recurso a algo legado à assim chamada "tradição" não constitui nenhuma fundamentação; e isso mesmo que o tradicional tenha se tornado óbvio. Obviedade permanece sempre uma garantia bastante questionável da legitimidade de uma intuição. Pois, por um lado, é questionável o quão amplamente se compreende, afinal, aquilo que se deve compreender aí por si mesmo: é questionável se não se está abdicando aí precisamente do querer compreender, e se o recurso à irreflexão não é elevado aí ao nível de princípio fundamental. Por outro lado, é questionável qual é o tipo de "compreensibilidade" que é aqui normativo. O que pode ser elucidativo em certo nível da "compreensão" – do compreender apenas superficial – pode ser totalmente incompreensível no nível da autêntica vontade de conceber.

Com isso, se a definição corrente da verdade como correção se nos mostra como correta precisamente quando não meditamos mais amplamente sobre ela, então essa elucidação não é, de maneira alguma, fundamentação suficiente da delimitação da essência do verdadeiro.

3) Para a fundamentação da concepção corrente da verdade na meditação histórica sobre sua proveniência. A diferença entre consideração historiológica e meditação histórica

Para conquistarmos *a fundamentação da concepção corrente da verdade, retroagiremos à questão* e procuraremos ver como ela foi fundamentada em sua *primeira exposição*. Com isso, somos obrigados a nos inserir na filosofia de Aristóteles. Isso significa: em vez de levantar a questão acerca da verdade a partir de nós e para nós mesmos, ou seja, para o futuro, nos perdemos em considerações e relatos historiológicos sobre aquilo que há muito já passou.

Como as coisas se encontram nesse caso? Com o retorno à história, agimos de maneira contrária à nossa própria intenção? Não. Ora, só podemos compreender o fato de que a *meditação sobre a história* pertence essencialmente à vontade de configurar o porvir se aprendermos a distinguir entre a consideração historiológica e a meditação histórica.

O *historiológico* significa, como a palavra deve indicar, *o que passou*, na medida em que é sondado e apresentado – seja expressa, seja inexpressamente – a partir do respectivo campo de visão do presente em questão. Toda consideração historiológica transforma o que passou enquanto tal em objeto. Mesmo lá onde se apresenta a "historiologia" do presente, o presente já precisa ter passado. Toda historiologia olha para trás, mesmo lá onde ela torna tempestivo o que passou.

O *histórico* não visa ao modo da apreensão e da sondagem, mas ao *próprio acontecimento*. O histórico não é o que passou, nem tampouco o atual, mas o *porvir*, aquilo que é estabelecido na vontade, na expectativa, no cuidado. Isso não pode ser considerado. Ao contrário, precisamos meditar (nos voltar para o sentido) sobre ele. Precisamos nos empenhar pelo sentido, pelos critérios possíveis e pelas metas necessárias, pelas forças incontornáveis, por aquilo a partir do que se alça originariamente todo acontecimento humano. Essas metas e forças podem ser algo tal que já acontece há muito – apenas veladamente; e, por isso, precisamente, elas podem ser aquilo que não passou, mas que *continua essenciante*[4] e que insiste na liberação de sua força efetiva. *O porvir é a origem da história. O que há de mais próprio ao porvir, porém, é o grande*

4. Heidegger atribui um sentido verbal a uma série de substantivos e procura acentuar por meio daí o movimento de vir-a-ser de algo. Exatamente isso temos acima com o termo *das noch Wesende*. Nesse caso, é muito importante fugir do sentido transitivo direto da locução verbal, porque o que está em questão não é essencializar algo, mas o próprio movimento de algo se fazendo algo, no caso presente da essência se fazendo essência. (N. do T.)

início, aquilo que – subtraindo-se constantemente – se agarra o mais amplamente possível ao que se acha atrás dele e a sua frente. O destino velado de todos os inícios, contudo, é o fato de eles serem aparentemente reprimidos, ultrapassados e refutados por aquilo que se inicia *por meio deles* e que se segue a eles. O habitual do que, desde então, se mostra como algo com o que já nos habituamos torna-se senhor sobre o sempre inabitual do início. Assim, é preciso que, de tempos em tempos, haja a ruptura do domínio do habitual e do por demais habituado. O habitual precisa ser revolvido, para que o inabitual a que ele se agarra antecipativamente se liberte e chegue ao poder. O revolvimento do habitual, a revolução, é a relação autêntica com o início. O conservador, em contrapartida, a conservação, apenas mantém e retém aquilo que começou em consequência do início e veio a ser a partir dele. Pois, por meio da mera conservação, nunca se pode apreender justamente o início, porque iniciar significa: pensar e agir a partir do porvir, do inabitual, a partir da recusa às muletas e às saídas próprias ao habitual e ao habituado.

Com certeza, mesmo a retenção junto ao que veio a ser e a mera conservação e cultivo do que se tinha até aqui, o elemento conservador, carece, como postura humana, de critérios e pontos de direcionamento. Mas ele o retira do que veio a ser, vê no que veio a ser o elemento normativo e regular e o alça ao nível do ideal – o que, então, é por toda parte reencontrado ou fomentado uma vez mais e que, por meio desse "sempre uma vez mais", conquista uma validade aparentemente atemporal.

c) A conquista do início na experiência de sua lei. O histórico como a extensão do porvir em direção ao cerne do ter-sido e do ter-sido em direção ao cerne do porvir[5]

O elemento "conservador" permanece preso no historiológico; só o revolucionário alcança o curso profundo da história. Nesse contexto, porém, revolução não significa mera reviravolta e destruição, mas um revolvimento transformador daquilo com que estamos habituados, para que o início possa uma vez mais ganhar forma. E como o originário pertence ao início, a reconfiguração do início nunca se mostra como o decalque do anterior, mas sempre se revela como o totalmente outro e, contudo, o mesmo.

O início nunca pode ser apresentado e considerado historiologicamente. Pois assim, isto é, considerado historiologicamente, ele é degradado à condição de algo que já veio a ser e que não se inicia mais. O *início* só é *conquistado* na medida em que *experimentamos sua lei de maneira criativa*; uma lei que jamais pode se transformar em regra, mas que permanece a respectiva unicidade do necessário. A unicidade do necessário é a cada vez aquele elemento *simples*, que precisa ser sempre uma vez mais realizado, de maneira totalmente nova, como o mais difícil.

---

5. Como já é possível depreender das exposições precedentes, Heidegger procura repensar de maneira radical a própria constituição da historicidade. Essa tentativa exige simultaneamente uma transformação no modo cotidiano de pensar a temporalidade. Com isso, no lugar do nosso passado, presente e futuro, entram o ter-sido, o instante atual e o porvir. No caso do ter-sido, o que importa é justamente o acento na história do ser e no fato de as determinações do que foi (*gewesen*) constituírem as decisões que sustentam o movimento histórico. Nesse caso, é importante lembrar da presença do termo *Wesen* [essência] no original, que se perde na tradução. O ter-sido é o ser que ganha o campo de essenciação de si mesmo. (N. do T.)

A consideração historiológica nunca alcança senão aquilo que passou e jamais atinge o histórico. Pois o histórico se atém ao que se encontra para além de tudo o que é historiológico, tanto na direção do porvir quanto com vistas ao ter-sido e, com maior razão ainda, ao atual. Este, o atual, parece oferecer da maneira mais imediata possível, em verdade, com a urgência incontornável de suas ocorrências, o acontecimento, e, contudo, precisamente no que a cada vez se mostra como atual, a história, aquilo que propriamente acontece, é o que há de mais velado. Por isso, a consideração e a apresentação historiológicas do respectivo presente são as mais cegas para a história. Esse tipo de historiologia só alcança o que há de mais superficial do primeiro plano, o que o senso comum naturalmente toma como sendo o acontecimento propriamente dito.

O histórico é o supra-historiológico. Ele não é, contudo, o supratemporal, o assim chamado eterno, sem tempo, justamente porque o historiológico só toca naquilo que passou, e não no tempo propriamente dito. O *elemento temporal propriamente dito* é aquilo que constitui a *extensão* e a tensão, que despertam, estimulam, mas, ao mesmo tempo, guardam e poupam, a extensão e a tensão *do porvir para o interior do ter-sido e do ter-sido para o interior do porvir.* Nessa extensão, o homem como homem histórico sempre se mostra a cada vez como um "trecho"[6]. O presente é sempre mais tardio do que o futuro, o derradeiro. Ele emerge da luta do porvir com o ter-sido. O fato de o acontecimento da história emergir

6. Há um jogo de palavras que se perde na tradução. Em verdade, o termo *Erstreckung* [extensão] possui uma relação direta com *Strecke* [trecho]. A extensão designa em alemão o movimento de levar adiante o trecho de um movimento. (N. do T.)

do caráter de porvir, porém, não deve significar que a história pode ser constituída e dirigida por planos. Ao contrário, o homem – e precisamente na figura criadora – nunca pode penetrar no incerto e no incalculável senão com a *vontade* de condução no interior do necessário e a partir do saber da lei do início.

§ 14. O retorno à doutrina aristotélica da verdade do enunciado como meditação histórica

Se, no contexto do questionamento originário da questão fundamental acerca da verdade, somos remetidos agora a Aristóteles, *a fim de meditar a partir do fio condutor de sua doutrina da verdade do enunciado sobre a fundamentação do conceito tradicional de verdade*, então isso não tem nada em comum com uma consideração historiológica sobre uma opinião doutrinária do passado própria à filosofia grega e há muito já superada. Não apenas porque a concepção aristotélica questionável acerca da verdade não passou e ainda hoje determina completamente o nosso conhecimento e a nossa decisão, mas porque, desde o princípio, só colocamos em questão a concepção e a manutenção da concepção corrente da verdade no Ocidente a partir de nosso *despertar da questão da verdade*, que se lança de maneira questionadora em direção ao porvir como uma – ou talvez mesmo como *a* – questão fundamental da filosofia. Esse questionamento – caso tenha sucesso – se encontra ele mesmo em meio a um acontecimento, cujo início remonta a um ponto temporalmente anterior a Aristóteles e cujo futuro se projeta para muito além de nós. Por isso, se meditamos sobre ideias da filosofia grega, não há aí nada de passado, tampouco algo de atual e feito de maneira tempestiva. Trata-

-se de algo por vir e, desse modo, de algo supra-historiológico, ou seja, histórico.

A essência da verdade não é nenhum mero conceito, uma ideia que os homens trazem na cabeça. Ao contrário, é a verdade que *se essencia*: *ela é*, em sua respectiva configuração essencial, o poder determinante para *toda verdade e não-verdade*, aquilo que é buscado, aquilo pelo que se luta e se sofre. A "essência" da verdade é um *acontecimento*, que é mais efetivo e mais real do que todas as ocorrências e fatos historiológicos, porque ela é seu fundamento. O elemento histórico de toda história acontece naquela grande calma, para a qual o homem só muito raramente tem a escuta correta. O fato de sabermos tão pouco ou mesmo não sabermos nada sobre essa *história velada da "essência" da verdade* não é nenhuma demonstração de sua irrealidade, mas apenas uma prova de nossa incapacidade para a meditação. Ainda não teremos conquistado nada, ao tornarmos corrente, agora, para a nossa representação, a distinção entre consideração historiológica e meditação histórica, enquanto não tivermos realizado e colocado à prova essa distinção em uma meditação histórica efetivamente real. Uma primeira referência a essa distinção precisou ser, contudo, previamente fornecida, a fim de ao menos impedirmos que só tomássemos conhecimento do que se segue como um relato sobre doutrinas que há muito já ganharam o passado.

§ 15. A questão acerca da fundamentação aristotélica do enunciado como essência do verdadeiro

Como o aprofundamento na filosofia grega não é nenhum suplemento historiológico, mas pertence ao *curso* de nosso questionamento, esse curso precisa ser sempre visualizado como um todo e dominado. Por isso, é preciso repetir de maneira sintética a tarefa: por meio de uma primeira meditação, a concepção da verdade como correção tornou-se questionável. Algo digno de questão se mostrou: aquela abertura multiplamente una do ente, com base na qual se tornam pela primeira vez possíveis o orientar-se (retificar-se) por algo na representação e, com isso, a correção. Se apreendermos e concebermos essa *abertura* como o fundamento da possibilidade da correção, então nos depararemos com aquilo que a verdade é originária e propriamente em sua essência. Mas o retrocesso a essa abertura só nos leva à essência mais originária da verdade se o fato de a *correção* já conter de antemão, ainda que não originariamente, a *essência da verdade* e em geral *fundamentado*. Como estão as coisas em relação a essa fundamentação? A interpretação da verdade como correção da representação e do enunciado está fundamentada? E como? Para ter clareza quanto a isso, levantamos essa questão com vistas à primeira exposição da definição da verdade em *Aristóteles*. O retorno à doutrina aristotélica não deve ser nenhuma consideração historiológica, mas precisa ser uma meditação histórica.

O que precisaríamos fazer agora é de início apresentar a doutrina de *Aristóteles* sobre a essência do verdadeiro e do falso, sobre a copertinência da verdade e da falsidade com o enunciado (λόγος) e sobre a estrutura do enunciado mesmo. Ora, mas como as doutrinas atuais sobre a verdade e o enunciado também não se distinguem essencialmente da doutrina aristotélica, o que já foi *grosso modo* explicitado a partir do exemplo da proposição "a pedra é dura", abdicamos aqui de uma apresentação detalhada da doutrina aristotélica.

Perguntamos imediatamente: *como Aristóteles fundamenta essa determinação da essência do verdadeiro*? Com que direito a essência do verdadeiro é determinada como correção do enunciado? A fundamentação para essa determinação da essência parece ser fácil, uma vez que o fundamento para ela é natural. Se apontará para o fato de que, em um enunciado do tipo "a pedra é dura", ocorre essa referência ao orientar-se (retificar-se) da representação pelo objeto. Mas será que essa referência à *ocorrência* da correção nessa ou em outra proposição se mostra como uma fundamentação do fato de que a *essência* do verdadeiro seria a correção do enunciado? De maneira alguma; tais referências a proposições corretas não fornecem senão exemplos de correção, mas não o *fundamento de direito* da essência e da determinação essencial. O que está em questão não é se e como a essência do verdadeiro poderia ser elucidada de maneira exemplar a partir de uma proposição correta, mas se e como o estabelecimento da correção do enunciado como essência do verdadeiro estaria fundamentado. Essa questão implica uma outra: como é afinal que a *essência* de algo seria *em geral* estabelecida, em que esse estabelecimento da essência teria seu fio condutor e fundamento. Essa questão só pode ser evidentemente respondida se se esclarece antes o que é afinal a *essência enquanto tal*, seja ela a essência do verdadeiro, a essência da planta ou a essência da obra de arte.

§ 16. A viragem da questão acerca da essência do verdadeiro para a questão acerca da verdade (essencialidade) da essência. A questão acerca da concepção aristotélica da essencialidade da essência

Em que consiste a essência da essência ou, como dizemos, a *essencialidade*? A essencialidade indica aquilo que a essência enquanto tal e propriamente, ou seja, em *verdade*, é. Ela demarca a *verdade da essência*. É em vão que procuramos pela fundamentação de uma determinação da essência – isto é, em nosso caso, por uma fundamentação da determinação essencial do verdadeiro – se não sabemos o que, afinal, em geral e em verdade, precisa ser determinado e fundamentado em sua determinação, a essência mesma, em verdade é.

Para onde estamos indo? Talvez já venha a reluzir para nós, agora, algo da estranheza do caminho imposto pela nossa questão acerca da própria verdade se perguntarmos de maneira suficientemente rigorosa, a fim de dar, assim, caminho livre para o seu impulso mais íntimo. Questionamos a questão da verdade, isto é, questionamos acerca da essência do verdadeiro. Não buscamos "verdades" particulares, mas a essência da verdade. No desdobramento dessa questão, chegamos agora à posição na qual precisamos perguntar sobre a verdade da essência. Tudo isso é enigmático: a questão acerca da *essência da verdade* é *ao mesmo tempo e em si* a questão acerca da *verdade da essência*. A questão da verdade – colocada como uma questão fundamental – se volta em si mesma contra si mesma. Essa *viragem* com a qual nos deparamos aqui é o sinal do fato de que chegamos à esfera de um questionamento filosófico autêntico. Não conseguimos reconhecer agora o que está em jogo com a questão da viragem, em que ela mesma está fundada, uma vez que ainda nem bem adentramos a antessala do âmbito da meditação filosófica. Só uma coisa está clara: se todo pensamento filosófico precisa se movimentar tanto mais incontornavelmente nessa viragem quanto mais originariamente ele pensa, isto é, quanto mais ele se aproxima daquilo que é de início e sempre pensado e atentado na filosofia, então a viragem precisa pertencer essencialmente àquilo apenas sobre o que a filosofia medita (o seer como acontecimento apropriativo).

No momento em que o que estava em jogo era estabelecer, com uma primeira clareza, a tarefa própria à questão da verdade, a busca – seja pelo verdadeiro particular, seja pelo verdadeiro decisivo – distinguiu-se da meditação sobre a *essência* do verdadeiro. Essa distinção parecia inequívoca, e a tarefa filosófica parecia ter sido, com isto, clarificada. Agora, porém, mostrou-se o seguinte: na questão acerca da essência do verdadeiro, questionável não é apenas o verdadeiro enquanto tal. Ao contrário, tão questionável quanto ele é a perspectiva na qual colocamos a questão: aquilo que, com prazer, e, assim, superficial e simplesmente, denominamos *essência*. Falamos da essência do Estado, da essência da vida, da essência da técnica e talvez admitamos ainda não conhecer a essência do Estado, da vida e da técnica. No entanto, pretendemos tacitamente conhecer o outro elemento em questão, justamente aquilo que em geral a essência é, quer se trate da essência do Estado, da vida, da técnica etc. O problema é que tão autoevidente e, ao mesmo tempo, questionável quanto a determinação da verdade como correção é também a opinião acerca da essencialidade da essência, caso tenhamos em vista, pelo termo "essência", no discurso corrente sobre a essência das coisas em geral, algo definido, e não nos entreguemos, antes, apenas a um teor indeterminado.

Portanto, para descobrirmos como *Aristóteles* fundamentou a interpretação da essência do verdadeiro, desde então, usual, precisamos saber como ele concebia a essência enquanto tal, a *essencialidade* da essência; sobretudo porque a determinação aristotélica da essencialidade da essência se tornou normativa para o tempo subsequente e, apesar de algumas modulações, permaneceu até hoje válida. Junto à explicitação da doutrina aristotélica da essencialidade da essência, porém, também abdicamos de uma exposição minuciosa. Pois, antes de tudo, para satisfazer a essa exposição, seria preciso alcançar uma compreensão, em meio a uma interpretação abrangente, do livro VII da *Metafísica*. No quadro da presente preleção, o que nos interessa é apenas o traço fundamental da determinação aristotélica da essencialidade da essência, isto é, aquilo que emerge da lei interna do início do pensamento ocidental e que corresponde àquilo que no pensamento de *Platão* obteve a sua marca decisiva para o pensamento ocidental ulterior.

Repetição

1) Rejeição de três interpretações equivocadas da distinção entre consideração historiológica e meditação histórica. Ciência e meditação histórica

A distinção entre consideração historiológica e meditação histórica deve nos fornecer uma indicação do modo como as discussões seguintes, tanto quanto as que vierem a se realizar no decorrer da preleção, devem ser compreendidas a partir da história da filosofia. A distinção citada e aquilo que é nela distinto não serão aqui evidentemente debatidos em todos os seus aspectos. Por isso, queda inevitável a possibilidade de incompreensões. *Três interpretações naturais equivocadas*, contudo, precisam ser ainda expressamente rejeitadas.

1. De acordo com o que foi dito, poder-se-ia pensar que a meditação histórica, uma vez que ela nunca é levada a termo senão pelos criadores no interior dos diversos campos, poderia organizar o ter-sido com todo despreendimento e toda generosidade. O problema é que a medi-

tação histórica está ligada de maneira essencialmente mais rigorosa ao ter-sido do que a consideração historiológica do passado. Pois aquilo de que se lembra a meditação histórica no ter-sido é o mesmo e está em unidade com o porvir, que é fixado na decisão da tarefa do criador e tomado como lei. Em contrapartida, os pontos de vista próprios à consideração historiológica do que passou são muito arbitrários e, na medida em que se trata da historiologia como ciência, são escolhidos e medidos, antes de tudo, de acordo com se e até que ponto, com o seu auxílio, são conquistados novos conhecimentos historiológicos, isto é, de acordo com se e até que ponto o progresso da ciência experimenta um fomento. Apesar de a historiologia atual ter se reorientado para alcançar uma tempestividade acentuada dos seus pontos de vista, todo fato historiologicamente constatável, em sintonia com a ideia de ciência ainda intacta, permanece efetivamente importante para ela e considerável como elemento construtivo para as exposições historiológicas conjuntas ("sínteses"). A historiologia é unificada pelos fatos passados, que são vistos a cada vez de tal e tal modo, enquanto a consideração histórica é unificada por aquele acontecimento em cuja base podem surgir e ser pela primeira vez fatos. A consideração histórica está submetida a uma lei mais elevada e mais rigorosa do que a historiologia, ainda que aparentemente possa se dar a relação inversa.

2. Como a consideração historiológica sempre permanece subordinada à meditação histórica, é possível que se fixe a opinião equivocada de que a consideração historiológica seria efetivamente supérflua para a meditação histórica. Ora, mas a única coisa que se segue da ordem hierárquica acima citada é o fato de a consideração historiológica só ser essencial na medida em que é sustentada por uma meditação histórica, dirigida por ela no modo

de colocação da questão e determinada na demarcação das tarefas. Com isto, porém, também está dito inversamente que a consideração e o conhecimento historiológicos permanecem imprescindíveis. E isso tanto mais para uma época que precisa primeiramente se libertar das correntes da historiologia e de sua confusão com a história. Essa libertação é necessária, porque uma época criativa precisa ser protegida tanto contra uma imitação fraca e com frequência inconsciente do passado quanto contra um atropelamento desrespeitoso do ter-sido – duas posturas que, divergindo aparentemente uma da outra, se encontram muito facilmente em uma postura única, mas em si completamente confusa.

3. Por fim, poder-se-ia pensar que essa distinção entre consideração historiológica e meditação histórica seria uma explicitação conceitual exagerada e vazia, sem necessidade nem efeito. No entanto, podemos elucidar expressamente como as coisas não se dão desse modo por meio de um exemplo particular e aparentemente estranho.

É conhecido o fato de que a ciência, sobretudo as ciências naturais, não deixa a consideração historiológica do seu próprio passado viver senão como um adendo, do mesmo modo que, em geral, o que passou só se mostra para ela como o que não é mais. As próprias ciências naturais sempre consideram apenas a natureza atual. Partindo dessa postura, há algum tempo, no momento em que se estava deliberando sobre a ocupação de uma cátedra de filologia clássica, um célebre matemático explicou que se deveria substituir essa vaga de professor de filologia por uma de professor de ciências naturais, e dou a seguinte justificativa: tudo aquilo com o que a filologia clássica se ocupa já "se deu". As ciências naturais, em contrapartida, não consideram apenas o efetivamente real e atual, elas podem até mesmo fazer predições, podem calcular com antecedência como o efetivamente real precisa ser, podendo, assim, fundamentar a técnica. O elemento historiológico das ciências da natureza, em contrapartida, aponta para as descobertas e teorias passadas que foram superadas há muito tempo pelo progresso. A "história" da ciência, vista de maneira historiológica, é, para a ciência, aquilo que as ciências da natureza deixam constantemente para trás no progresso rumo a resultados sempre novos. O elemento historiológico das ciências naturais não pertence a elas mesmas e ao seu procedimento. No máximo, por meio da consideração historiológica da sequência das doutrinas e descobertas mais antigas, é possível ter clareza sobre o quão maravilhosamente longe chegamos hoje e sobre o quão atrasadas eram as épocas anteriores, nas quais ainda imperavam a "filosofia" e a "especulação", com as suas fantasias sem fundamento, que foram agora por fim destruídas pela consideração sóbria e exata dos "fatos". Assim, a consideração historiológica pode constatar que um filósofo como Aristóteles defendia a opinião de que os corpos pesados caem com maior velocidade do que os leves; algo em contraposição ao que os "fatos" das ciências modernas puderam comprovar, que todos os corpos caem com a mesma velocidade. A consideração historiológica desse tipo, portanto, é um cálculo relativo ao incremento do progresso, no qual o a cada vez mais novo é visto como o mais avançado.

Ora, mas além da consideração historiológica, ainda é possível, e um dia será mesmo incontornável, como afirmamos, a meditação histórica. A meditação histórica perguntará qual era a experiência fundamental e a concepção fundamental que os gregos em geral, e *Aristóteles* em particular, tinham da "natureza", do corpo, do movimento, do lugar e do tempo. A meditação histórica reconhecerá: a experiência fundamental aristotélica e grega da natureza era de um tipo tal que a velocidade da queda dos corpos pesados e leves e o lugar que lhes é pertinente em geral não podia ser visto, de maneira alguma, de um modo diverso daquele segundo o qual ele foi determinado. Uma meditação histórica reconhecerá que a doutrina grega dos eventos naturais não se baseia em uma observação insuficiente, mas em uma outra – talvez até mesmo mais profunda – concepção da natureza: uma concepção que antecede toda observação particular. Para *Aristóteles,* "física" significa precisamente metafísica da natureza.

Uma meditação histórica reconhecerá que a ciência natural moderna, e precisamente ela, também está fundada em uma metafísica – por mais incondicionado, sólido e óbvio que seja o fato de a maioria dos pesquisadores não ter a menor ideia disso. Uma meditação histórica sobre as bases da ciência natural moderna reconhecerá que mesmo os famigerados fatos que a ciência experimental moderna deixa viger como a única coisa efetivamente real só são visíveis e fundamentáveis como fatos à luz de uma metafísica totalmente determinada da natureza, uma metafísica que não deixa de estar em obra, porque os pesquisadores de hoje não querem saber nada sobre ela. Em contrapartida, os grandes pesquisadores que fundamentaram a ciência natural moderna foram e continuam sendo grandes precisamente pelo fato de que possuíam a força e a paixão, mas também a educação para o pensamento fundamental.

Uma meditação histórica reconhecerá que não há simplesmente nenhum sentido em avaliar a doutrina aristotélica do movimento apenas a partir dos resultados da doutrina do movimento em *Galileu,* em julgar a primeira como atrasada e a segunda como avançada; pois natureza significa a cada vez algo totalmente diverso. Computando de maneira historiológica, a ciência natural moderna é com certeza mais avançada do que a grega, se é que o domínio técnico e, com isso, também a destruição da natureza são um progresso – ante a manutenção da natureza como uma força metafísica. Meditando historicamente, contudo, essa ciência natural avançada moderna não é em nada mais verdadeira do que a grega. Ao contrário, ela é no máximo mais inverídica, porque permanece totalmente enredada em seu método e deixa que escorra de sua mãos, em meio a puras descobertas, aquilo que é propriamente o objeto dessas descobertas: a natureza, a relação do homem com ela e a sua posição nela.

A comparação e o cálculo historiológicos do passado e do que temos hoje conduz ao resultado do caráter avançado do agora. A meditação histórica sobre o ter-sido e o porvir leva à intelecção da ausência de solo da relação com a natureza ou da ausência de relação atual com a natureza, à intelecção de que as ciências naturais, assim como em geral todas as ciências, apesar de seu progresso – ou talvez até mesmo por causa desse progresso –, se encontram em crise. Em verdade, como se costuma ouvir agora, "o falatório sobre a crise da ciência hoje" deveria "finalmente emudecer" (Discurso inaugural do reitor, início de dezembro de 1937). A "crise" da ciência *não* consiste com certeza no fato de a ciência não ter deixado até aqui que a história primitiva, o folclore, a doutrina das raças e outras coisas mais fossem representadas em "cátedras ordinárias", nem tampouco no fato de ela não ter estado até aqui suficientemente "próxima da vida" – isso ela é de maneira quase exagerada. Podemos certamente prescindir do discurso acerca de algo assim como a "crise" da ciência. Pois esses criadores de crises, no fundo, estão mesmo completamente em sintonia com a ciência até aqui, e caem em seus braços e se tornam até mesmo os seus melhores defensores logo que recebem suas devidas posições. Mas a "crise" é naturalmente uma crise diversa, e ela não provém de 1933, nem de 1918, nem tampouco do tão vilipendiado século XIX. Ao contrário, provém do começo da Modernidade, que não foi um erro, mas um destino, que apenas por meio de tal destino pode ser superado.

A mais aguda crise da ciência atual poderia consistir justamente no fato de ela não ter a menor ideia da crise na qual está imersa; no fato de ela achar que estaria já suficientemente ratificada por seus sucessos e por seus resultados palpáveis. Tudo aquilo que é espiritual, porém, tudo aquilo que quer dominar como um poder espiritual e que pretende ser mais do que uma empresa, nunca é ratificado por meio de um sucesso e de uma utilidade.

A meditação histórica coloca em questão o presente e o futuro da própria ciência, frustrando a sua crença no progresso, porque tal meditação torna possível reconhecer que não há nenhum progresso no essencial, mas apenas a transformação do mesmo. A consideração historiológica talvez não seja senão um adendo extrínseco às ciências naturais e a toda ciência, com o intuito de tomar conhecimento do próprio passado como algo superado. A meditação histórica, em contrapartida, pertence à essência de cada ciência, na medida em que a ciência levanta a pretensão de preparar e de configurar concomitantemente um saber essencial sobre seu campo e sobre o âmbito ontológico pertinente.

As ciências e, de maneira integral, até mesmo a instalação atual de sua síntese não mais do que administrativa – a universidade – ainda estão muito longe de pressentir algo acerca da necessidade da meditação histórica.

Por quê? Porque essa distinção supostamente apenas abstrata entre uma consideração historiológica e uma meditação histórica ainda não foi nem experimentada, nem apreendida e, por agora, não quer ser mesmo apreendida de maneira alguma. Pois há muito tempo nos habituamos com o fato de que um pesquisador no interior de seu campo pode se referir a realizações reconhecidas e tem ao mesmo tempo o direito de, com uma ignorância avassaladora, permanecer cego em relação a tudo aquilo que dá fundamento e direito à sua ciência. Achamos tudo isso mesmo "maravilhoso". Há muito tempo despencamos para dentro do mais desértico americanismo, de acordo com cujo princípio o verdadeiro é aquilo que dá certo e todo o resto é "especulação", isto é, "nefelibatismo alienado da vida". Já murmuramos uma vez mais – todos aqueles que até bem pouco tempo se contrapunham uns aos outros como irmãos que se relacionam com animosidade, mas que, no fundo, continuam sempre se compertencendo – em um otimismo alegre e até mesmo inebriado, que deixa reviver uma vez mais o *gaudeamus igitur*[7] e o *ergo bibamus*[8] como coroação da vida acadêmica (Discurso inaugural do decano da faculdade de medicina). O quão frequentemente e por quanto tempo ainda os alemães precisarão ser sempre uma vez mais tomados pela cegueira?

Otimismo é uma bela coisa, mas ele é apenas a repressão do pessimismo; e o pessimismo, tanto quanto o seu adversário de jogo, só cresce com base em uma concepção do efetivamente real e, com isso, da história no sentido de um negócio, cujas perspectivas se calculam

7. Em latim no original: "Fiquemos felizes!". (N. do T.)
8. Em latim no original: "Portanto, bebamos". (N. do T.)

ora como desesperançosas, ora como o oposto. Só há otimismo e pessimismo no interior da consideração historiológica da história. Otimistas são aqueles homens que não conseguem se livrar do pessimismo – pois, por que outra razão eles deveriam ser otimistas? A meditação histórica, em contrapartida, se encontra para além dessa oposição entre otimismo e pessimismo, pois ela não conta com a bem-aventurança de um estado de repouso do progresso ou mesmo com um retrocesso. Ao contrário, a meditação histórica trabalha na preparação de um ser-aí histórico, que faça frente à *grandeza* do destino, aos instantes do ápice do seer.

Essas referências devem indicar o fato de que a distinção entre consideração historiológica e meditação histórica não é nenhuma ilusão "especulativa" que paira livremente, mas a mais rigorosa necessidade de uma decisão, com cuja assunção ou descaso se dá uma decisão em relação a nós mesmos e à nossa determinação ante a história (assim como em relação à universidade alemã, na qual nós, naturalmente segundo a opinião da massa, que, por profissão, é estulta, precisamente como nos dias de Guilherme II, estamos indo ao encontro das mais maravilhosas épocas).

2) O caminho da questão acerca da essência do verdadeiro para a questão acerca da verdade (essencialidade) da essência

A tarefa desta preleção nos impele a uma meditação histórica. Questionamos a questão acerca da verdade. Tomamos pé na concepção corrente e, há muito, tradicional, da verdade como correção do enunciado. Encontramos algo *digno* de questão nessa concepção – aquela *abertura* do ente *ante* o homem e do homem *para* com o ente. Assumimos essa abertura como o *fundamento* da possibilidade da *correção.* O fundamento, porém, é o mais originário. Com isto, aquela abertura digna de questão precisa abarcar em si a essência *mais originária* da verdade. Mas isso, com certeza, apenas sob o pressuposto de que aquela concepção tradicional da verdade, por sua vez, já diz de maneira efetiva e *fundamentada* algo sobre a *essência* da verdade. Como as coisas se encontram em relação a esse pressuposto?

Como e por meio do que essa concepção da essência do verdadeiro como correção do enunciado foi fundamentada em sua primeira apresentação por *Aristóteles*? Como é possível, afinal, fundamentar uma constatação sobre a essência de algo, seja ela a essência do verdadeiro, a essência do belo, a essência das plantas, a essência da técnica etc.? O que devemos compreender, afinal, pela essência de algo? O que é esse "na própria verdade", que temos em vista com a palavra "essência"? Em resumo: no que consiste a *verdade da essência*?

Na medida em que perguntamos sobre a essência da verdade e procuramos fundamentar a determinação essencial do verdadeiro, somos impelidos à pergunta acerca da verdade da essência. Isso está totalmente em ordem, na medida em que se trata de uma questão filosófica. Pois, em tal questão, nada deve permanecer inquestionado. No entanto, se perguntamos pela essência do verdadeiro e não chegamos, ao mesmo tempo, a um acordo sobre o que temos em vista aí por essência, então só perguntamos parcialmente; do ponto de vista da filosofia: não perguntamos de modo algum.

Como perguntamos agora sobre de que maneira *Aristóteles* fundamentou a determinação essencial do verdadeiro, precisamos ter clareza quanto àquilo que ele compreende aí em geral por "essência". Isto é tanto mais necessário, uma vez que a caracterização da essencialidade e da verdade da essência em *Aristóteles* e *Platão* foi tão normativa, no tempo subsequente até hoje, quanto a sua determinação da essência do verdadeiro. E essa conexão não é casual.

SEGUNDO CAPÍTULO

A QUESTÃO ACERCA DA VERDADE (ESSENCIALIDADE) DA ESSÊNCIA

§ 17. Meditação histórica sobre a determinação platônico-aristotélica da essencialidade da essência

a) As quatro caracterizações da essencialidade da essência em Aristóteles

Estamos tentando agora uma *meditação* sobre a *determinação platônico-aristotélica da essencialidade da essência.* A "essência" de uma coisa, por exemplo, diz-se, é aquele elemento *universal* e *uno*, que é válido *para* os casos particulares e *para* muitos casos. A essência da "mesa" indica o que cabe como um mesmo a cada mesa enquanto mesa. Por isso, o universal é aquilo que é normativo "para o todo" de suas singularizações efetivamente reais e possíveis. Os gregos designam o movimento de se estender de cima sobre algo com κατά (cf. κατηγορία). O todo, que encerra em si todo particular, chama-se ὅλον. Por conseguinte, a essência que é válida para muitos é: τὸ καθόλου.

A "essência" se abate, por assim dizer, sobre o particular e também é, por isso, apreendida como γένος. Costuma-se traduzir essa denominação por *gênero*: "mesa em geral" é o gênero relativo às espécies "mesa de jantar", "escrivaninha", "mesa de costura", que só ocorrem elas mesmas de maneira "efetivamente real" em suas singularizações, por assim dizer, mutáveis. Γένος designa aqui, porém, ainda mais o significado originário da palavra: o fato de algo ser masculino, feminino ou neutro, a descendência, a *proveniência*. Foi somente por meio do predomínio da lógica que o γένος [*proveniência*] se tornou o γένος como o "gênero", no sentido da *universalidade* mais elevada do que a "espécie".

A essência é aquilo a partir do que a coisa particular, e, em verdade, naquilo *que* ela é, tem sua proveniência, aquilo de que ela se deriva. Por isso, a essência de uma coisa, isto é, do respectivo particular, também pode ser apreendida como aquilo "*que*" o respectivo particular, em certo sentido, já "*era*" antes de ter se tornado o particular que ele "é". Pois se já não houvesse – sem se importar de que modo – algo do gênero de uma mesa em geral, então uma mesa particular jamais poderia ser fabricada; faltaria em geral *aquilo que* essa mesa, enquanto mesa, deve se tornar. Por isso, a essência também é apreendida por *Aristóteles* como aquele ser (εἶναι) do ente particular, o que ele – o particular – já era (τί ἦν) antes de ter se tornado esse particular. De acordo com isso, a expressão para designar a essência é: τὸ τί ἦν εἶναι.

Todas essas determinações da essencialidade da essência, τὸ καθόλου [o em geral], τὸ γένος [a proveniência], τὸ τί ἦν εἶναι [o ser-o-que-era], apreendem a essência como aquilo *que reside* de antemão e, assim, à base da coisa particular – ὑπό/κείμενον.

A partir daqui, podemos compreender agora a proposição com a qual *Aristóteles* começa a investigação propriamente dita sobre a essência enquanto tal: λέγεται δ' ἡ οὐσία, εἰ μὴ πλεοναχῶς, ἀλλ' ἐν τέτταρσί γε μάλιστα[9]: a "essência" (tradução provisória de acordo com a inter-

9. Aristóteles, *Metafísica*, Org. por W. Christ. Leipzig, 1886. Z 3, 1028b 33 ss.

pretação usual), porém, é dita (e representada) agora de maneira ainda mais plural; de qualquer modo, preponderantemente de quatro maneiras. Καὶ γὰρ τὸ τί ἦν εἶναι καὶ τὸ καθόλου καὶ τὸ γένος οὐσία δοκεῖ εἶναι ἑκάστου, καὶ τέταρτον τούτων τὸ ὑποκείμενον[10]: pois tanto o "ser-o-que-era" quanto o "em geral", e, do mesmo modo, a proveniência, parecem constituir a essência do respectivo particular e, da mesma forma, a quarta entre essas caracterizações: o subjacente.

O fato de Aristóteles falar aqui de δοκεῖ – "parece" – aponta para o fato de ele mesmo não deixar que todas essas quatro caracterizações da essência, que são preliminadas pela filosofia platônica, vigorem como determinações da essencialidade. O modo como ele decide em particular (καθόλου e γένος) será apresentado nas discussões deste ensaio (Met. Z).

b) A essência como o ser-o-que de um ente. O ser-o-que como ἰδέα*: o constantemente presente, aquilo que é visto de antemão, o aspecto* (εἶδος)

Só meditamos sobre o elemento fundamental da determinação da essencialidade da essência tal como ela é fixada normativamente, de maneira definitiva e para o período subsequente, na filosofia platônico-aristotélica; isto é, meditamos sobre aquilo que nós mesmos habitualmente temos em vista – ainda que de maneira muito indeterminada – quando falamos de "essência". Na medida em que conseguirmos determinar de forma mais detalhada o que temos em vista por essência, também estaremos em condições de perseguir mais exatamente de que maneira algo do gênero da essência de algo – ou

10. Idem.

seja, por exemplo, a essência do verdadeiro – é estabelecido, experimentado e fundamentado, que tipo de fundamentação pertence ao verdadeiro mesmo – segundo a sua essência.

A primeira caracterização introduzida por *Aristóteles* no que diz respeito à essência é a de que a essência contém o universal – por exemplo, a essência mesa – aquilo que é comum a todas as mesas particulares e, por isso, no enunciado sobre elas, é válido para todas as mesas. Platão já tinha destacado esse caráter da essência, de ser o elemento comum em relação aos particulares, atribuindo a ele o nome τὸ κοινόν. Essa caracterização da essência de ser o universal também permaneceu, desde então, a caracterização mais corrente, apesar de ser naturalmente a mais superficial. Pois, não se precisa de nenhuma reflexão ampla para reconhecer que a caracterização da essência como κοινόν, como aquilo que é comum a muitos singulares, não é suficiente. Pois: aquilo que constitui a essência da mesa não é essência porque é válido para as muitas mesas particulares efetivamente reais e possíveis, mas, inversamente, ele só pode ser válido para as mesas particulares na medida em que é essência. O caráter do κοινόν não pode ser a distinção propriamente dita da essência, mas é em todo caso apenas a *consequência* da essência. Precisamos dizer "em todo caso", pois quando perguntamos sobre a essência de Platão ou de Frederico, o Grande, buscamos, em verdade, a essência desse homem particular, a essência de algo que é, segundo sua "essência", precisamente único e singular – perguntamos aqui sobre aquela essência que *exclui* justamente de si ser válida para muitos.

Assim fica claro: o essencial na essência não pode ser o κοινόν, mas tem de ser aquilo que admite ou exige que a essência seja válida para os muitos particulares.

Mas o que é isso? O que dizem sobre isso *os* dois pensadores que determinaram de maneira normativa todos os discursos e opiniões ocidentais sobre a essência das coisas?

Se colocarmos à prova as *outras* caracterizações introduzidas a partir de *Aristóteles,* então nos depararemos com uma determinação que é tão simples que não nos diz nada: a essência de algo é aquilo que buscamos quando perguntamos: τί ἐστιν – *o que* é isto? O que é isto aqui e aquilo lá? Uma planta, uma casa. A essência é o τί εἶναι – o o-que-é um ente. Para nós e para gerações anteriores, perguntar sobre *o que* algo é se mostra como algo por demais habitual. Aquilo *que* algo é, é isso que constitui sua essência. Mas o que é, então, esse "o que" mesmo? Ainda há para tanto uma resposta? Com certeza. *Platão* deu essa resposta. O *o-que* algo é, o *ser-o-que* (τὸ τί εἶναι), por exemplo, uma casa ou um homem, é aquilo que está *constantemente presente* no que é interpelado discursivamente. O *constante* em todas as casas, por mais diversas que elas sejam, é *o-que* elas são, "casa"; e inversamente: o *o-que* elas *são,* as casas, em toda a sua diversidade e transformação, é o constante. Uma casa não poderia desabar se não fosse uma casa.

Esse elemento constante, porém, é, ao mesmo tempo, aquilo que *desde o princípio temos em vista* em tudo aquilo que vem ao nosso encontro, quando o denominamos e experimentamos *como aquilo que ele é,* sem, contudo, considerá-lo expressamente. Quando entramos em uma casa, atentamos para a porta e a escada, para os corredores e os quartos e apenas para isso; se não, não poderíamos nos movimentar de maneira alguma ali. Em contrapartida, não atentamos expressamente e da mesma maneira para aquilo que tudo isso uniformemente é, a saber, uma casa. Não obstante – precisamente isso que ela é, uma casa, a essência, é *de antemão e constantemente visto*, mas não considerado expressamente. Pois se quiséssemos entrar em tal consideração sobre a essência, então nunca chegaríamos a entrar na casa e a habitá-la. E, contudo, uma vez mais: o que isso é, aquele elemento constante, é, não obstante, visto desde o princípio e, em verdade, de maneira necessária. Ver é em grego ἰδεῖν; e o visto em seu ter-sido-visto é ἰδέα. O que é visto é aquilo como o que o ente se dá desde o princípio e constantemente. O *o-que-ele-é*, o ser-o-que, é a ἰδέα; e, inversamente, a "ideia" é o ser-o-que, e este é a essência. ἰδέα é pensada de maneira mais exata e grega: o *aspecto* que algo oferece, a aparência que ele tem e apresenta por si mesmo, εἶδος. Apenas em face disso que é visto de antemão e constantemente e, contudo, não é expressamente observado, por exemplo, uma casa, podemos experimentar e utilizar essa porta como porta, essa escada como escada, para esse andar, com esses quartos. Se faltasse isso que é visto – o que aconteceria então? Os senhores podem concluir isso por si mesmos.

"Essência"	
τὸ καθόλου	
τὸ γένος	
τὸ τί ἦν εἶναι	(*a priori*)
τὸ ὑποκείμενον	(*subjectum*)
τὸ κοινόν	
τὸ τί ἐστιν	(*quidditas*)
τὸ εἶδος	
ἰδέα	
οὐσία	(*essentia*)

Repetição

1) Quatro caracterizações da essencialidade da essência em Aristóteles. O ser-o-que em Platão: a ἰδέα como o de antemão visto, o aspecto

Nós nos encontramos junto à questão: como é que *Aristóteles fundamenta* – isto é, em geral, como é que a filosofia grega fundamenta – a essência da verdade e o estabelecimento da essência da verdade como correção do enunciado? Para alcançarmos uma resposta, precisamos perguntar ao mesmo tempo e de antemão: como é que os gregos *apreendem* aquilo que denominamos a *essência*? No que consiste para eles a essencialidade da essência?

A partir de uma referência a *Aristóteles, Metafísica Z*, tentamos inicialmente elucidar, em seus contornos gerais, o fato de e o modo como ainda pode ser efetivamente constituído algo aqui – a saber, algo sobre a essencialidade da essência. Nesse momento veio à tona o seguinte: *Aristóteles* enumera, no ponto central, quatro caracterizações da essencialidade da essência, que se encontram em uma conexão material e podem ser sintetizadas por meio de uma entre elas.

1. A essência é aquilo que algo é em geral e efetivamente, aquilo que é válido *para* a totalidade dos casos particulares: τὸ καθόλου.

2. A essência é aquilo a partir do que cada coisa, naquilo que ela é enquanto tal, possui a sua proveniência, aquilo de que ele se deriva: τὸ γένος; uma casa particular é da espécie casa em geral.

3. Por isso, a essência também pode ser designada como aquilo *que algo já era* antes de se tornar o que ele é como o particular. Uma casa particular não é primeiramente casa como algo particular. Ao contrário, aquilo que

ela é como esse particular – a saber, casa – já era. Esse elemento não era, por exemplo, porque antes dessa casa particular já havia outras casas particulares, mas porque, para que em geral essa casa ou aquela pudessem se tornar e ser aquilo que cada uma delas é, algo do gênero da "casa em geral" precisava existir e ser dado. "Casa" é, por conseguinte, ante a casa particular fabricada, *aquilo que já era* – τὸ τί ἦν εἶναι. Dessa determinação depende aquela que permanece corrente no pensamento ocidental subsequente e obtém, sobretudo na filosofia kantiana, uma cunhagem particular: a essência como aquilo que, segundo a coisa mesma, é anterior, provém do anterior: o *a priori*.

4. Em todas essas determinações, a essência é sempre aquilo que reside *acima* ou *antes* do particular, como aquilo que *sub*jaz enquanto o seu fundamento: τὸ ὑποκείμενον.

Segundo essa primeira visão geral, então, foi importante esboçar de maneira mais acentuada aquilo que propriamente temos em vista por "essência", sobretudo porque o nosso conceito de essência ainda está totalmente fundado no grego.

A caracterização mais corrente, ainda hoje usual, da essência, mas também a sua caracterização mais superficial, é a que foi primeiramente designada: a essência – τὸ καθόλου, aquilo que Platão já apreende como τὸ κοινόν. Contudo, uma rápida reflexão mostrou: a universalidade e a polivalência do universal não é o essencial da essência, mas apenas uma determinação derivada. O universal "mesa em geral" não é a essência, porque ele é válido para muitas mesas particulares, mas é válido assim e pode valer assim porque, nesse universal, no comum a todo particular, reside algo de mesmo e, neste, a essência.

O que é, então, esse mesmo considerado em si, abstraindo-se da referência nunca mais do que ulterior a casos particulares? A essência, dissemos, é aquilo que algo é, τὸ τί ἐστιν (*quidditas*). E o que é, então, aquilo que algo é, o o-que-é? Para uma tal pergunta não parece mais haver nenhuma resposta possível. Não obstante, uma resposta foi dada por *Platão*, uma resposta que talvez tenha se tornado concomitantemente a fixação filosófica mais rica em consequências e influências e a mais fatídica no pensamento ocidental: a essência é aquilo que algo é; e aquilo *que* o respectivo particular é, encontramos como aquilo que a cada vez temos em vista no comportamento em relação ao particular. Entrando numa casa e habitando-a, temos constantemente em vista uma casa, o elemento próprio à casa. Se esse elemento não fosse visto, então nunca poderíamos experimentar e pisar na escada, no corredor, no quarto, no sótão e no porão. Mas esse elemento próprio à casa, que se encontra aí em vista, não é aí considerado e observado exatamente como, por exemplo, essa janela particular, em direção à qual nos encaminhamos para fechá-la. O próprio à casa tampouco é apenas observado *en passant*. Ele não é de maneira alguma observado e, contudo, está em vista precisamente de maneira insigne: ele é visto de antemão. Ver e avistar correspondem em grego a ἰδεῖν, e o que é visto em seu ter-sido-visto é ἰδέα. Visto é aquilo que algo é, o ser-o-que – a essência. Ou seja, a essência de algo é a "ideia" e, inversamente: a "ideia", o visto nesse sentido determinado, o aspecto que algo oferece naquilo que ele é, é sua essência.

2) Para a compreensão da essência vista de antemão

Se em nosso comportamento imediato em relação ao ente particular já não se tivesse visto respectivamente de antemão a essência, ou, dito em termos platônicos, se já não tivéssemos de antemão em vista as "ideias" das coisas particulares, então seríamos e permaneceríamos cegos para tudo o que essas coisas são em particular de tal e tal modo, aqui e agora e em suas respectivas relações. Mais ainda: sempre de acordo com o modo como nós e até que ponto vislumbramos a essência, também conseguimos experimentar e determinar o particular das coisas. Aquilo que se encontra previamente em vista e como ele se encontra previamente em vista decide sobre aquilo que a cada vez de fato vemos no particular. Essa relação fundamental, em geral não considerada pelo pensamento habitual, e, apesar de todas as referências a ela, muito raras vezes atentada, fica particularmente clara no caso contrário. Para tanto, há um exemplo particularmente marcante.

No decorrer das lutas em torno da fortificação de Verdun, no início do ano de 1916, o que importava passou a ser tomar de assalto o Forte Vaux. O comandante da divisão, que era responsável pelo ataque, esperava que ela acontecesse na noite de 8 para 9 de março. Durante a noite, em meio a posição de combate da divisão, chegou a notícia, vinda de um mestre de cavalaria: "Alcancei Forte Vaux com três companheiros." O general transmitiu à noite a notícia da seguinte forma: "Fort Vaux foi tomado." Imediatamente, todo o fronte soube que o forte tinha sido ocupado por nós! Ao romper do dia, centenas de telescópios de campo foram dirigidos para o forte. Vê-se a bandeira preta, branca e vermelha no mastro; veem-se soldados alemães perambulando; veem-se pirâmides de fuzis lá paradas. O príncipe entrega pessoalmente ao comandante da divisão a "ordem ao mérito". E, mal o príncipe tinha deixado o estado de combate da divisão, um mensageiro traz a notícia de que tudo não passava de um erro, e que o forte estaria em mãos *francesas* – e ele realmente estava.

Tratava-se, então, de uma "ilusão de ótica" a visão da bandeira preta, branca e vermelha, dos soldados perambulando e das pirâmides de fuzis? Não – todos aqueles que olharam através do telescópio de campo viram de maneira totalmente correta; eles não podiam ver de modo diverso do que viram. O erro não residia no ver, mas naquilo *que* eles tinham previamente em vista, que o forte que tinha sido tomado de assalto. Foi só a partir dessa visão prévia, então, que eles *interpretaram* o visto de tal e tal modo.

Tudo aquilo que vemos em particular é sempre determinado por aquilo que temos previamente em vista. O erro não estava no ver, mas no anúncio inexato do mestre de cavalaria ou na interpretação insuficiente feita pela divisão. "Alcancei o forte" significa apenas: encontro-me diante dos obstáculos próprios ao forte, e não significa: eu o tomei. Essa notícia, sua interpretação e propagação criaram aquela *visão prévia* do forte, que se tornou, então, o ὑποκείμενον para o ver aparentemente "incorreto". Não aquilo que constatamos de maneira supostamente exata e, até mesmo, com instrumentos e aparelhos é o essencial, mas a visão prévia que abre pela primeira vez o campo a toda constatação. É assim que acontece de, na maioria das vezes, imersos no observado e constatado, acharmos que estamos vendo muitas coisas, sem vermos, de qualquer modo, o que é. Pensado em termos platônicos: a visão prévia do aspecto que algo oferece, de seu εἶδος, é dada pela ἰδέα, por aquilo que o ente é, por sua essência.

§ 18. A determinação grega da essência (o ser-o-que) no horizonte da compreensão de ser como presença constante

a) A determinação da essência (o ser-o-que) como entidade (οὐσία) do ente. A compreensão do ser como presença constante é o fundamento para a interpretação da entidade (οὐσία) como ἰδέα.

Com isso, a essencialidade da essência é caracterizada de maneira totalmente inequívoca e para além do mero ser-o-que: a essência é o ser-o-que de algo, e esse algo é determinado como o aspecto predominante, ἰδέα. Como é, porém, que *Platão* chega a essa caracterização da essencialidade da essência? Ela é autoevidente?

De maneira alguma, apesar de termos há muito tempo nos habituado com o discurso mais ou menos estulto sobre "ideias". Pois, se a essência é equiparada com aquilo que algo é – com o *ser-o-que* –, então a essência caracteriza aquilo que um *ente* é enquanto esse ente. Na essência como *ser*-o-que encontra-se, portanto, a concepção do ente com vistas ao seu *ser.* O ente, em grego, é τὸ ὄν, e aquilo que determina o ente enquanto ente em geral é o κοινόν, o ente em sua *entidade,* o ὄν em sua οὐ σία. Como os gregos apreendem a essência como o *ser-o-que* de algo e interpretam o ser-o-que como "ideia", a essência equivale à enti*dade* do ente, à οὐσία; por isso, a οὐσία do ὄν é a ἰδέα; por isso, podemos e temos mesmo o direito de traduzir οὐσία, que significa propriamente apenas entidade, por "essência". Mas isso não é, tal como correntemente se pensa, de maneira alguma autoevidente e, sobretudo, não o é, de modo algum, para o nosso pensamento moderno e atual.

O fato de os gregos compreenderem por *essência* o *ser-o-que* de algo possui seu fundamento no fato de eles conceberem em geral o *ser* do ente (α οὐσία) como o *constante* e, em sua constância, como o *constantemente presente* e, como presente, algo que se mostra e, como algo que se mostra, algo que oferece o aspecto – em suma: como *aspecto*, ἰδέα. Apenas com base nessa compreensão de ser como presença que constantemente se abre e se mostra é possível e necessária a interpretação da entidade do ente – ou seja, da οὐσία – como ἰδέα.

b) Consolidação da compreensão grega da ἰδέα

Para a *consolidação* da *compreensão correta*, isto é, *grega*, da ἰδέα, precisamos acentuar aqui uma vez mais o seguinte: a ἰδέα – εἶδος – é o *aspecto* que *algo* oferece em seu *quid*, que ele apresenta por si. Por que acentuamos isso?

Poder-se-ia objetar imediatamente – sobretudo partindo do modo de pensar moderno –, que a caracterização do ser-o-que como ἰδέα não preenche precisamente aquilo que exigimos – determinar o *ser-o-que* nele mesmo. Pois, se o ser-o-que é caracterizado como o visto, então ele só é determinado com referência ao modo como o encontramos e concebemos – com referência ao modo como ele vem ao nosso encontro, e não como ele é nele mesmo. Essa objeção possível desconhece o elemento grego, o fato de ser significar precisamente: *presentar que emergindo se mostra*. Com certeza, reside no conceito de ἰδέα a relação com o ἰδεῖν como o modo da apreensão. Mas a apreensão do ente enquanto tal só é um ἰδεῖν, porque o ente enquanto tal é o que se mostra – ἰδέα.

Com certeza, é preciso atentar aqui, ao mesmo tempo, para o seguinte: logo que a concepção grega do ente enquanto tal se perdeu, ou seja, se tornou indeterminada, habitual e gasta – sobretudo por meio da "tradução" para o romano –, ganhou inversamente o primeiro plano a relação da ἰδέα com o ἰδεῖν. A ἰδέα não foi mais concebida a partir *do ente* e de seu caráter fundamental de presença, mas como a imagem contrária e, por assim dizer, como o resultado de um conceber e de um representar determinados. A ideia é uma mera representação (*percipere – perceptio* – ἰδέα); ao mesmo tempo, a comunicização[11] com vistas ao particular (*Descartes*, Nominalismo).

É apenas nessa interpretação grega do ente como o constantemente presente que se baseia também o fato de, para os gregos, a entidade do ente ser determinada em primeira linha por aquilo que algo é. Pois aquilo que a mesa é enquanto mesa pertence a cada mesa, quer ela esteja efetivamente presente à vista ou seja apenas pensada ou desejada. O ser-o-que é o constante. Aquilo, porém, o fato de uma mesa particular, como dizemos hoje, "existir", ser efetivamente real e estar presente à vista, isso, sua realidade efetiva e sua existência, não pertence de maneira alguma à sua essência. Pensado em termos rigorosamente platônicos, a essência de um ente é afetada precisamente por sua realização, ela perde sua pureza e, assim, em certo sentido, sua universalidade. Na medida em que, por exemplo, a essência mesa é realizada nessa madeira determinada, por essa grandeza e disposição determinadas aqui e agora, só determinada mesa é aqui "efetivamente real", e justamente por meio dessa mesa particular, a essência mesa não é efetivamente real, de

---

11. Heidegger se vale aqui de um neologismo: *Vergemeinerung*. No radical dessa palavra, encontra-se o termo *gemein* que significa "comum". Nesse sentido, não é difícil acompanhar o intuito heideggeriano. O que ele pretende salientar acima é o processo de exacerbação do comum com vistas ao universal. Para acompanhar o intuito do original, criamos o termo "comunicizar" que deve significar tornar comum. (N. do T.)

maneira plena, em todas as suas possibilidades e modulações, mas é restrita. Pensado e visto em termos greco-platônicos, a mesa particular aqui e agora ainda não se mostra em verdade como um nada, ou seja, ela é de qualquer modo um ente (ὄν), mas um ente que, medido a partir da essência, permanece uma unilateralização e, por isso, propriamente, não deveria ser – μή – um μὴ ὄν. Para os gregos, nas coisas particulares que estão à nossa volta e em suas relações, o ente não é precisamente o *"aqui e agora, de tal e tal modo"*, o este a cada vez particular. Ao contrário, o ente é aquilo *que* a cada vez o particular singular é, e o que é visto de antemão, a *ideia*. Mesmo *Aristóteles* pensa nesse sentido – apesar de certas divergências – de maneira greco-platônica.

No entanto, se uma mesa é efetivamente real como essa mesa aqui e agora, então dizemos hoje que ela é, que ela "existe", enquanto a "ideia" para nós é *apenas* representada e pensada, algo apenas pensado e precisamente não o própria e efetivamente real. Por isso, para nós, homens de hoje, as "ideias" não servem para nada se elas não são realizadas. O que nos interessa é a realização e o sucesso; e isso a tal ponto que, por fim, à caça do sucesso, as ideias se perdem. O sucesso enquanto tal, porém, só pode ser elevado por meio de mais e mais sucesso, ou seja, por meio de quantidade e tamanho. Por isso, o aumento de velocidade é um sucesso, enquanto a ideia de "velocidade" permanece a mesma e, no máximo, se torna gasta e mais vazia.

Pensando em termos gregos, portanto, essa realidade efetiva do particular não pertence à essência propriamente dita e primeira do ente, na medida em que a única coisa a ser concebida aí é o ser-o-que. Para a questão acerca da essência, só é decisivo aquilo que algo é, mas não o fato de ele se encontrar e se ele se encontra presente à vista como particular. Pois esse ser como ser-presente-à-vista, o que real e efetivamente ocorre, visto a partir do ser-o-que como ἰδέα, é aquilo que só cabe à ideia contingencialmente, que é contingente e não possui nenhuma duração. Uma mesa particular pode ser destruída; ela não existia de modo algum antes de sua fabricação. Na medida, porém, em que, para os gregos, ser significa presença constante, a entidade do ente (οὐσία do ὄν) só é determinável como o ser-o-que no sentido da ἰδέα.

Resulta daí algo completamente estranho para o nosso pensamento, o fato de a "existência" e a realidade efetiva de um ente, ou seja, aquilo que *nós* costumamos designar precisamente como o "ser" do ente, não pertencer, para os gregos, à entidade do ente. Por isso, desde os gregos, no transcurso da história ocidental, é preciso que se tenha realizado uma reviravolta na concepção do "ser", uma reviravolta cuja amplitude continuamos ainda sem pressentir e mensurar, porque nós, de maneira totalmente estulta, não prosseguimos senão de modo vacilante em meio às consequências dessa reviravolta. Essa reviravolta na concepção do ser é tanto mais enigmática porque se realiza totalmente e apenas no quadro da interpretação do seer – e com base nela – conquistada pela primeira vez pelos gregos.

Na medida em que também se pergunta ainda hoje, no sentido da tradição, acerca da essência, se pergunta acerca do ser-o-que com a eliminação do ser-presente-à-vista, da realidade efetiva do respectivo ente particular – pergunta-se acerca da ἰδέα ou do κοινόν, acerca do universal. Na apreensão da essência reside, por isso, uma abstração dos respectivos "entes" particulares, do aqui e agora de tal modo.

§ 19. A falta de uma fundamentação da determinação essencial do verdadeiro como correção do enunciado em Aristóteles. A questão acerca do significado da fundamentação

A partir de agora, já estamos mais bem preparados para a questão que nos levou a essas reflexões sobre a essência enquanto tal. O que está em questão é: *como Aristóteles fundamenta* a determinação essencial do verdadeiro no sentido da correção do enunciado? Por que é que o ser-o-que do verdadeiro reside na correção do enunciado? Em que medida a correção do enunciado é a "ideia" do verdadeiro e, por conseguinte, o universal, que cabe a todo verdadeiro como tal?

A primeira coisa necessária é que busquemos e investiguemos em Aristóteles mesmo como ele fundamenta essa essência do verdadeiro e seu estabelecimento. Nesse caso, deparamo-nos com algo estranho: *não se consegue achar nenhuma fundamentação.* A determinação essencial do verdadeiro é simplesmente expressa. Verdadeiro é aquela representação, opinião ou dizer que é ὅ μοιον, semelhante, correspondente aos πράγματα, enquanto falso é aquilo ἐναντίως ἤ τὰ πράγματα (cf. *Metafísica* Θ 10). O que pode ser verdadeiro ou falso, aquilo que vem à tona como a sede dessa possibilidade e, com isso, como o lugar da verdade como adequação e correção, é o λόγος, o enunciado, o pensamento enunciativo: οὐ γάρ ἐστι τὸ ψεῦδος καὶ τὸ αληθες ἐν τοις πράγμασιν, (...) ἀλλ᾽ ἐν διανοίς[12]. O fato de se falar aqui expressamente de ἀληθές: οὐκ ἐν τοῖς πράγμασιν, indica que, *efetivamente,* ele pertence, de certa maneira, e talvez mesmo de maneira mais originária, a esse contexto.

12. Aristóteles, *Metafísica*, op. cit. E 4, 1027b 25 ss. [O lugar do verdadeiro e do falso não são as coisas, mas o pensamento discursivo. (N. do T.)]

Em face desse fato, de que a determinação essencial do verdadeiro como correção do enunciado *não* é fundamentada, mas *apenas* expressa, poder-se-ia buscar uma via de escape por meio do subterfúgio de que os ensaios nos quais a fundamentação se encontra teriam sido certamente perdidos. Pois não se pode supor que um pensador do nível de *Aristóteles* teria simplesmente afirmado, sem fundamentação, uma determinação tão decisiva como a determinação da essência do verdadeiro! E, contudo, não se acha em parte alguma uma referência a tais ensaios, nos quais a fundamentação deveria ser resgatada. Por outro lado, porém, seria preciso encontrar a fundamentação buscada, se é que ela pode ser encontrada em algum lugar, justamente lá onde *Aristóteles* trata da verdade como propriedade do enunciado (*Metafísica* E 4, *Metafísica* Θ 10, De anima Γ, De interpretatione), e precisamente aqui procuramos em vão.

A falta de uma fundamentação propriamente dita desse estabelecimento da essência do verdadeiro como correção do enunciado só pode ser inteiramente pensada e conhecida, contudo, em sua amplitude, se levarmos em conta o fato de, nesse caso em geral, a concepção tradicional da verdade não ser fundamentada, e de, por conseguinte, precisar haver uma estranha conjuntura envolvendo todo o verdadeiro, que foi buscado, encontrado e fixado à luz *dessa* determinação essencial da verdade. Tudo isso é verdadeiro e correto – com base em uma opinião não fundamentada sobre a verdade; verdadeiro com base em um fundamento que não é fundamento algum e que precisará vir um dia à luz em sua ausência de solo, ainda que isso se dê apenas de maneira muito lenta e só visível a poucos.

No entanto, antes de nos decidirmos por tal conclusão, precisamos colocar uma vez mais à prova a questão que estamos discutindo. O estabelecimento da essência da verdade como correção do enunciado é clara e manifestamente *uma* determinação da essência entre outras. Pois, na filosofia de *Platão* e *Aristóteles*, entre outras coisas, também a alma, o movimento, o lugar, o tempo, a amizade, a justiça, o Estado, o homem são determinados em sua essência. Por toda parte trata-se aqui, dito em termos platônicos, do estabelecimento de ideias, e *por toda parte falta* propriamente a *fundamentação*. Mas talvez busquemos, sob o título "fundamentação", algo que não pode ser buscado e requisitado em meio ao estabelecimento da essência. Nesse caso, o essencial no conhecimento e no comportamento em relação ao ente, aquela visão prévia da "ideia", o estabelecimento da essência, seria sem fundamento e arbitrário?

Já é hora de se perguntar o que compreendemos, afinal, por "fundamentação". Fundamentação do enunciado significa: indicar o fundamento, apontar para aquilo em que se baseia o dito em sua legitimidade (correção). De acordo com isso, a fundamentação propriamente dita consiste no fato de ser apresentado e mostrado aquilo *sobre o que* o enunciado diz algo. É a partir daí que precisa ser avaliado se o dito é condizente com a coisa (correto). O enunciado: "O auditório 5 do prédio das preleções de Freiburg está agora ocupado" é um fundamento tão somente pelo fato de demonstrarmos o dito por meio de uma evidência imediata. Esse fato, do estar ocupado do auditório, é colocado diante de nossos olhos, ou nós mesmos nos colocamos diante dele – como diante daquilo em que o enunciado possui seus pontos de apoio. Não há como ter um tipo de fundamentação dotado de maior segurança, razão pela qual a demonstração factual impressiona qualquer um. O enunciado: "Há agora neve em

Feldberg[13]" é, portanto, comprovado em sua correção, na medida em que andamos até lá e apreendemos o fato "em sua evidência". Ora, mas também podemos receber essa informação da estação de meteorologia. Essa fundamentação já é mediada; não apenas porque nós mesmos não podemos demonstrar o afirmado por meio da apresentação, mas porque precisamos pressupor aqui que a estação de meteorologia fornece uma informação correta, que nós mesmos ouvimos direito, que a transmissão telefônica está efetivamente em ordem. Tudo isso permanece um pressuposto, que, de maneira alguma, é óbvio, mas que supomos tacitamente em nosso saber factual como corretamente consistente. Nesse caso, sabemos naturalmente que a apresentação imediata junto ao objeto presente à vista merece a primazia.

Agora, porém, tal como se mostrou, o conhecimento da essência antecede de certa maneira a todos os outros conhecimentos, reconhecimentos, constatações e fundamentações. O perambular em uma casa – para denominar esse elemento simples sempre uma vez mais –, os modos particulares de comportamento no habitar de uma casa, não seriam de modo algum possíveis se não fôssemos guiados pelo conhecimento do elemento próprio à casa, pelo conhecimento daquilo *que* casa é. De acordo com isso, contudo, aquilo que suporta e guia cada conhecimento e comportamento particulares, o conhecimento da essência, precisa ser, com maior razão, fundamentado de acordo com a sua capacidade de sustentação e orientação. Para a sua fundamentação, de acordo com a sua posição hierárquica, requisitaremos a forma mais elevada possível de fundamentação.

---

13. Ponto turístico da cidade de Freiburg, a partir do qual é possível ter uma visão panorâmica de toda a cidade. (N. do T.)

Repetição

1) A concepção do ser do ente como presença constante é o fundamento para a determinação da essência (ἰδέα) como ser-o-que

Perguntamos: como a filosofia grega fundamenta aquela determinação da essência da verdade, que suporta e guia até o presente momento o pensamento e o conhecimento ocidentais? Para a preparação da resposta a essa pergunta, precisa ser elucidado de que maneira a essencialidade da essência foi circunscrita pelos gregos. A essência daquilo que respectivamente vem ao encontro e é dado é a ἰδέα. O estranho dessa caracterização da essência como ideia torna-se mais compreensível se levarmos em consideração o fato de a essência de algo visar ao *ser*-o-que, e de, com isso, se encontrar e precisar se encontrar à base disso determinada concepção do ser do ente.

Os gregos compreendem por ser a presença constante de algo. Junto ao respectivo ser de tal modo do ente, o constante é "*o-que*-ele-é", e o que se presenta é justamente esse *quid*, como o *aspecto* predominante, εἶδος. A partir daí também se torna evidente por que a "realidade efetiva", o ser-presente-à-vista, não pertence propriamente ao ente. Ela não pertence propriamente ao ente porque aquilo *que* algo é também pode subsistir na *possibilidade*. Uma mesa possível continua *sendo* sempre uma mesa; ela tem esse ser-o-que mesmo que o estar-presente-à-vista desapareça. A realização efetiva da essência é, de certa maneira, contingente para a essência, uma vez que, em uma mesa real e efetiva, só está realizada efetivamente essa possibilidade una.

Na medida em que nós, homens de hoje, estamos acostumados a interpelar em nosso discurso como o propriamente ente, precisamente o que respectivamente se encontra aqui e agora na singularização particular de seu ser-presente-à-vista, pensando, junto à denominação da palavra "ser", principalmente em realidade efetiva e ser-presente-à-vista, é preciso que se tenha realizado, ante a concepção grega do ser, uma mudança, para a qual, nesse contexto, não podemos senão acenar. O que está em questão com a essência como o ser-o-que não é o ser-presente-à-vista da singularização da essência em jogo. Atentar para isso é importante para a questão seguinte.

2) A falta de uma fundamentação para o estabelecimento da essência e para a caracterização da essência do verdadeiro como correção do enunciado. O significado de fundamentação

Como é que, assim perguntamos agora, junto aos gregos, e isso também significa no interior do pensamento posterior, se fundamenta o estabelecimento da essência de algo? Dito de maneira mais exata e em relação com a nossa questão: *como Aristóteles fundamenta* a caracterização, dada por ele, da essência do verdadeiro como correção do enunciado? Buscamos em vão uma fundamentação. Como outros enunciados essenciais também não se acham fundamentados, a falta de uma fundamentação da definição de verdade não pode estar baseada no fato de que a investigação em questão talvez não nos tenha sido legada.

Mas que perspectiva se abre aqui? Será que a essência da verdade e o posicionamento da essência são infundados e, com isso, todo esforço em torno da verdade é, no fundo, desprovido de solo? Será por acaso que falta a fundamentação da determinação essencial do verdadeiro ou será que uma fundamentação é aqui impossível? O que significa aqui e o que significa em geral "fundamentação"? O que se tem inicialmente em vista com isso será por nós elucidado a partir de um enunciado sobre algo aqui e agora dado. "Este auditório está agora com as luzes acesas" – fundamentamos esse enunciado por meio da evidência, por meio da simples referência ao "fato". Esse tipo de demonstração, por meio da apresentação do próprio citado em sua presença, é manifestamente a maneira mais segura e mais imediata de criar o fundamento para o enunciado: o fundamento sobre o qual o que é dito se baseia, na medida em que ele equivale ao previamente indicado. Porquanto, porém, como vimos, a visão prévia da essência e o "saber" da essência dirigem e preponderam sobre toda experiência e todo comportamento em relação ao ente, esse conhecimento normativo da essência, de acordo com o seu nível hierárquico, também precisa requisitar o tipo mais elevado de demonstração. Não é possível encontrar, contudo, um tipo mais elevado de demonstração do que a referência imediata ao que é correspondentemente dado.

TERCEIRO CAPÍTULO

FUNDAÇÃO DO FUNDAMENTO COMO FUNDAMENTAÇÃO DA APREENSÃO DA ESSÊNCIA

§ 20. Contrassenso de uma fundamentação da proposição essencial sobre a verdade como correção por meio do retorno a uma proposição factual

Para nós, trata-se da fundamentação da determinação essencial do verdadeiro como correção do enunciado. A partir de que é possível demonstrar suficientemente esta proposição: "verdade é correção do enunciado"? Por meio da apresentação para nós de um enunciado efetivamente real, correto, uma proposição verdadeira, como fato; por exemplo, justamente aquela proposição sobre o auditório. Aquela é uma proposição verdadeira. Junto a ela, enquanto proposição verdadeira, precisa ser possível demonstrar a essência do verdadeiro:

Esse auditório agora está iluminado (fato)
↑ ↓
Proposição factual sobre isso (Proposição de fato)
Essa proposição mesma, como um enunciado correto, é um fato (fato)
↓ ↑
Verdade é correção do enunciado (Proposição essencial)
– Determinação essencial

A questão é que já precisamos ter experimentado aí a essência do verdadeiro: pois o fato de a *essência* do verdadeiro ser a correção do enunciado não é nunca evidenciável por meio da remissão ao *fato* de um enunciado correto particular. Trata-se no máximo do inverso: só podemos, em geral, ter a ideia de introduzir um enunciado particular como exemplo para a essência do verdadeiro se já tiver sido fixado e definido anteriormente que verdade significa correção do enunciado. Não procuramos aqui pela fundamentação de um enunciado sobre fatos particulares – como, por exemplo, o fato de esse auditório estar agora ocupado. Procuramos, sim, pela fundamentação da determinação *essencial* do verdadeiro. A *essência* não visa a um caso particular, mas ela tem sua distinção no fato de ser válida para muitos. A determinação da essência do verdadeiro é válida para todos os enunciados verdadeiros. Com isso, a determinação da essência da verdade como correção do enunciado só pode ser demonstrada de tal modo que *todos* os enunciados efetivamente reais sejam apresentados, para que neles, em conjunto e completamente, seja evidenciada a concordância da circunscrição da essência.

Mas como *Aristóteles* pode colocar diante de si todos os enunciados real e efetivamente levados a termo – tanto os seus próprios quanto aqueles de todos os outros homens, anteriores e posteriores a ele –, para demonstrar, a partir daí, a legitimidade da determinação da essência do verdadeiro? Isso é manifestamente impossível. Portanto, resulta daí: a determinação da essência não pode ser comprovada a partir de fatos – em nosso caso, a partir de enunciados corretos factualmente realizados; de início, porque esses fatos não são, de modo algum, abarcáveis e apresentáveis. Mas mesmo que essa possibilidade inauspiciosa se desse, a determinação essencial ainda não estaria de qualquer modo fundamentada. Pois a essência não é válida apenas para todos os enunciados efetivamente reais, mas, do mesmo modo, e com maior razão, para todos os enunciados possíveis, que ainda não foram absolutamente realizados. Como a adequação da definição de verdade poderia ser, afinal, comprovada a partir de casos possíveis de enunciados corretos? De fato, portanto, não podemos fundamentar o *enunciado essencial* "a verdade é correção do enunciado" do modo como fundamentamos o enunciado sobre este auditório – o fato de ele estar ocupado – enquanto uma *proposição factual*; e, em verdade, não apenas porque nem os casos factuais nem os possíveis podem ser todos, sem exceção, apresentados, mas, antes de tudo, porque *esse* caminho da fundamentação – a demonstração de um enunciado essencial por meio do recurso a casos particulares correspondentes – é completamente contrassensual. Posto que queiramos comprovar o enunciado sobre a essência por meio da apresentação de proposições corretas, a fim de medirmos e encontrarmos, a partir delas, a adequação do enunciado sobre a essência, o fato de elas corresponderem a eles, o fato de a verdade ser a correção da proposição – como podemos encontrar, afinal, aquelas proposições corretas que devem servir como prova da legitimidade da determinação essencial? Somente de tal modo que as cindamos das proposições falsas. A questão é que só podemos fazer isso se já soubermos o que são as proposições verdadeiras, ou seja, se já soubermos em que consiste sua verdade. Todas as vezes em que tentamos provar uma determinação essencial por meio de fatos particulares, ou mesmo por meio de todos os fatos efetivamente reais e possíveis, vem à tona o fato estranho de já pressupormos a legitimidade da determinação essencial, sim, de já precisarmos pressupô-la a fim de podermos em geral lançar mão e apresentar os fatos, que devem servir de prova.

§ 21. Apreensão como pro-dução da essência. Primeira referência

De acordo com isso, temos uma conjuntura e uma dificuldade próprias em relação à fundamentação das proposições essenciais. A apreensão da essência, e, com isso, a fundamentação do posicionamento da essência, é de um tipo diverso do conhecimento de proposições e conexões factuais particulares, e, de modo correspondente, diverso da fundamentação de tal conhecimento de fatos. Para dizer de maneira mais clara, pensemos em um outro caso.

Como deve ser, afinal, determinada e efetivamente estabelecida, por exemplo, a essência "mesa", o que uma mesa é, se não se tiver encontrado anteriormente ao menos *uma* mesa particular efetivamente real, uma mesa a partir da qual – como se diz, pela via da "abstração" – a essência universal mesa pode ser deduzida e selecionada, na medida em que nos "abstraímos" das particularidades da mesa a cada vez particular? De onde é, porém, assim precisamos perguntar, em contrapartida, que tiraríamos essa mesa particular – enquanto mesa – se, junto à sua realização, já não fosse diretriz, *antes* dessa realização, sim, precisamente *para* a sua fabricação, aquilo que, então, uma mesa em geral deve ser? Para que mesmo apenas a primeira de todas as mesas possa ser fabricada, não é preciso anteriormente que a ideia "mesa" seja *pro-duzida*? Ou será que as duas coisas seguem juntas? Nesse caso, a apreensão da essência não seria de um tipo tal que ela "pro-duz", de certa maneira, pela primeira vez, a essência, e não a reúne, por exemplo, ulteriormente, a partir dos casos particulares já presentes à vista?

A meditação histórica é fundamentalmente diversa da consideração historiológica. A "historiologia", contudo, como instrução, mediação de conhecimentos, tanto quanto como pesquisa e exposição, possui a sua própria utilidade e, de acordo com isso, também os seus próprios limites. A meditação histórica, em contrapartida, só é possível, mas também necessária, lá onde o pensamento se atém à história de maneira criadora, concomitantemente configuradora – na criação do poeta, do fundador das religiões, do pensador, do homem de Estado. Nenhum deles jamais se mostra como um historiólogo quando medita sobre o acontecimento apropriado. Como eles não são historiólogos, realiza-se neles a abertura e a refundação da história. Meditação histórica jamais se mostra como uma sondagem do que passou; e isso nem mesmo quando o espírito de uma época é apresentado como esse passado. Toda "história espiritual" é sempre apenas uma *consideração historiológica* que, em verdade, desperta facilmente a impressão de ser uma "meditação", porque aí se persegue o "espírito". Mas o "espírito" é aí apenas um "objeto" – posto de lado e apresentado como algo de outrora, que já passou, talvez ainda como algo ansiado romanticamente. O contrário é que se dá, por exemplo, Jacob Burckhardt, que se apresenta como um historiólogo que não trabalha, por vezes, de maneira totalmente "exata", e como um professor com ambições literárias, é tudo menos um historiólogo. Ao contrário, ele é inteiramente um pensador histórico, para o qual a historiologia e a filologia não podem senão prestar auxílios. Isso basta para uma primeira elucidação, que ainda não penetrou, porém, no ponto decisivo da diferença entre consideração historiológica e meditação histórica.

Ora, mas de acordo com que lei e a partir de que regra realiza-se o "trazer-à-tona" da essência? Esse trazer-à-tona é arbitrariamente concebido e o assim pensado é decalcado com uma palavra? Tudo não passa aqui de pura arbitrariedade? E se não for esse o caso, então será que tudo não se trata, talvez, de outra coisa senão de um pôr-se de acordo linguístico? Mais ou menos do modo como fazem ao usar determinadas palavras como sinais para determinadas representações, as pessoas se colocam de acordo em ligar à palavra "mesa" tais e tais representações de determinado objeto? O elemento comum é, então, apenas a mesmidade do som "mesa", que é aplicável para a designação das respectivas mesas particulares. Mas à palavra *una* "mesa" não corresponde ainda a unidade e a mesmidade de *uma* essência; toda a questão da essência é uma questão de gramática. Há apenas mesas particulares e, para além disso, não há ainda uma "essência" mesa. O que se denomina assim é, visto criticamente, apenas a mesmidade do sinal para a denominação das mesas particulares, que são as únicas efetivamente reais.

Mas justamente isso *que* caracteriza a mesa enquanto mesa – aquilo que ela é e que a distingue da janela segundo esse ser-o-que –, justamente isso é de certa maneira independente das configurações linguísticas e sonoras da palavra. Pois a palavra de uma outra língua é diversa como figura sonora e escrita e, contudo, visa à mesma coisa "mesa". Esse elemento uno e mesmo empresta pela primeira vez à concordância no uso linguístico a sua meta e o seu apoio. Por conseguinte, a essência já precisa ser anteriormente estabelecida para ser denominável e dizível como a mesma na mesma palavra. Ou, porém, o denominar e o dizer propriamente ditos se mostram como o posicionamento originário da essência, mas, naturalmente, não por meio da concordância e do acordo, e, sim, por meio de um *dizer* normativamente *dominante*. Como quer que as coisas venham a se encontrar aqui, em caso algum a essência tolera uma derivação ulterior – nem a partir da concordância no uso linguístico ou a partir da comparação dos casos particulares.

§ 22. A busca pelo fundamento do posicionamento da essência. Caráter corrente da tomada de conhecimento da essência – enigma do conhecimento da essência (apreensão da essência) e sua fundamentação

Nós buscamos aquilo que dá o direito e o fundamento ao posicionamento da essência, a fim de deduzir deste a arbitrariedade. Em meio a toda essa meditação, sempre nos deparamos uma vez mais com o mesmo: o fato de *a apreensão da essência e de a tomada de conhecimento da essência já serem, elas mesmas, aquilo que dá legitimidade e medida*. Por conseguinte, o fato de elas serem algo originário e, por isso, estranho e inabitual para o pensamento comum e para as suas exigências de fundamentação.

Não podemos permanecer de maneira suficientemente frequente e demorada junto a essa estranheza. Por isso, meditamos de novo sobre aquilo que acontece no âmbito da tomada de conhecimento da essência. Para dizer de modo antecipado e resumido: a *tomada de conhecimento* da essência permanece tão corrente e tão necessária para nós quanto o fato de o *conhecimento* da essência e o saber sobre a *essência* se mostrarem como enigmáticos e arbitrários[14]. Nós "temos conhecimento" da "essência"

14. Heidegger joga aqui com dois verbos que são muitas vezes usados como sinônimos: *kennen* e *erkennen*. Ambos significam fundamentalmente "conhecer". No primeiro caso, porém, o conhecer está ligado a algo como a obtenção de informações: na medida em que se estuda, por exemplo, se obtém conhecimentos (*Kenntnisse*) sobre determinado assunto. No segundo, por outro lado, o que está em questão é o movimen-

das coisas à nossa volta – casa, árvore, pássaro, caminho, meio de transporte, homem etc. – e, contudo, não possuímos nenhum saber sobre a essência. Pois nos tornamos logo inseguros, oscilantes, duvidosos e infundados quando procuramos determinar de maneira mais detalhada e, antes de tudo, fundamentar em sua determinidade aquilo de que temos conhecimento de modo seguro e, no entanto, indeterminado – a saber, o que é próprio à casa, à árvore, ao pássaro, ao homem. Não obstante, procedemos, de qualquer forma, de maneira completamente segura na distinção, na medida em que não confundimos um pássaro com uma casa. Essa tomada de conhecimento – por mais provisória e indeterminada, por mais esvaecida e gasta que possa ser – nos orienta, de qualquer forma, incessantemente e por toda parte junto a cada passo e à estada em meio aos entes, assim como junto a cada ideia sobre ela. Esse estranho estado de coisas aponta para o seguinte: não são os fatos imediatamente dados – o efetivamente real, o palpável e o visível particular e aquilo que está sendo diretamente visado e defendido – que possuem a "proximidade" determinante em relação à nossa "vida". "Mais próximo da vida" – para usar esse modo de expressão – "mais próximo da vida" do que o que é assim chamado "efetivamente real" é a *essência* das coisas, da qual *nós tomamos e ao mesmo tempo não tomamos conhecimento.* O próximo e o mais próximo não são aquilo que o assim chamado homem dos fatos acredita captar. Ao contrário, o mais próximo é a essên-

---

to mesmo do conhecimento, a dinâmica característica do comportamento teórico. Com essa distinção, Heidegger procura realçar o fato de já sempre termos um conhecimento não explícito do ser dos entes (*kennen*), sem termos um conhecimento (*erkennen*) expresso sobre esse ser. Para acompanhar a diferença presente no original, optamos pelo par: tomar conhecimento e conhecer. (N. do T.)

cia, que, para a maioria, permanece naturalmente o que há de mais distante – mesmo no momento em que ele, e até o ponto em que ele efetivamente pode ser mostrado de maneira usual, é mostrado a eles.

Com que enigma nos deparamos aqui? Que mistério é esse que atravessa o homem de tal modo que aquilo que parece ser pura e simplesmente para ele o ente – os célebres fatos prenhes de realidade efetiva – não seja o ente? De tal modo que, não obstante, esse *constante desconhecimento* da proximidade da essência do ente talvez pertença até mesmo à essência do homem e que, justamente por isso, esse *desconhecimento* não possa ser considerado como uma *falha*, mas precisa ser concebido como a condição necessária para a *grandeza* possível do homem? De tal modo que se encontra no cerne do espaço entre o ser e a aparência, que o mais próximo se mostra como o mais distante e o mais distante como o mais próximo? Que *grande reviravolta* atravessa aí o íntimo do homem e sua posição no ente?

Se as coisas se acham tão enigmáticas em toda relação do homem com a essência do ente, então não é de se admirar que só nos coloquemos em acordo quanto à apreensão da essência, a fundamentação da apreensão da essência e, com isso, quanto ao saber essencial e sua relação com a mera tomada de conhecimento da essência em passos lentos e sempre uma vez mais vacilantes, passos que constantemente ficam para trás? Com vistas a essa grande reviravolta no homem, será que veremos o fato de que, e a razão pela qual, todas as grandes épocas da história *foram grandes e permaneceram grandes* na força de experimentar e suportar essa reviravolta, despedaçando-se aí de tal modo que os fragmentos desse despedaçamento sempre acabam por se tornar suas obras e seus feitos essenciais? Sempre precisamos pensar em direção a um tal estado de coisa se não quisermos decair no erro degradador e usual de achar que a questão "como apreendemos e como fundamentamos essa apreensão da essência?" seria uma brincadeira conceitual "abstrata" e "intelectual", enquanto é o "intelectualismo" que consiste justamente apenas em achar que a única coisa efetivamente real e que é seriam os "fatos".

§ 23. O trazer-à-visão a essência (apreensão da essência) como um trazer-à-tona a essência do velamento à luz. A visualização intencional da essência

Nossa meditação obteve até aqui o seguinte: a essência não é recolhida a partir dos fatos, mas também nunca é previamente encontrada como um fato. Pois bem, mas se a essência se encontra, apesar disso, diante de nós, naquela visão prévia, que outra alternativa há senão dizer que ela é, de algum modo, trazida para diante de nós e que nós nos colocamos diante da essência?

A apreensão da essência é uma espécie de "trazer-à-tona" a essência. O modo de fundamentação da essência e do posicionamento da essência também precisa se configurar de maneira correspondente. Pois, se na apreensão da essência, essa essência mesma, aquilo que precisa ser apreendido, é primeiramente trazida-à-tona, se a apreensão enquanto tal é, com isso, pro-dutora, então a "fundamentação" da apreensão não pode se mostrar como um apelo a nada já presente à vista, a que a apreensão se ajustaria. No sentido de tal fundamentação – a saber, da demonstração a partir de algo de algum modo já presente à vista no sentido da fundamentação de todo conhecimento de fatos –, o conhecimento da essência é, por isso, *sem fundamento*. Mas temos o direito de concluir daí que o conhecimento da essência seria infundado?

Para chegarmos aqui a uma resposta, precisamos tentar experimentar de uma maneira mais exata como, afinal, acontece a apreensão da essência como trazer-à-tona a essência. De uma maneira correspondente à direção de nosso questionamento acerca da essencialidade da essência, também precisamos perguntar aqui como, afinal, os gregos, de acordo com a *sua* concepção da essência, compreendem e precisam compreender esse trazer-à-tona.

Platão caracteriza a essência como o "ser-o-que" do ente e esse "ser-o-que" como ἰδέα, como a aparência que o ente mostra. *Naquilo que* o respectivo particular é, ele se posta propriamente e chega a termo. O *"o que* ele é" o coloca em si com base em si mesmo, é sua figura. Aquilo que um ente particular, por exemplo, uma mesa, é – seu *aspecto,* sua figura e, com isso, sua junção estrutural – não é composto inicialmente a partir de mesas presentes à vista, mas, ao contrário, essas mesas particulares é que só podem ser fabricadas e só podem se encontrar prontamente presentes à vista se e na medida em que elas são produzidas de acordo com o modelo prévio de algo assim como uma mesa em geral. O modelo prévio é a aparência de antemão visualizada daquilo que constitui o aspecto de uma mesa – a "ideia", a essência.

E o visualizar-de-antemão, o trazer-à-visão da essência deve ser um "trazer-à-tona"? Tudo fala a favor do contrário. Para que possamos ter em vista alguma coisa, esse a ser visto já não precisa ser e precisamente subsistir? Com certeza. E, assim, ao menos a concepção greco-platônica da essência como ἰδέα exclui a possibilidade de que a apreensão da essência seja um "trazer-à-tona" da essência. Sabe-se mesmo há muito tempo, de acordo com a concepção usual da doutrina platônica das ideias, que *Platão* ensinava que as ideias subsistiriam – independentemente de toda mudança e perecimento – por si e em si em um lugar supraceleste, de modo que seria completamente incompatível com o mundo grego dizer que as ideias seriam trazidas à tona.

Não obstante, a apreensão da essência para os gregos é um trazer-à-tona. Para reconhecer isso, só precisamos compreender o "trazer-à-tona" de maneira grega. De acordo com as reflexões anteriores e compreendido de maneira inicial e defensiva, "trazer-à-tona" a essência significa o seguinte: a essência não é buscada a partir da reunião dos casos particulares como o seu universal; ela possui a sua *própria origem*. Quando *nós* falamos em trazer algo à tona (em pro-duzir algo[15]), pensamos em fazer ou em fabricar um objeto particular. Mas justamente isso é o que não se tem aqui em vista; trazer-à-tona – utilizamos intencionalmente esse termo – precisa ser tomado *literalmente*. A essência é trazida à tona, tomada e retirada ao desconhecimento e ao velamento até aqui. À tona – para onde? Para a luz; ela é trazida à visão. Esse trazer-à-visão é um ver de um tipo peculiar. Esse ver não vê na medida em que apenas fita embasbacado algo presente à vista, já acessível de qualquer modo, mas traz para diante de si pela primeira vez o que precisa ser visto. Trata-se de um ver *que toma e traz à luz*, não uma mera observação daquilo que surgiu no caminho de alguém e que se encontra à sua volta; não um mero atentar para algo até

15. Em seu sentido corrente, *hervorbringen* significa simplesmente produzir. O termo é um sinônino de *herstellen*. Porém, como Heidegger hifeniza o termo e acentua a diferença entre os dois termos, optamos por uma tradução mais literal. No entanto, para seguir a peculiaridade do texto original, fomos obrigados, na passagem acima, a inserir o sentido corrente entre parênteses. (N. do T.)

aqui não atentado, mas simplesmente observável. O ver daquele *aspecto* que se chama ideia é um destacar para a visão que toma e traz à luz, um ver que impõe diante de si o que precisa ser visto no ver. Por isso, denominamos esse ver que apresenta para si e visualiza ele mesmo pela primeira em meio à visibilidade *ver intencional*[16].

Esse trazer-à-tona (pro-duzir) não é nenhum fabricar e fazer – portanto, ele é, de qualquer modo, um encontrar previamente. Aquilo que pode ser encontrado, porém, já precisa *ser de antemão*. Agora, uma vez que, para os gregos, "ser" significa "presença constante", a essência como o ser-o-que de algo é o ente propriamente dito, o maximamente essente do ente, o ὄντως ὄν. Por isso, as *ideias* é que são; sim, elas precisam ser como o ente propriamente dito no ente para poderem ser trazidas à tona, isto é, para poderem ser colocadas à luz – à luz, em meio à qual veem aqueles olhos que lançam visadas prévias e em cujo campo de visão apreendemos pela primeira vez o singular. A visão *intencional* da essência não é, consequentemente, nenhum orientar-se por (retificar-se por) algo, sem mais, já acessível, mas a exposição do aspecto – uma visada *intencional*, no sentido acentuado do termo.

Assim, para os gregos, a essência e o posicionamento da essência se encontram em um espaço peculiar de *lusco-fusco*: a essência não é fabricada, mas também não é encontrada como uma coisa presente à vista. Ao contrário, ela é vista intencionalmente, trazida à tona. De

---

16. Heidegger tem um uso bastante peculiar dos prefixos *er-* e *be-* em alemão. Na verdade, ele utiliza muitas vezes esses prefixos, que são índices de intensificação do radical, para designar uma relação mais direta e originária com o ente. *Er-sehen* é um ver que se liga originariamente ao que o ente é. Dito na linguagem da fenomenologia, o *er-sehen* é um ver de natureza intencional. (N. do T.)

onde – para onde? Do não visto para o visível, do não pensado para o que precisa ser a partir de então pensado. O ver intencional da ideia, da essência, é, por conseguinte, um modo *originariamente próprio* da apreensão, e é preciso que corresponda a ele também um modo *próprio* de "fundamentação".

§ 24. O ver intencional da essência como fundação do fundamento. ὑπόθεσις como θέσις do ὑποχείμενον

Como as coisas se encontram, portanto, em relação àquilo pelo que propriamente perguntamos, em relação à *fundamentação da apreensão da essência*? Se essa apreensão é um ver intencional, um trazer-à-tona, então ela não pode se orientar (se retificar) anteriormente por algo presente à vista, para deduzir daí algo. Porque é só por meio da visão intencional que a essência e, com isso, aquilo pelo que o orientar-se em geral poderia se orientar são trazidos à luz. Na visão intencional ainda não é possível um orientar-se (retificar-se) por algo previamente dado, porque a própria visão intencional leva a termo pela primeira vez a doação prévia.

Como não é nem possível nem necessário aqui a adequação a algo previamente dado, também não pode haver nenhuma fundamentação no sentido antes definido. A *visão intencional* da essência não é fundamentada, mas *fundada*, isto é, ela é levada a termo de tal modo que *traz a si mesma para o fundamento que estabelece*. A visão intencional da essência é ela mesma *fundação do fundamento* – instauração daquilo que deve ser fundamento, ὑποκείμενον. Por isso, a visão intencional como o trazer à tona fundante da essência como ideia é ὑποθεσις – estabelecer o próprio ser-o-que como o fundamento.

ὑποθεσις designa aqui a θέσις do ὑποκείμενον e não significa, por exemplo, tal como o conceito posterior de "hipótese", uma suposição que é feita a fim de colocar à prova, a partir de seu fio condutor e segundo determinado aspecto, o experienciável. Ao contrário, todas as hipóteses no sentido moderno – hipóteses de trabalho relativas à pesquisa sobre a natureza, por exemplo – já sempre pressupõem o estabelecimento de uma essência determinada do ente visado, com cuja base as hipóteses de trabalho conquistam pela primeira vez um sentido. Toda "hipótese" já pressupõe uma ὑποθσις, um posicionamento da essência. A visão intencional da essência é estabelecimento do fundamento e ela se funda naquilo que ela intencionalmente vê. Ao mesmo tempo, ela vê intencionalmente aquilo em que ela se funda.

O posicionamento da essência sempre tem, por isso, a aparência de arbitrariedade em si, do inabitual, quando ela é medida segundo o critério do habitual. Esse inabitual, porém, não é, por outro lado, o divergente e o estranho. Ao contrário, é aquele elemento simples, que nunca pode ser aduzido por meio de argumentos (fundamentos demonstrativos), por maior que seja o número desses argumentos, se ele mesmo não é a cada vez visto intencionalmente, e a cada vez visto intencionalmente de maneira nova, se ele não desperta no homem a visão da essência.

Visualizamos aqui algo da diferença abissal entre a filosofia como o saber da essência e toda ciência. Conhecimento científico cria distanciamento, e necessita desse distanciamento, em relação ao objeto, razão pela qual sempre é necessário aqui uma vez mais a suspensão ulterior técnico-prática dessa distância. O saber acerca da essência, inversamente, cria precisamente a pertinência ao ser, de modo que toda aplicação voltada para a utilidade chega tarde demais e permanece abaixo de sua dignidade.

Por isso, se é que deve ser comuni-cado, o conhecimento da essência precisa ser ele mesmo levado a termo uma vez mais por aquele que deve acolhê-lo. Dito de maneira mais exata, ele não pode ser comunicado no sentido da transmissão de uma proposição cujo conteúdo é simplesmente apreendido, sem que a fundação e a conquista sejam concomitantemente realizadas. O conhecimento da essência precisa ser a cada vez realizado novamente por si mesmo e acompanhado em sua realização, no sentido mais próprio do termo, ele precisa ser *co*-realizado.

Repetição

1) Nova meditação sobre o procedimento na totalidade: a necessidade da referência histórica à história da essência da verdade

Antes de relembrarmos de maneira extremamente sucinta o curso até aqui de nosso questionamento e de darmos prosseguimento a ele, precisamos caracterizar uma vez mais o *procedimento na totalidade*. Uma vez mais porque já tentamos empreender até aqui uma explicitação de tal procedimento – a saber, por meio daquela observação paralela sobre a diferença entre consideração historiológica e meditação histórica. Por que insistimos precisamente nessa diferença que se mostra como uma diferença de postura fundamental no interior da história e em relação à história? Por que uma discussão da história e da historiologia tornou-se efetivamente necessária para a elucidação de nosso procedimento? Porque levantamos a questão acerca da essência da verdade.

Questões de tal tipo, que pertencem à construção de um "sistema da filosofia", são designadas, de acordo com a sua proveniência, como "sistemáticas", diferentemente de relatos historiológicos sobre as opiniões filosóficas de outros pensadores em relação a tais questões. Nós levantamos uma questão "sistemática" – ainda que não tenhamos em mente nenhum "sistema" – na medida em que perguntamos a partir de nós, para nós e para o futuro. Nós questionamos "sistematicamente" e, depois de poucos passos, já nos perdemos, em meio a esse intuito, em considerações "historiológicas". Não se trata aqui de um procedimento ambíguo, de um rodeio, sim, de um desvio diante da resposta simples, imediata e não pormenorizada à questão levantada sobre o que seria afinal a essência da verdade? Em todo caso, poder-se-ia compreender que nossa resposta a essa questão tornou necessária certa consideração historiológica das doutrinas imediatamente precedentes sobre a verdade com o propósito da confrontação e da clarificação críticas. Por que, contudo, retrocedermos tanto e de maneira tão pormenorizada aos gregos?

Se já pretendemos colocar e responder – como parece – aquela questão de modo mais originário do que até aqui, por que não deixamos, então, todo o passado para trás, por que não nos desfazemos simplesmente de todo o peso da tradição, um peso que nos confunde e oprime, a fim de, finalmente, começarmos agora por nós mesmos? É isso com certeza que buscamos, porque é disso que *precisamos,* uma vez que – como se mostrará – há uma necessidade nisso. Mas só podemos realizar o que precisamos fazer aqui – superar a tradição historiológica – a partir da mais profunda e autêntica referência *histórica* àquilo que se encontra em questão, à verdade e à história de sua essência.

Pois reflitamos: por que é que o homem ocidental, e sobretudo o homem moderno, pôde ser tão soterrado e abalado pela tradição historiológica relativa aos modos mais diversos de pensar e de avaliar material e temporalmente, pelos estilos de criação e pelas formas de trabalho, e, assim, vacilante em sua essência, se transformar nessa mistura híbrida de hoje? Por que ele está exposto de modo tão indefeso a esse ataque constante do elemento historiológico? Porque o homem ocidental é, em sua essência, *histórico,* isto é, fundador de história, o que significa, ao mesmo tempo, destruidor de história. Onde o homem vive a-historicamente, a historiologia não pode ter para ele nenhum sentido e, com isso, também não pode conquistar nenhum poder possível sobre ele. A historiologia, contudo, não adquiriu essa preponderância perturbadora sobre o homem atual, uma preponderância que está longe de se tornar consciente para nós em toda a sua extensão, porque ele se tornou histórico *demais.* Ao contrário, isso se deu porque ele não conseguiu mais ser histórico de maneira suficientemente originária, para poder estabelecer os limites e a meta ao historiológico.

Por isso, não podemos impedir a inundação vinda do historiológico – a torrente vem subindo hoje mais do que nunca – saindo, por assim dizer, da história. Ao contrário, só nos assenhorearemos da historiologia na medida em que reconquistarmos a força para o ser histórico. O fato de essa força ter se transformado em impotência não é nem casual nem um processo isolado particular. Ele pertence antes, o mais intimamente possível, àquele acontecimento da história ocidental, que Hölderlin experimentou pela primeira vez e que Nietzsche expôs à sua maneira, na medida em que apontou para o fato de há 2 mil anos o homem ocidental não conseguir mais criar nenhum deus. O que significa essa permanência de fora da força criadora de deuses? Não o sabemos. Tratar-se-ia de um cálculo por demais aligeirado se quiséssemos concluir já, a partir daí, o declínio do homem ocidental, ainda que tudo dê a impressão de que todas as forças ainda efetivas do Ocidente, sim, talvez da Terra, foram implodidas e usadas para o empreendimento e a criação do que há de mais próximo e mais palpável, da utilidade dos muitos e do desejo de vida dos homens os mais diversos. A história não se subtrai apenas à predição, mas em geral à avaliação calculadora; e isso sobretudo quando concebemos a história em seu acontecimento mais duradouro e, por isso, mais lento, em seu acontecimento só muito dificilmente tangível: a aproximação e o distanciamento dos deuses em relação ao ente – um acontecimento que ainda se encontra muito além e muito aquém das ocorrências próprias a religiões, igrejas e "movimentos de fé" e que possui sua outra face correspondente naquilo que denominamos a força e a impotência do homem em relação à história.

Se são os deuses que estão agora e há muito tempo em fuga ante o homem, então esse recusar-se dos deuses precisa ser um acontecimento descomunal, que certamente impele a um acontecimento único, o qual mal podemos ousar nomear. (Não dito: o passar ao largo do último deus. Cf.: *Do acontecimento apropriativo.*) Quer pensemos em direção ao cerne desse acontecimento, quer reflitamos sobre a impotência do homem em relação à história, quer pensemos mesmo inteiramente essas duas possibilidades em sua copertinência originária – a meditação toca a cada vez o traço fundamental *uno* dessa história maximamente originária e velada, mas maximamente própria: o fato de a verdade, com vistas à sua essência, não ser mais nenhuma questão, mas, em todo caso, uma obviedade indiferente e, com isso, de ela estar desenraizada de todo elemento verdadeiro e de se mostrar sem força criadora. Enquanto não nos lembrarmos mais efetivamente daquilo que era sua essência inicial, ou seja, enquanto não nos lembrarmos de para qual direção deve se decidir o seu elemento futuro, a verdade também não poderá mais se tornar em, momento algum, para nós uma questão a partir de uma necessidade autêntica.

A questão acerca da essência da verdade é uma, sim, ela é *a* questão pura e simplesmente histórica, na medida em que pergunta sobre aquilo que devolve pela primeira vez à nossa história o seu fundamento, a saber, na medida em que pergunta sobre aquilo a partir do que o inevitável e o decidível conquistam o espaço de seu choque e do exceder-se mútuo.

O fato de nosso questionamento da essência da verdade ganhar imediatamente a via da meditação histórica, e, em verdade, de uma meditação que remonta a um ponto bem lá atrás, e de aí, de acordo com a intenção dessa preleção, possuir seu peso propriamente dito é – se levarmos em conta o dito – exigido por aquilo pelo que perguntamos, pela essência da própria verdade, que não "tem", apenas por si, sua história, mas é, a cada vez de maneira diversa, o fundamento e o não-fundamento de nossa história e não-história. No pensamento vindouro, a diferença entre consideração historiológica e sistemática perde todo o sentido; de maneira totalmente diversa do que acontece com Hegel, que apenas misturou as duas e, com isso, acabou deixando que elas subsistissem assim.

2) A sequência dos passos realizados até aqui, da verdade como correção do enunciado até o posicionamento da essência como visão intencional e como estabelecimento do fundamento

Como essa questão histórica, contudo, é exigida pelo próprio questionado, só podemos e temos mesmo o direito de alcançar a meditação histórica buscada no interior da *série rigorosa dos passos*. Delinearemos agora, uma vez mais, de maneira sucinta, a sequência dos passos realizados até aqui.

Nossa questão acerca da essência da verdade foi estabelecida inicialmente há 2 mil anos, com a definição, normativa e que continua ainda hoje como tal, da verdade como correção do enunciado e, em geral, da representação. Esse ponto de partida realizou-se imediatamente sob a forma de uma meditação crítica. Essa meditação obteve como resultado o seguinte: a verdade como correção da representação pressupõe, para que ela possa ser o que é – adequação ao objeto –, a abertura do ente, uma abertura por meio da qual o ente se torna pela primeira vez apto a se mostrar como objeto e o re-presentar se transforma em uma faculdade. Essa abertura revelou-se, com isso, como o fundamento da possibilidade da correção. Por conseguinte, a correção *não* pode constituir a essência originária da verdade, se ela mesma permanece dependente de algo mais originário. Ao contrário, a essência mais originária da verdade precisa ser buscada a partir de um recurso àquela abertura.

A questão é que essa reflexão simples, que conduz para além do conceito tradicional de verdade, não possui seu ponto de apoio senão no fato de já a correção, ainda que não originariamente, conter, de qualquer modo, de alguma maneira, algo da essência do verdadeiro. O fato de isso se mostrar assim só foi inicialmente pressuposto de maneira tácita. Como as coisas se encontram em relação a esse pressuposto? Como e até que ponto o estabelecimento tradicional da essência da verdade como correção do enunciado é fundamentada? Nós encontraremos o mais imediatamente possível – se a encontrarmos em algum lugar – a fundamentação da determinação essencial da verdade lá onde essa essência da verdade foi fixada pela primeira vez. Isso aconteceu ao final da grande filosofia dos gregos, no pensamento de *Platão* e nas doutrinas de *Aristóteles*.

Para inquirirmos agora, porém, o fundamento de direito da verdade como correção, precisamos saber o que esses pensadores tinham em vista com aquilo que denominamos a "essência". Isso levou à discussão daquilo que *Platão* concebeu como ἰδέα. A essência é o ser-o-que do ente, algo que é visto intencionalmente como aspecto de sua aparência, e se encontra, desde então em meio à visão prévia para todo comportamento em relação ao particular a cada vez presente à vista. Se agora, depois dessa clarificação do conceito grego de essência, atentarmos para a questão acerca de que maneira a citada determinação essencial da verdade – como correção do enunciado – seria fundamentada, então encontraremos o fato de que falta "uma fundamentação". Os posicionamentos da essência mostram-se como afirmações arbitrárias, às quais nós, contudo, nos submetemos. Os posicionamentos da essência permanecem sem "fundamentação", se entendermos justamente por fundamentação a rearticulação sempre ulterior do enunciado com algo já simplesmente presente à vista, ainda que nem sempre já conhecido. Dessa maneira, só é possível demonstrar, ou seja, fundamentar aquele conhecimento que busca conhecer e determinar o presente à vista: o conhecimento dos fatos. Em todo conhecimento de fatos, no entanto, já se acha à base, dirigindo-o e suportando-o, uma tomada de conhecimento da essência. As reflexões trouxeram consigo que uma apreensão da essência jamais pode ser fundamentada sob a forma do conhecimento de fatos. Pois, *em primeiro lugar*, todos os fatos efetivamente reais da essência em questão – por exemplo, da essência "mesa" – não apenas não podem ser aduzidos, mas essa adução também é, *em segundo lugar,* insuficiente, porque a essência também é válida para as mesas possíveis. *Em terceiro lugar,* porém, e sobretudo: uma fundamentação da essência e da determinação da essência por meio da referência a fatos efetivamente reais ou possíveis correspondentes é, em si, um contrassenso. Pois, para descobrirmos e escolhermos os fatos pertencentes à essência e para expô-los como provas da legitimidade do posicionamento da essência, o ter-sido-posto da essência já precisa ser pressuposto.

A essência e a determinação da essência não admitem, portanto, nenhuma fundamentação tal como a realizamos no campo do conhecimento dos fatos. A essência de algo não é em geral previamente encontrada como um fato, mas precisa, uma vez que não se encontra simplesmente presente à vista na esfera do representar e do opinar imediatos, ser *trazida-à-tona.* Trazer-à-tona é um modo de criar e, assim, reside em toda apreensão da essência e mesmo em todo posicionamento da essência algo criador. O elemento criador dá sempre a impressão de ser algo violento e arbitrário, como se devesse ser encoberto com isso o fato de ele estar ligado a uma normatividade mais elevada, que precisa permanecer preservada ante a importunidade da opinião usual, uma opinião que possui sua própria regularidade, a requisita incessantemente e detesta a exceção. Se denominamos o posicionamento da essência um trazer-à-tona e, nesse caso, tratamos inicialmente da "essência" na concepção grega (ἰδέα), então o "trazer-à-tona" também precisa ser compreendido no sentido grego.

Trazer-à-tona significa aqui *trazer-à-luz,* trazer à vista algo até aqui em geral ainda não visualizado; e, em verdade, de tal modo que o ver não é aí simplesmente um olhar embasbacado para algo que se encontra diante de nós, mas é, antes, um tal ver que traz intencionalmente, que vê intencionalmente pela primeira vez o que precisa ser visto. A essência, isto é, dito em termos greco-platônicos: a ἰδέα, o aspecto do ente naquilo que ele é, é a-preendida na medida em que ela é vista *intencionalmente*. O filósofo só é um pensador quando ele é um tal vidente e não um basbaque, um calculador ou mesmo mero orador. Toda "fundamentação" no sentido estabelecido chega tarde demais em relação ao posicionamento da essência, porque a visão intencional da própria essência vê intencionalmente aquilo em que ela tem seu fundamento – o que é seu fundamento. Conhecimento da essência é em si estabelecimento do fundamento: é posicionamento daquilo que se encontra à base como fundamento, do ὑποκείμενον – θέσις – e, com isso, ὑπόθεσις; não adução *ulterior* de um fundamento para algo já representado. Se algo é determinado em sua essência, então essa essência mesma é vista intencionalmente. O ver intencional da essência visualiza como a própria essência e requisita algo, a partir do qual ela – a essência – se torna evidente como aquilo que ela é.

§ 25. O desvelamento do ser-o-que do ente como o desvelamento da verdade pertinente à apreensão da essência. A fundação da correção do enunciado no desvelamento (ἀλήθεια)

O importante agora é aplicar o que foi dito à questão que nos mobiliza, a questão acerca da "fundamentação" do posicionamento tradicional da essência da verdade – como correção do enunciado.

O conhecimento da essência é impassível de ser fundamentado no sentido firmado de fundamentação (apelo demonstrativo a algo presente à vista). No entanto, isso não significa dizer que ele é *sem fundamento*. Ao contrário, ele mesmo se mostra como *estabelecimento do fundamento*. Por conseguinte, se não encontramos em *Aristóteles* nenhuma fundamentação para a colocação da essência da verdade como correção do enunciado, então esse fato não é casual, mas necessário, porque não há nenhuma fundamentação para o posicionamento da essência. Por outro lado, contudo, temos o direito agora de ao menos supor que essa determinação da essência da verdade como correção do enunciado não é arbitrária e sem fundamento, mas é ela mesma um fundar, o estabelecimento de um fundamento e o retorno fundante a ele. Por isso, perguntamos: o que essa determinação aristotélica desde então corrente da verdade como correção do enunciado requisita como o seu fundamento? O que essa determinação da essência vê *intencionalmente* e vislumbra *intencionalmente* como aquilo em que ela se encontra fundada? Para alcançar a resposta, faremos propositalmente um pequeno desvio.

Chegamos anteriormente (pp. 62 ss./ 73 s.) a uma posição de nossa consideração na qual precisamos dizer que a questão filosófica acerca da essência da verdade seria, ao mesmo tempo e em si, a questão acerca da verdade da essência. Essa ligação também é válida na inversão: a questão acerca da verdade da essência é ao mesmo tempo a questão acerca da essência da verdade. Essas parecem ser, a princípio, meras afirmações. Agora, porém, estamos prontos para torná-las compreensíveis em sua verdade – ainda que apenas na esfera de um campo de visão ainda restrito.

Nós perguntamos sobre a essência da verdade, mais exatamente agora sobre a determinação aristotélica da essência da verdade, sobre a correção do enunciado – *o que* ela seria, em que essa determinação da essência mesma estaria fundada. A questão acerca da essência da verdade é – ainda de maneira assertiva – a questão acerca da verdade da essência. No questionamento acerca da essencialidade da essência obteve-se, contudo, o seguinte: a essência é o ser-o-que de algo, a ἰδέα, o aspecto que algo oferece com vistas à sua aparência, o ente em seu ter-sido-visto. A ἰδέα é vista intencionalmente. O ver intencional é um trazer-à-tona, à luz, à visão, que se funda ele mesmo naquilo que ele traz à tona e, assim, posiciona o visto intencionalmente como fundamento – ὑποθεσις.

A visão intencional da essência não admite nenhuma fundamentação: essa está, por assim dizer, abaixo de sua dignidade. Pois o que significa propriamente o "fundamentar"? O reportar-se a algo presente à vista, e nisso se baseia: a mensuração do conhecimento, do enunciado, a partir de algo *previamente dado* pelo qual o representar enunciativo se orienta (se retifica). *Fundamentação* é um *orientar-se (retificar-se) por...* Portanto, fundamentação pressupõe em si e *por* si a possibilidade da correção. Pertence à fundamentação e à fundamentabilidade determinado tipo de verdade, a saber, a correção da representação e do enunciado. Só o correto e aquilo que levanta uma petição de correção é fundamentável e carente de fundamentação.

Ora, mas se toda apreensão e posicionamento da essência permanecem impassíveis de ser fundamentados – não porque o fundamento não pode ser encontrado, mas porque a fundamentação em geral e enquanto tal não é suficiente para a justificação do posicionamento da essência – se a apreensão da essência alija de si toda e qualquer fundamentação no sentido estabelecido, então a *verdade* pertinente à apreensão da essência e dela proveniente também *não* pode ser a *correção*. Precisa pertencer à apreensão da essência um *outro tipo* de verdade. A meditação sobre a verdade da essência, sobre aquilo que é a *apreensão da essência* e sua justificação, é uma meditação sobre a essência da verdade.

Apreensão da essência é um trazer-à-tona, e, em verdade, no sentido grego de tomar e trazer para fora. De onde? Do velamento. Para onde? Para o *desvelamento*, a fim de estabelecê-la *como o desvelado*. Visão intencional da essência significa: estabelecer o desvelado do ente, o ente em seu desvelamento, alçá-lo à palavra denominadora, assim assentá-la e, com isso, deixá-la se encontrar na visibilidade da tomada de conhecimento da essência.

O desvelado em grego é τὸ ἀλήθέφ, e desvelamento em grego é ἀλήθεια. Traduzimos há muito tempo essas duas palavras por veritas e verdade. A "verdade" da apreensão da essência é, pensado de modo grego, o *desvelamento* do ser-o-que do ente. O desvelamento, o ter--sido-visto do ente, porém, é designado platonicamente como ἰδέα.

O ente em sua entidade (οὐσία) é, dito de maneira sucinta e própria, o desvelamento do ente ele mesmo. O ente, determinado com vistas ao seu desvelamento, é, com isso, apreendido com vistas ao seu vir à tona e ao seu despontar, com vistas à sua φύσις, como ἰδέα, e, assim, nada é apreendido senão o ente em sua entidade. Ver intencionalmente o ente enquanto tal em sua entidade – naquilo que ele é como ente – não significa outra coisa senão: encontrá-lo simplesmente em seu *desvelamento* e, como Aristóteles (*Metafísica* Θ 10) diz, θιγεῖν, tocá-lo, simplesmente se deparar com ele e trazê-lo para diante de si em meio a esse deparar-se com ele e, então, em meio a esse encontro impeli-lo a se colocar na nossa frente. Uma vez que, experimentado de maneira grega, o ente enquanto tal é φύσις, *emergência*, a ἀλήθεια, o desvelamento, pertence ao ente enquanto tal. Por isso, a *apreensão* do ente enquanto tal precisa ser um *desencobrimento* (arrancar ao velamento). O que tudo isso significa em seu sentido mais profundo e em suas consequências, o fato de para os gregos a *verdade* ser um, sim, ser *o* caráter do ente enquanto tal, não pode ser explicitado aqui de maneira mais detalhada. Só atentamos agora para o fato de que a apreensão da essência requisita um modo próprio de "verdade", o desvelamento.

Toda tomada de conhecimento e todo conhecimento do ente particular, contudo, estão fundados na tomada de conhecimento da essência. O conhecimento como o representar o ente particular é fundamentado segundo o critério de sua correção. Agora, porém, se o conhecimento do particular, o verdadeiro representar dos fatos, está fundado no conhecimento da essência, então a verdade do conhecimento dos fatos, isto é, a *correção* do enunciado, também precisa estar fundada por sua parte na verdade do conhecimento essencial. A verdade como correção (ὁμοίωσις) tem seu fundamento na verdade como desvelamento (ἀλήθεια), como o *vir à tona* e já se encontrar em vista da entidade (da essência) do ente. O que é visto e requisitado no estabelecimento da verdade como correção do enunciado é a verdade como ἀλήθεια. ἀλήθεια (desvelamento do ente enquanto tal) também é, então, o *nome* originário e propriamente grego para a verdade, porque ela também denomina a essência *mais originária* da verdade. Nem a palavra latina *veritas,* nem a palavra alemã *Wahrheit* [verdade], nenhuma delas chega a fornecer, ainda que minimamente, uma ressonância com aquilo que os gregos viram intencionalmente e experimentaram de antemão ao falarem em seu sentido de verdade: ἀλήθεια.

§ 26. O desvelamento e a abertura do ente. O processo de soterramento da essência da verdade como desvelamento do ente que é experimentado pelos gregos

Onde nos encontramos agora? Nós perguntamos como é, afinal, que a definição corrente da verdade, da essência da verdade – correção do enunciado – foi inicialmente fundamentada por *Aristóteles*. Mostrou-se nesse caso o seguinte: na medida em que é realizado aqui um posicionamento da essência com o estabelecimento da correção como essência do verdadeiro, não se pode tratar de uma fundamentação. Por isso, é também em vão que buscamos tal fundamentação. Não obstante, o posicionamento da essência não é algo arbitrário. Ao contrário, ele é posicionamento de um fundamento, requisição de algo que possibilita o que precisa ser apreendido em sua essência, que lhe fornece o fundamento.

Mas o que entrega ao verdadeiro, na medida em que ele é concebido como correção, o seu fundamento? O fundamento da *correção* (ὁμοίωσις) é a ἀλήθεια, o desvelamento do ente. O que significa, porém, essa – ἀ-λήθεια, esse desvelamento do ente? Nada além do fato de o ente mesmo, enquanto tal, não se achar encoberto e não permanecer cerrado, ou seja, o fato de ele estar *aberto*. A *abertura* do ente revela-se como o fundamento da possibilidade da correção. Isso, contudo, é precisamente *o mesmo* que expusemos no início de nosso questionamento. Mostramos que a abertura do ente se encontra na base da concepção corrente da verdade como correção e *exigimos* que fosse questionada essa abertura enquanto tal, a fim de apreendermos originariamente a essência da verdade. Afirmamos que essa abertura seria o propriamente digno de questão na pergunta acerca da verdade. Agora, no entanto, veio à tona o fato de que os gregos já tinham tomado conhecimento dessa abertura do ente, sim, de que *eles* requisitam a ἀλήθεια, o desvelamento do ente, como a *essência propriamente dita* do verdadeiro. Sim, ainda mais: para os gregos, o verdadeiro é *de antemão* o desvelado, e a verdade significa o mesmo que desvelamento do ente. É *somente porque*, para os gregos, a verdade é vista intencionalmente de antemão *dessa maneira*, que a possibilidade da adequação de uma proposição e de uma representação ao ente não pode se mostrar para eles como nenhuma questão, nem tampouco como algo que ainda careceria de fundamentação, mas, antes, como algo que resulta como que por si mesmo da visão da ἀλήθεια. Os gregos sabiam, portanto, que a correção do enunciado carece da abertura do ente como seu fundamento essencial? De acordo com isso, *nossa* referência àquele elemento digno de questão na concepção corrente de verdade é totalmente supérflua e chega bastante atrasada. Não há mais nada aqui a perguntar, porque os gregos já responderam à pergunta acerca da verdade nesse sentido.

Se hoje procuramos e precisamos nos lançar para além da concepção da verdade como correção do enunciado, a fim de captá-la em sua essência e em seu fundamento propriamente ditos e, assim, responder suficientemente a questão da verdade, então não carecemos evidentemente de nenhum esforço próprio, mas apenas do retorno ao que já foi visto na filosofia grega. No máximo, precisamos *nos lembrar* de algo que foi entrementes *esquecido*. Esse esquecimento mesmo, por sua vez, também não é espantoso. Uma vez que a concepção de verdade como correção do enunciado se tornou normativa, e *unicamente* normativa, desde *Platão* e *Aristóteles*, para a determinação da essência do verdadeiro, o nome ἀλήθεια também acabou sendo tomado, de maneira inopinada, como a designação da correção da proposição, isto é, como a denominação da determinação, desde então normativa, da essência da verdade como correção. E se, no interior do processo de fusão da terminologia grega, o que sempre significa, no interior da transformação do modo de pensar grego e da posição fundamental grega em relação ao ente no modo de pensar e na posição romanos e, mais tarde, ocidentais, o termo ἀλήθεια foi traduzido por *veritas*, então não se transmitiu com isso apenas a concepção agora fixada da verdade como correção do enunciado, mas também se destruiu, ao mesmo tempo, por meio da tradução de ἀλήθεια por *veritas*, toda ressonância com a essência originária da verdade como ἀλήθεια, desvelamento, uma ressonância que também é completamente suprimida com a palavra alemã *Wahrheit* [verdade]. De acordo com a determinação da essência da verdade, ἀλήθεια passou a significar, desde então, o mesmo que correção do enunciado. Aquilo que os gregos viram outrora intencionalmente e experimentaram como a essência da verdade não se faz mais valer, é *soterrado*. (verum nominat id in quod tendit intellectus (...) veritas principialiter est in intellectu[17].)

Esse processo possui ainda uma outra consequência. A saber: na medida em que séculos posteriores, até o mais recente presente, se lembraram reiteradamente da filosofia grega e se empenharam por também apresentar a doutrina da verdade própria a essa filosofia, a verdade no sentido da *veritas* passou a ser concebida como óbvia, como correção do enunciado do entendimento judicativo. Essa determinação posterior da essência da ἀλήϑεια

---

17. Tomás de Aquino, *Suma teológica*, v. 1, Quaest. XVI. Art. I. Em: Opera omnia, v. 1, Parma 1852, pp. 72 s.

como a única determinação válida no interior da filosofia grega também foi buscada lá onde a concepção da verdade como correção ainda era estranha para os gregos, lá onde a experiência originária da verdade, ao contrário, ainda valia. Isso conduziu, então, à constatação disparatada de que os pensadores primevos dos gregos ainda se mostravam como muito acanhados e ainda não se encontravam em condições de captar de maneira suficientemente clara a essência da verdade, o "problema" do conhecimento e do juízo, e de que só *Platão* e *Aristóteles* chegaram a reconhecer uma tal essência e um tal "problema".

Assim, colocou-se tudo de ponta-cabeça. Essa *inversão* impera ainda hoje na representação erudita corrente da filosofia dos gregos. Mas mais essencial do que essa erudição equivocada continua sendo o fato de que se *inviabiliza* com isso o acesso à essência originária da verdade. Como assim se inviabiliza? De acordo com o que foi dito, precisamos apenas nos habituar uma vez mais a traduzir a palavra grega ἀλήθεια não por "verdade" no sentido da correção, mas por "desvelamento". Trata-se – digamos de maneira benevolente – do mérito do tratado *Ser e tempo,* o fato de, por meio dele, essa tradução literal de ἀλήθεια ter sido colocada em curso uma vez mais. Desde então, vem-se traduzindo ἀλήθεια por desvelamento – e tudo fica como estava. Pois com a mera alteração da terminologia não se conquista absolutamente nada; tampouco com o fato de se ir além da mera tradução literal de ἀλήθεια e se mostrar, então, que os gregos também já tinham tomado conhecimento do desvelamento do ente como a essência da verdade.

Esse aprimoramento assim alcançável da apresentação historiológica da concepção grega da verdade está muito longe de uma meditação histórica sobre a questão acerca da verdade – tão distante que o aprimoramento do uso da palavra impede, até mesmo, com maior razão, tal meditação em sua necessidade. Pois a partir desse momento sabe-se que os gregos já tinham interpelado discursivamente a abertura do ente como verdade. Mas – ficando na filosofia moderna e atual – *também* se sabe agora sobretudo que, no progresso do pensamento filosófico, aquela concepção grega primeva da verdade foi *superada* por meio de *Platão* e *Aristóteles*, e que a doutrina de que a "verdade é correção do entendimento judicativo (*intellectus*) se converteu, no decurso do pensamento moderno, em tal obviedade que mesmo o maior adversário desse pensamento, *Nietzsche*, não a abala o mais minimamente, mas a transforma em base de sua doutrina da verdade. Na medida em que *Nietzsche* procede assim, ele está, sem o saber, em acordo total com *São Tomás de Aquino*, que, a partir de determinada interpretação de Aristóteles, diz: "veritas *principialiter* est in intellectu": a verdade tem em primeira linha e originariamente o seu lugar no entendimento judicativo. Toda e qualquer articulação com a concepção primeva de verdade dos gregos – verdade como desvelamento do ente – é considerada, por isso, um retrocesso a um ponto de vista há muito já superado, que só foi normativo nos primeiros "impulsos iniciais" do pensamento ocidental.

O que obtivemos agora? Aonde chegamos desde o momento em que precisamos nos desviar aparentemente de nosso curso simplesmente estabelecido e pegar um caminho lateral? Recolocamos em questão a concepção corrente da verdade (verdade como correção do enunciado) a partir daquilo que denominamos a abertura – e daquilo que estabelecemos propriamente como o digno de questão. A abertura, contudo, só pode constituir a essência originária da verdade se isso de que ela é fundamento, a saber, aquela correção em geral, tocar de algum modo a essência da verdade – ainda que não originariamente. Será que ela toca a essência, isto é, será que a concepção corrente da verdade é fundamentada? E como ela é? Obtivemos o seguinte: a concepção e a determinação da essência da verdade *não* são, com efeito, fundamentadas, porque, enquanto posicionamento da essência, elas não são fundamentáveis no sentido corrente; no entanto, não são desprovidas de fundamento, mas a ἀλήθεια é requisitada como fundamento da possibilidade da correção, e essa é, para os gregos, a essência da verdade. O desvelamento do ente enquanto tal é o fundamento da possibilidade da correção. Para os gregos, o desvelamento (ἀλήθεια) como essência da verdade é até mesmo fundamento da possibilidade da correção (ὁμοίωσις) em um sentido insigne. Pois reflitamos: os gregos não estabeleceram de maneira alguma *de início* a essência da verdade como correção do enunciado, para remontarem em seguida ao desvelamento como o seu fundamento. Ao contrário, eles experimentaram inversamente primeiro o desvelamento do ente e, *com base nessa experiência,* determinaram, então, a verdade *também* como correção do enunciado, na medida em que eles – com vistas à ἀλήθεια – viram intencionalmente a possibilidade e a necessidade da ὁμοίωσις. Portanto, a concepção ulterior da essência da verdade como correção, com a qual *nós* iniciamos, está muito bem fundamentada; e, com efeito, fundamentada precisamente naquilo em que, de antemão, o pensamento e o saber gregos do ente se movimentavam – no desvelamento do ente; e fundamentada no mesmo fundamento ao qual *nossa* meditação crítica foi remetida, a saber, na – como chamamos – *abertura* do ente. Com isso, o ponto de partida de nossa meditação crítica – junto à concepção corrente da verdade como correção – está justificado. Ao mesmo tempo, porém, vem à tona de qualquer modo o seguinte: essa meditação crítica também é, então, supérflua, porque aquilo com o que ela se depara – o desvelamento do ente – já tinha sido experimentado pelos gregos e requisitado de antemão como o fundamento da possibilidade da correção. O que expusemos inicialmente em nossa reflexão crítica como digno de questão – aquela abertura – já fora dignificado pelos gregos; e isso a tal ponto que esse desvelamento do ente tornou-se para eles a determinação inicial da essência da verdade. Com isso, já tinha sido levado a termo, junto aos gregos, exatamente aquilo que vínhamos buscando requisitar como a tarefa mais originária e necessária do questionamento filosófico futuro.

Repetição

1) A visão intencional do desvelamento do ente como o fundamento para a essência da verdade como correção

O que importava era responder à pergunta: como é fundamentada a determinação da essência do verdadeiro como correção do enunciado? Uma vez que não há nenhuma fundamentação para o posicionamento da essência, mas que o posicionamento da essência mesmo é muito mais em si estabelecimento do fundamento, precisamos formular a questão da fundamentação de outra maneira. Nós perguntamos: o que é visto intencionalmente como fundamento da essência citada da verdade? O que é requisitado como aquilo em que a verdade como correção está enraizada, como aquilo a partir de que ela por assim dizer emerge? Ao que remontamos ou de onde falamos? O que é vislumbrado *intencionalmente* em meio ao estabelecimento da essência do verdadeiro como correção? A verdade, cuja essência é determinada, *então,* como correção, já é denominada pelos gregos *antes* dessa definição e *em geral* ἀλήθεια, desvelamento; e, em verdade, visa-se ao desvelamento do próprio ente – como o ente que ele é. Nessa determinação da verdade como desvelamento não se acha originariamente nada relativo a uma correção do enunciado, mas toda correção do enunciado é que se acha muito mais referida ao desvelamento do ente. Pois o direcionamento da representação *pelo* ente e o orientar-se (retificar-se) *pelo* ente só são possíveis se o ente se encontra no desvelamento. Se, com isso, a correção da representação e do enunciado é posicionada naquilo que eles são, então a ἀλήθεια, o desvelamento do ente, precisa ser estabelecida e precisa estar em vista aí como aquilo que dá o fundamento a essa essência assim determinada. Junto ao posicionamento da essência – verdade é correção do enunciado –, os gregos já tinham em vista, isto é, já tinham visto *intencionalmente,* como o fundamento desse posicionamento, a ἀλήθεια. Dito de outro modo: a delimitação da verdade como correção não é outra coisa senão uma concepção levada a termo e circunscrita a um aspecto determinado, uma concepção que, com isso, é ela mesma *limitada* da verdade como desvelamento do ente, uma verdade que se encontra à base dessa concepção.

2) A ἀλήθεια dos gregos como a abertura. A mudança do conceito de verdade do desvelamento para a correção

O que obtivemos agora? No começo de nosso questionamento, levamos a termo imediatamente – partindo do conceito corrente de verdade (da correção do enunciado) – uma meditação crítica que nos remeteu a uma essência originária da verdade, àquilo que denominamos a *abertura*. Nesse caso, porém, o ponto de partida dessa crítica – aquilo ao que foi atribuído algo mais originário – não foi ele mesmo justificado. A meditação sobre a justificação correalizada junto ao primeiro posicionamento da essência da verdade como correção mostrou, então, porém, que essa justificação do posicionamento da essência retira a sua legitimidade do desvelamento do ente, a saber, precisamente daquilo a que nos reconduziu a nossa superação crítica do conceito corrente de verdade. O que é a ἀλήθεια dos gregos senão aquilo que denominamos a abertura? Portanto, não se precisa primeiramente, de maneira alguma, de uma crítica pormenorizada do conceito tradicional de verdade. A única coisa exigida é que nos lembremos de sua proveniência histórica e de sua justificação inicial, ou seja, que evoquemos uma vez mais algo esquecido.

O esquecimento do fundamento do conceito tradicional de verdade, ou seja, o esquecimento de sua essência originária, que já esteve algum dia desencoberta, é fácil de explicar. Por meio da passagem do pensamento grego para o pensamento romano, cristão e moderno, a ἀλήθεια como ὁμοίωσις, como correção, tornou-se *veritas* como *adaequatio* e *rectitudo*, assim como a verdade tornou-se concordância e correção. Não se perdeu apenas toda e qualquer ressonância com o significado literal do termo grego ἀλήθεια, em meio à *veritas* e à *Wahrheit* [verdade], mas sobretudo todo impulso para se tomar qualquer conhecimento da posição grega em relação ao homem em meio ao ente e em relação ao ente, a única posição a tornar possível o fato de palavras tão essenciais quanto ἀλήθεια terem sido ditas. Ao contrário, a ἀλήθεια foi, desde então, inversamente entedida, por toda parte, como correção da representação a partir de um desconhecimento de sua essência.

Ao mesmo tempo, porém, precisamos atentar, de qualquer modo, para o fato de que, na história da filosofia ocidental desde os gregos, não houve apenas esse esquecimento de seu conceito inicial de verdade. Ao contrário, aconteceu algo mais: com base no conceito modificado de verdade – no sentido da correção do enunciado e da representação – formaram-se novas posições filosóficas fundamentais em *Descartes* e *Leibniz*, em *Kant* e nos pensadores do *Idealismo Alemão* e, por fim, em *Nietzsche*. Tudo isso, naturalmente, com uma unidade fechada de pensamento e com uma uniformidade nas linhas diretrizes do questionamento que, por exemplo, apesar das diversidades mais abissais existentes entre o teólogo medieval *São Tomás de Aquino* e o último pensador ocidental essencial, *Nietzsche*, permaneceu normativa para eles justamente a mesma concepção de verdade, a saber, a verdade como um caráter do entendimento judicativo; e isso de maneira alguma com base em uma meditação expressa, mas *de tal modo* que parece que tudo isso se achava fora de questão – tal como até hoje ainda se encontra.

A partir de tudo isso obtivemos o seguinte: nossa meditação crítica é supérflua, porque já foi realizada. O realizado, porém, foi há muito superado. Por isso, nosso questionamento supostamente mais originário acerca da essência da verdade permanece sem necessidade. Tudo depende disso de fato: se nossa questão emerge apenas de uma resistência não fundamentada mais propriamente contra o que se deu até aqui, ou seja, se ela emerge, por fim, de mera mania cega de inovação – ou se ela provém de uma necessidade? Se ela emerge de uma necessidade – qual?

Nesse ponto, vimos ao mesmo tempo o seguinte: na filosofia não é suficiente que – como na ciência – uma questão crítica se evidencie como possível com base no estado de fato objetivo. A questão filosófica precisa portar em si mesma sua *necessidade*, ela precisa – desdobrada suficientemente – tornar visível essa própria necessidade. Por isso, se meditamos agora, depois da primeira clarificação de conteúdo do âmbito interrogativo, sobre a necessidade do questionamento, então não saímos, com isso, da questão acerca da verdade e passamos a um ponto por detrás dela, mas realizamos, antes, o próximo passo para o seu desdobramento.

QUARTO CAPÍTULO

A NECESSIDADE DA PERGUNTA ACERCA DA ESSÊNCIA DA VERDADE A PARTIR DO INÍCIO DA HISTÓRIA DA VERDADE

§ 27. A virada do questionamento crítico acerca da verdade para o interior do início da história da verdade como o salto prévio para o futuro. A ἀλήθεια como aquilo que foi experimentado pelos gregos mas não inquirido

Perguntamos em primeiro lugar: mesmo a nossa discussão *até aqui* da questão acerca da verdade já possui um significado para a explicitação de sua *necessidade*? Com certeza. Portanto, a discussão do conceito de verdade dos gregos não foi, afinal, supérflua.

1. Ela mostrou: os gregos já conheciam a verdade em seu sentido duplo, por um lado como *desvelamento* (manifestação do ente) e, em seguida, como *adequação* da representação ao ente, como correção.

2. Essa constatação protege-nos ante a opinião arrogante de que, no começo da preleção, teríamos levantado uma "nova" questão com a crítica ao conceito corrente de verdade. Todavia, mesmo se estivermos livres desde o princípio de tal arrogância por conta do reconhecimento da grandeza do pensamento grego e não buscarmos novidades, a discussão do conceito grego de verdade tem ainda um significado particular para o *nosso* questionamento; e tudo depende nesse caso do seguinte.

3. Tudo depende de que: retrojetar o nosso questionamento crítico do conceito corrente de verdade como correção do enunciado para a abertura do ente não seja uma crítica arbitrária, emersa de uma perspicácia vazia qualquer, mas antes a *virada* de nosso pensamento e de nosso questionamento sobre a verdade para o interior do *início da história da verdade*, uma história na qual *nós* hoje ainda nos encontramos; e isso, com efeito, precisamente na medida em que, sem titubearmos e de maneira autoevidente, nos movimentamos junto a todo pensamento e ação no âmbito do conceito de verdade legado pela tradição.

Mas o que ganhamos com isso? Nada além da tomada de conhecimento historiológica de que, para nós, homens de hoje, e para o Ocidente, há muito tempo a essência originária da verdade se perdeu por meio do predomínio da verdade como correção, ou seja, nada além da constatação de uma perda. Com essa constatação, porém, não se acha ainda, de maneira alguma, consumado o fato de que tenhamos diante de nós aqui uma perda propriamente dita. Pois esse só seria o caso se conseguíssemos mostrar que o não-perder, a conservação da *essência originária* da verdade (da ἀλήθεια), é uma necessidade, e que precisamos, assim, reconquistar o perdido.

Mesmo que cheguemos a considerar isso como comprovado – *podemos* afinal, efetivamente, reconquistar esse perdido? O que se perdeu não se acha irrevogavelmente perdido como tal? E mesmo que, em sintonia com a memória, queiramos reter o que se perdeu, isso não nos leva para o contrário daquilo que é necessário? Ora, mas não queremos de modo algum – tampouco o podemos – fazer com que a história volte atrás. Ao contrário, precisamos pensar e agir a partir de *nossa* necessidade agora, isto é, a partir de nossa necessidade *futura*. Pois *nós* – não o indivíduo particular arbitrário, nem tampouco os muitos também arbitrários, nem os povos, as nações e os Estados particulares por si, mas o Ocidente – somos *impelidos*, por meio de choques (guerra mundial, revolução mundial), por meio daquilo de que esses choques não são senão as consequências históricas, para o interior da questão de saber se ainda nos encontramos na verdade, sim, se ainda queremos e ainda podemos querer efetivamente a verdade.

Em face dessa tarefa, por mais essencial que tenha sido aquilo que se deu outrora, a lembrança do que veio antes, uma lembrança que *apenas* olha para trás, não é de nenhum modo um exemplo de "historicismo", uma forma de nos colarmos ao que passou? E isso por um "romantismo" qualquer escamoteado, por uma predileção "humanista" qualquer no fundo esmaecida pelos gregos, pela Grécia e por sua filosofia? Ou será que esse olhar para trás não nos toca senão por conta de uma aversão qualquer à decadência daquilo que hoje continua se difundindo com o nome honroso de filosofia, em um afã desmedido e sem travas por escrever livros e por realizar discursos, um afã cuja abrangência e conteúdo se encontram, no essencial, em uma relação inversa com a força do questionamento? Temos o direito de basear o nosso procedimento e o nosso comportamento sobre meras aversões? Ao trazermos à tona o pensamento grego, não estamos empreendendo, no fundo, uma fuga ante a necessidade que nos aflige e caindo em uma cegueira em relação ao presente e em um desvio ante o futuro? Não é sempre apenas no momento em que se paralisa a força própria e todas as possibilidades se exaurem que acontecem tais recursos ao anterior e ao mais primevo e "inicial"?

Nossa discussão sobre o conceito grego de verdade e a intelecção que alcançamos por meio daí, de que o nosso questionamento crítico gira e se volta para o interior do pensamento grego inicial, podem ser mais do que uma consideração historiológica que paira livremente. Elas podem ter mesmo algo de uma meditação histórica, na medida em que colocam diante do olhar interior a distância do atual em relação ao mais antigo. Todavia, não nos livramos, mesmo agora, da suspeita de que, em tudo isso, em vez de nos atermos às tarefas atuais, de maneira mais ou menos velada, estamos empreendendo um passeio erudito pelo passado em seu caráter desprovido de perigos, um passeio que nos confia informações historiológicas; e isso em vez de simplesmente dizermos o que nós mesmos devemos fazer agora a fim de colocarmos atrás de nós todo o elemento anterior próprio ao início.

A questão é que, em contraposição a todas essas ponderações naturais e amplamente justificadas, precisamos meditar sobre o que dissemos acerca do *início* da história do pensamento ocidental e que talvez só tenhamos em um primeiro momento asseverado: o fato de que o início é aquilo *que, em sua grandeza, se atém antecipativamente de maneira não desdobrada, ao futuro,* o fato de que, de acordo com isso, o *retorno ao início* poderia ser um salto para a frente, sim, o *salto para a frente* propriamente dito *em direção ao futuro;* mas isso naturalmente sob uma condição: a de que *realmente iniciemos com o início.*

Essa é agora a questão decisiva, *a* questão cuja resposta decide ao mesmo tempo a necessidade ou a arbitrariedade de nosso procedimento e, com isso, a questão da verdade enquanto tal. Com as discussões precedentes sobre a história do conceito de verdade, talvez tenhamos retrocedido temporalmente 2 mil anos. Apesar disso, porém, talvez ainda não tenhamos chegado, de maneira alguma, ao início dessa história; e não porque, em termos temporais, ainda não retrojetamos de maneira ampla o suficiente a nossa questão, mas porque, mesmo assim, ainda não nos encontramos junto à *história*. Continuamos decaindo sempre uma vez mais em uma consideração historiológica, ou seja, continuamos a equacionar o que veio antes a partir de uma comparação com o atual – em vez de meditarmos.

Constatamos historiologicamente que os gregos conceberam, no começo de seu pensamento, a verdade como ἀλήθεια, como desvelamento do ente, e que só muito mais tarde, a saber, no fim de sua grande filosofia – no pensamento de *Platão* e nas doutrinas de *Aristóteles* –, passaram a definir a verdade como correção do enunciado, um posicionamento da essência com o qual eles requisitaram a concepção mais antiga e originária da verdade como o fundamento "natural" da verdade como correção. Essa constatação historiológica é incontestável. No entanto, ela não constitui nenhuma meditação histórica, que – como sabemos – só emerge do *próprio questionamento* daquele que medita e que precisa ser suportado por ele. Assim, é preciso que perguntemos em primeiro lugar:

Se os gregos requisitaram a ἀλήθεια [desvelamento] como o fundamento da correção, isso significa que já tinham posicionado e fundado esse fundamento como fundamento? Supondo-se que tivessem fundado o desvelamento do ente como o fundamento da correção do enunciado, esse fundamento mesmo – a ἀλήθεια em *sua* essência – está, com isso, suficientemente determinado e inquirido? Os gregos perguntaram algum dia, afinal, acerca da ἀλήθεια enquanto tal? Os gregos transformaram o desvelamento do ente enquanto tal naquilo que é digno de questão? O fato de os gregos terem experimentado a essência da verdade como desvelamento já significa imediatamente que o desvelamento do ente era para eles o que há de digno de questão? De maneira alguma. Os gregos *experimentaram* pela primeira vez o desvelamento do ente, o requisitaram como verdade e determinaram sobre a sua base a verdade como correção; e eles posicionaram e fundaram esse fundamento – mas não perguntaram mais amplamente, nem expressamente, por ele mesmo. *A ἀλήθεια permaneceu para eles o inquestionado.* Eles não penetraram ulteriormente de maneira pensante na ἀλήθεια enquanto tal e, assim, não a *sondaram* expressamente de maneira fundante[18] em sua essência. Ao contrário, eles mesmos se encontravam sob o poder da essência da verdade como desvelamento, uma essência que irrompeu pela primeira vez e que continua sem ser desdobrada.

§ 28. O domínio da verdade como correção sobre o seu fundamento como a consequência essencial da permanência de fora da sondagem fundante do fundamento. O questionamento acerca da abertura como o questionamento acerca da própria ἀλήθεια

O estabelecimento de algo como fundamento para algo diverso, a fundação do fundamento, ainda não é

---

18. O verbo alemão *ergründen* significa, em seu uso corrente, "sondar", "indagar", "penetrar o fundamento de algo". No caso acima, ele assume um caráter técnico, que necessita de uma explicitação. Em primeiro lugar, Heidegger se vale do prefixo *er-* para pensar uma radicalização intencional da relação com o radical. Assim, temos "pensar" (*denken*) e um "voltar-se intencionalmente de maneira pensante para" (*er-denken*). Essa radicalização não quebra o sentido corrente do verbo, mas acentua o seu conteúdo etimológico. Isso fica ainda mais importante pelo fato de Heidegger hifenizar, acima, o verbo. Com tal hifenização, ele ressalta ainda mais a proximidade entre "sondagem" e "fundamento". Para não perdermos a riqueza desse campo semântico, optamos por traduzir pela locução: "sondar de maneira fundante". (N. do T.)

fundação *propriamente dita* no sentido da *sondagem fundante* do fundamento. E o que fazer se estamos diante desse acontecimento, segundo o qual os gregos experimentaram a ἀληθεια efetivamente como essência da verdade e a requisitaram como fundamento da correção, mas não sondaram expressamente de maneira fundante essa essência? O que fazer se se tiver provocado com isso o fato de, a partir de então, a verdade como correção ter conquistado o domínio sobre aquilo em que está enraizada? O que fazer se esse acontecimento, segundo o qual os gregos *não* dominaram de maneira pensante a ἀλήθεια, tiver levado a que esse início tenha sido soterrado no tempo subsequente e permaneça até hoje soterrado? O que fazer se esse acontecimento não for nada passado, mas continua acontecendo agora, na medida em que nos movimentamos na autoevidência sem chão do conceito tradicional de verdade?

É assim que acontece e é de fato. O saber essencial sobre a ἀληθεια não se perdeu porque mais tarde a ἀλήθεια foi traduzida por *veritas, rectitudo* e verdade e interpretada como correção do enunciado, mas ao contrário. Essa tradução e essa reinterpretação só puderam se estabelecer e conquistar a supremacia porque a essência da ἀλήθεια não foi desdobrada de maneira suficientemente originária e, em seu desdobramento, não foi fundada de maneira suficientemente poderosa. Esse acontecimento do soterramento da essência inicial da verdade como desvelamento (ἀλήθεια) não é nada passado, mas algo imediatamente atual e efetivo no fato fundamental do domínio inabalável por ele mesmo determinado do conceito tradicional de verdade.

No âmbito da história do *essencial* é só muito raramente que algo acontece. O que acontece nesse âmbito, acontece de maneira muito lenta e silenciosa, seu efeito imediato salta por sobre o espaço de tempo de milênios. Ele não precisa das muletas da conexão contínua entre uma causa e um efeito que se torna uma vez mais causa do efeito subsequente. Se quiséssemos estabelecer para o historiólogo a tarefa de apresentação desse elemento essencial, então ele se veria em grandes dificuldades; e não porque teria coisas demais diante de si, mas coisas de menos. Onde ficaria todo o manejo com o arquivo e com a bibliografia, onde ficaria o processo de funcionamento das revistas e das teses de doutorado, se o inessencial se tornasse, de um golpe só, intangível? Mas ele não se torna intangível, porque, em figuras totalmente diversas, o inessencial é a longa sombra projetada pelo essencial, a fim de ser, na maioria das vezes, por ela sombreada. Aquele acontecimento do soterramento da ἀλήθεια inicial ainda se acha presente e acontece onde quer que a verdade se faça valer como correção.

Somente se soubermos disso, estaremos no caminho da meditação histórica. Apenas assim retornaremos historicamente – não historiologicamente – ao início da meditação ocidental acerca da verdade, àquilo que aconteceu e continua acontecendo de maneira inicial. Somente por meio de tal meditação estaremos em condição de iniciar com o início, isto é, de *ser futuramente* no sentido originário, em vez de apenas fazermos a conta historiologicamente com o que veio antes e com o que é mais primevo, representando-os para nós em sua diversidade ou mesmo em sua caducidade em relação ao atual.

Com isso, nossa questão acerca do fundamento da possibilidade da correção, ou seja, o retorno à abertura e, sobretudo, o questionamento acerca da abertura mesma como o que há de mais digno de questão, não é supérflua – tão pouco supérflua que esse questionamento se torna muito mais agora a recuperação de um descaso, a recuperação da questão sobre o que seria, afinal, a ἀλήθεια, uma questão que os gregos nunca chegaram a inquirir.

Pois bem, mas nós acentuamos de qualquer modo novamente o fato de que o início seria o que há de maior, aquilo que prepondera em relação a tudo o que lhe é posterior; e isso mesmo quando o que é posterior se volta *contra* o início, o que ele só pode fazer porque *o início é* e possibilita o que vem depois. Não caímos na mais pura charlatanice escolástica ao dizermos que os gregos teriam perdido de vista aqui por descaso uma questão? Não se trata aqui de uma degradação bastante petulante da grandeza de seu pensamento dizer que eles não teriam dominado a questão acerca da verdade? Com certeza. Nesse caso, porém, mesmo a meditação agora buscada, sobre o início do pensamento grego acerca da essência da verdade, ainda não seria suficientemente meditativa, isto é, o início continuaria sem ser alcançado de maneira suficientemente histórica caso essa "meditação" se concluísse com uma pretensão desmedida de um saber mais pleno por parte dos que vieram depois em relação aos fundadores. Enquanto as coisas se mostrarem assim, também continuaremos sem estar na posição correta para iniciarmos com esse início, isto é, para sermos futuramente, para agarrarmos e prepararmos nosso futuro em pensamento e em questionamento.

Por isso, precisamos meditar sobre a seguinte questão: será que esse acontecimento, segundo o qual os gregos efetivamente experimentaram, requisitaram e sempre já dispuseram da essência da verdade como desvelamento, sem, contudo, colocarem-na expressamente em questão e sondarem-na de maneira fundante, foi um descaso ou a consequência de uma impotência para o questionamento? Ou será que que é justamente nisso que consiste e vem a termo a grandeza propriamente dita do pensamento grego? A decisão quanto a isso não aponta para uma tentativa de explicação e de salvação de uma ocorrência do passado – os pensadores gregos não precisam disso –, mas muito mais para a demarcação do modo como *nós* nos encontramos em relação à verdade e na verdade. Pois o que aconteceu no início da história da fundação essencial da verdade continua sempre *para* nós se mostrando como à nossa *frente* para a decisão – como decisão quanto ao que pode se transformar para nós e para os homens futuros no verdadeiro e quanto ao que pode ser o verdadeiro.

Os gregos experimentaram inicialmente a essência da verdade como ἀλήθεια, como o desvelamento do ente. Em um primeiro momento, porém, essa essência da verdade não foi presa em uma "definição" e, então, transmitida ao saber. Na filosofia – não tanto na ciência –, "definições" são sempre algo ulterior e representam, na maioria das vezes, o fim. O saber acerca da essência da verdade como desvelamento do ente tinha inicialmente, isto é, em seu tempo grandioso, *a* forma segundo a qual todo agir e todo criar, todo pensar e todo dizer, todo fundar e todo proceder eram determinados e afinados inteiramente pelo desvelamento do ente como algo inconcebido. Quem não vê nem sabe disso e quem não aprende a ver nem a saber disso nunca pressentirá algo do acontecimento originário da história ocidental, daquele início que era realmente seu início, na medida em que temos em vista a *história* do Ocidente, e não a mera biologia de seus povos – uma biologia da qual, aliás, nada sabemos; e não apenas porque as fontes são parcas, mas porque o pressuposto para a sua interpretação – o saber sobre a "vida" – é tão pobre e confuso.

O fato de os gregos terem sido o início em termos pensantes, poéticos, políticos é comprovado da maneira mais rigorosa possível pelo fato de o fim no qual nos encontramos hoje não ser outra coisa senão a queda para fora daquele início, o crescente não estar mais à sua altura, o que não exclui uma criação e uma atuação próprias na esfera do que vem depois e do que é legado pela tradição desse início; e isso porque o estar à altura exige um "crescer para além". Onde há, contudo, algo assim, lá onde não se tem lugar nem mesmo para mais lastimável imitação? Costuma-se comparar os gigantescos classicismos na arte, que vêm do nada e se remetem bocejantes para o vazio. O crescer-para-além próprio ao início só acontece em um *outro* início, que reconhece o fato de o seu crescer-para-além só ultra-passar o que vem depois e o que é legado tradicionalmente pelo início, e de "só" aquilo que permanece como o que há de mais elevado a ser alcançado poder se equiparar a esse início mesmo.

§ 29. A experiência grega do desvelamento como caráter fundamental do ente enquanto tal e o não questionamento acerca da ἀλήθεια enquanto tal

A verdade como o desvelamento do ente – como é que devemos compreender isso, a fim de a partir daí concebermos o fato de os gregos não terem inquirido essa verdade expressamente e a razão pela qual eles não o fizeram, a fim de sabermos como é que esse não questionamento precisaria ser julgado e de experimentarmos para o interior de que necessidade nós mesmos nos vemos jogados?

Se a verdade é experimentada como desvelamento do ente, então só se acha aí, a princípio, uma coisa: a verdade é – digamos agora de maneira bastante indeterminada – um caráter do *próprio ente*, ou seja, não – como na opinião corrente mais tarde – um caráter do *enunciado* sobre o ente. Verdadeiro e não verdadeiro, isto é, desvelado e encoberto, é para os gregos o ente mesmo, e apenas para os gregos.

Para evitar incompreensões aqui, é preciso fazer uma observação paralela. Se, desde então, no tempo subsequente, o ente, o *ens*, passa a ser concebido como *verum*, e se, na escolástica, e mesmo em parte da filosofia moderna, se fala de uma verdade "ontológica" em contraposição a uma verdade "lógica" do *intellectus*, então essa opinião doutrinária remonta com efeito a uma base de apoio determinada pela tradição da filosofia grega, mas que é pensada e visada de maneira total e absolutamente não grega. *Verum* não significa o desvelado, mas: *omne ens est verum* – todo ente é verdadeiro –, porque ele é pensado de antemão de modo necessariamente correto como ente de Deus, em termos cristãos e com base no antigo testamento pensado pelo "criador", isto é, por esse espírito absoluto *livre de todo erro*. Observamos isso de maneira incidental a fim de afastar a confusão e a equiparação que sempre se tenta empreender uma vez mais entre, por exemplo, o pensamento tomista e o aristotélico e grego. Essa equiparação não é apenas realizada com frequência pelos representantes do tomismo, mas até mesmo pelos "filólogos clássicos". Assim, por exemplo, a concepção difundida por *Werner Jaeger* de Aristóteles é muito mais escolástico-medieval do que grega. O pensamento medieval, do mesmo modo que o moderno, movimenta-se totalmente no interior da concepção da verdade como correção, isto é, como uma determinação do conhecimento; e isso mesmo lá onde se fala de "verdade ontológica". Esse verdadeiro "ontológico" não é outra coisa senão o que corresponde ao pensar em si absolutamente correto de Deus, não algo desvelado no sentido grego, mas o absolutamente *correto* (*intellectus divinus*). O fato de as coisas se mostrarem assim pode ser fundamentado de maneira ainda mais profunda por meio da comprovação de que toda ontologia tradicional determina o *ens qua ens* a partir do fio condutor do pensamento e de *sua* verdade, isto é, da *correção*.

Se os gregos experimentaram a verdade como um caráter do ente, então a verdade como caráter do ente precisa ser fundamentada no ente mesmo. Ou será que a verdade como caráter do ente deveria pertencer ela mesma ao próprio ente? Será que a verdade experimentada pelos gregos deveria caracterizar a essência do ente ele mesmo, do próprio ente, tal como os gregos compreendiam o ente enquanto tal? Não perguntamos aqui com vistas a possibilidades vazias, mas temos razão em perguntar assim, porque mesmo lá e precisamente lá onde já se difunde e fixa junto aos gregos a outra concepção da verdade – como correção do enunciado –, em *Platão* e *Aristóteles*, o ente e a verdade são sempre nomeados conjuntamente: ἀλήθεια καὶ ὄν – o desvelamento – *o que quer dizer*: o ente *enquanto tal*[19]. O fato de precisarmos compreender o καί aqui explicativamente no sentido de "e isso quer dizer" é atestado de maneira inequívoca pelo fato de se dizer, com frequência, em vez de ὄν, simplesmente, ἀλήθεια ou τὸ ἀληθές.

Pensar com toda a decisão o desvelamento como caráter do ente enquanto tal contraria a tal ponto todos os nossos hábitos que, mesmo ao percebermos a diferença entre desvelamento do ente e correção do enunciado, continuamos pensando de maneira por demais ligeira o desvelamento como destacado do ente, por assim dizer como um adendo que cabe *ao* ente.

Por que, então, os gregos não perguntaram sobre a ἀλήθεια enquanto tal, se é que ela pertence efetivamente

19. Cf. Platão, Politeia VI.

ao ente mesmo e uma vez que a questão acerca do ente era *a* questão inicial e constante dos pensadores gregos? Por que a ἀλήθεια permaneceu enquanto tal precisamente o inquestionado? Por que é que ela não se tornou o mais digno de questão? Por que é que, quando a ἀλήθεια foi expressamente questionada, precisamente da ἀλήθεια como desvelamento se fez, por meio do modo mesmo desse questionamento, a ἀλήθεια como correção do enunciado? Por menor que seja a possibilidade que temos agora de medir a amplitude dessa determinação, e por mais que, apesar de tudo, a consideremos uma sutileza historiológica exagerada em relação a algo há muito passado, em vez de vermos nela um aceno para um acontecimento decisivo que continua decidindo sobre nós hoje –, precisamos levantar essas questões agora e tentar alcançar uma primeira resposta.

Por que é que os gregos não colocaram em questão a ἀλήθεια enquanto tal, mas a experimentaram – caso possamos falar assim – como algo "autoevidente"? Esse não questionamento foi um descaso? Emergiu esse não-questionamento de uma impotência em relação ao questionamento originário?

Repetição

1) O fundamento para a necessidade da questão acerca da essência do verdadeiro

A questão acerca da "verdade" também aparece como suficientemente significativa sem uma reflexão particular. Ora, mas mesmo que o homem tenha um interesse pela "verdade", isto é, pelo verdadeiro e pela posse do verdadeiro, um "interesse" acentuado, isso não é de qualquer modo suficiente para valer como o fundamento suficiente da *necessidade* da questão acerca da *essência* do verdadeiro. Pois a história da essência da verdade e a hoje ainda inquebrantável autoevidência do conceito tradicional de verdade atestam de maneira clara o suficiente o fato de a necessidade dessa questão essencial não ser de maneira alguma experimentada e percebida. Agora, contudo, a necessidade de uma questão filosófica é tão essencial quanto ela mesma. Pois uma questão filosófica precisa – de acordo com o caráter dominante da filosofia – portar a sua necessidade em si mesma, quer dizer: remeter a essa necessidade. Por isso, não podíamos começar com a meditação sobre a necessidade da questão da verdade. Ao contrário, o que era em primeiro lugar importante era desenvolver essa questão em seus traços fundamentais inicialmente apreensíveis, a fim de que deparássemos em meio a esse próprio desenvolvimento com a necessidade da questão.

Por meio disso abre-se uma visada da essência da filosofia que não poderemos acompanhar aqui, mas que caracterizaremos de maneira sucinta, quanto mais não seja, porque ficará clara, a partir daí, aquela pertinência da meditação histórica ao questionamento pensante em seu fundamento. O âmbito da filosofia como o âmbito do questionamento acerca do ente enquanto tal na totalidade e, com isso, a filosofia mesma não podem ser fabricados e definidos por meio de maquinações, instalações e reivindicações humanas. O que a filosofia é nunca pode se tornar visível junto àquilo que se encontra previamente dado, a cada vez, em meio às realizações e "obras" humanas, sob o nome de "filosofia", em suas mais diversas formas. Pois a filosofia pertence à verdade do próprio seer. Filosofia é, então, e precisa *ser*, quando quer e como quer que o seer mesmo venha a impelir à sua verdade, quando a abertura do ente mesmo acontece, quando a história é. A filosofia, quando ela é, ela não é porque há filósofos, nem há filósofos porque se trata de filosofia. Ao contrário, a filosofia *e* os filósofos só são quando e de acordo com quando e como *a verdade do próprio seer acontece apropriativamente,* uma história que se subtrai a toda instalação e planejamento humanos, porque só ela mesma se mostra como o fundamento da possibilidade de um seer humano histórico. Com isso, indicamos qual é a direção segundo a qual precisamos experimentar a *necessidade* da *questão* acerca da essência da verdade, supondo que a queiramos e possamos experimentar.

2) A ἀλήθεια como o inicial e o inquestionado dos gregos

Por sobre o caminho até aqui de nossa meditação brotou a intelecção de que aquilo em direção ao que precisamos remeter a nossa questão é a abertura do ente como o fundamento da possibilidade da correção do enunciado, um fundamento que já era conhecido no pensamento grego como a ἀλήθεια, como o desvelamento do ente. Nossa meditação crítica e, com isso, nossa questão acerca da verdade mesma não têm, portanto, mais nenhuma necessidade originária. Elas são supérfluas, porque apenas retomam algo que já foi realizado. Nossa meditação crítica pode significar, de fato, uma virada que toma a direção do pensamento próprio à filosofia grega, mas ela se comprova por meio daí – de mais a mais, para a evidência de seu caráter supérfluo – como uma fuga rumo a algo que passou, por mais que esse algo possa ser extremamente apreciado.

A questão é que tão certo quanto o fato de que o que denominamos a abertura do ente se encontra em uma conexão com aquilo que os gregos denominavam ἀλήθεια é o fato de que ainda não se acha minimamente decidido com isso se aquilo *que* nós perguntamos e o modo *como* perguntamos era a questão dos gregos. Só isso interessa.

Agora se revela, porém, que os gregos requisitavam com efeito inicialmente a ἀλήθεια no sentido do desvelamento do ente como a essência da verdade e fundavam aí a determinação da ἀλήθεια como ὁμοίωσιφ, mas que eles *não* perguntavam, contudo, de maneira alguma, sobre a ἀλήθεια mesma e sua essência. Sim, ainda mais: como eles não levantaram essa questão acerca da essência da ἀλήθεια, acerca do desvelamento do ente enquanto tal, porque a ἀλήθεια permaneceu para os gregos o elemento inicial e *inquestionado*, a determinação da verdade nela fundada, a determinação da verdade como correção, logo pôde se assenhorear da ἀλήθεια, reprimindo-a e dominando sozinha a história subsequente do pensamento.

Se resulta daí o fato de os *gregos não* terem levantado a questão que formulamos, na medida em que tornamos a abertura do ente no que há de mais digno de questão, então se constata aí uma omissão e um descaso, sobretudo se deve vigorar como a paixão dos gregos fornecer o fundamento e prestar contas daquilo que pensaram: λόγον διδόναι. Por outro lado, porém, é difícil achar que possamos nos decidir por uma presunção típica de mestres de escola, acusando o pensamento inicial dos gregos, que, como início, foi o maior, de ter cometido tal erro.

O importante, por isso, é indagar: por que os gregos não levantaram a pergunta sobre a ἀλήθεια? Seu não questionamento revela um descaso? Para chegarmos a uma resposta aqui, precisamos determinar de maneira mais minuciosa o que era afinal a ἀλήθεια inicialmente para os gregos. Traduzimos ἀλήθεια por desvelamento *do ente* e indicamos, com isso, que o desvelamento (a verdade compreendida de modo grego) é uma determinação do *próprio ente*, e não, por exemplo, tal como acontece com a correção, um caráter do *enunciado sobre o ente.*

A questão é que o modo de pensar e de falar dos filósofos gregos nos *impele* ainda a além. Precisamente junto àqueles dois pensadores – *Platão e Aristóteles* – que prepararam o soterramento da essência inicial da ἀλήθεια, a ἀλήθεια continua sendo sempre denominada, ao mesmo tempo juntamente com o próprio ente: ἀλήθεια καὶ ὄν, o desvelamento, quer dizer: o ente em sua entidade. Com frequência encontramos mesmo a ἀλήθεια simplesmente no lugar do ὄν. A verdade e o ente em sua entidade são o mesmo. Daí resulta o fato de o desvelamento não estar simplesmente referido ao ente mesmo em vez de ao enunciado sobre o ente, mas de ele constituir o caráter fundamental do próprio ente e enquanto tal.

Como devemos compreender isso? Sobretudo se as coisas se mostram assim, como devemos compreender, então, o fato de os gregos não perguntarem precisamente sobre a ἀλήθεια? Pois sua questão pensante mais originária, a questão que dirige toda a sua meditação, era justamente a questão *acerca do ente* – acerca *daquilo que o ente é afinal*. A própria ἀλήθεια é um caráter do ente. Ela achava-se diante deles, por assim dizer, no imediato direcionamento de seu questionamento propriamente dito. Com isso, se a ἀλήθεια se achava na direção do questionamento, será que a não formulação da questão não foi um descaso? Ou será que a força pensante dos gregos fracassou aqui?

§ 30. A resistência, em meio à determinação imposta aos gregos, como o fundamento para o não questionamento acerca da ἀλήθεια. O não acontecimento como o que está necessariamente contido no início e por meio dele

Não. Os gregos *não* perguntaram mais por que esse questionamento teria estado em *contradição* com a sua tarefa mais própria e porque ele não podia, por isso mesmo, surgir em seu campo de visão. Não foi em consequência de uma incapacidade que eles não formularam a questão, mas por conta de uma força originária para resistir e se manter na determinação que lhes tinha sido imposta.

O que lhes tinha sido entregue como tarefa? Podemos conhecer essa tarefa? Não podemos alcançá-la pelo cálculo. Se tentarmos calculá-la, não passaremos da constatação daquilo que os pensadores iniciais tinham em vista, não chegaremos senão a um relato sobre os pontos de vista que eles "tinham". Mas os "pontos de vista" de um "filósofo", tanto quanto a tomada de conhecimento de sua "posição", sempre se mostram como as únicas coisas cobiçadas pela curiosidade – para uma filosofia, contudo, eles são o que há de totalmente indiferente. O que foi entregue ao pensamento inicial como tarefa só se descortina para nós na meditação sobre o seu pensar inicial. O passado não vale nada, o início tudo. *Por isso,* essa remissão cada vez mais penetrante do questionamento para o interior do início. Por isso, até mesmo a meditação sobre o fundamento daquilo que não aconteceu inicialmente. Pois aquilo que não aconteceu na história em instantes essenciais – e o que seria mais essencial do que o início –, esse não acontecimento, precisa algum dia ainda acontecer; não como mera repetição, mas no sentido daqueles choques, saltos e quedas, daquele elemento instantâneo e simples, nos quais nos concentramos e precisamos ser concentrados, se é que esperamos da história futura algo essencial.

O não acontecimento no âmbito do essencial é até mesmo mais essencial do que o que aconteceu, porque ele nunca pode ser indiferente, mas sempre continua se mostrando cada vez mais a partir da possibilidade de se tornar mais necessário e mais impositivo. Em contrapartida, o acontecer do essencial tem quase inevitavelmente por consequência ser sobreposto e soterrado pelo seu próprio elemento inessencial. Com isso já está dito que aquilo que não aconteceu não visa de maneira alguma a algo arbitrariamente imaginável, isento de toda necessidade. O que não aconteceu tem aqui muito mais em vista ao que ficou *retido e contido no* início e por meio dele, algo em virtude do que o início permanece o insondável, que incita sempre uma vez mais à meditação sobre ele – e tanto mais intensamente quanto mais amplamente prospera a queda em relação a ele.

§ 31. O fim do primeiro início e a preparação do outro início

a) Nossa situação no fim do início e a exigência de uma meditação sobre o primeiro início como preparação do outro início

Nós precisamos meditar aqui sobre o início do pensamento ocidental e sobre aquilo que aconteceu e não aconteceu nele porque *nós* nos encontramos no fim – no fim desse início. E isso significa: nós nos encontramos diante da *decisão entre o fim* e o seu transcurso – que talvez ainda se delongue por séculos – e *o outro início,* que só pode se mostrar como um instante mas cuja preparação carece daquela preparação em relação à qual "os otimistas", do mesmo modo que os "pessimistas", jamais estiveram à altura.

Poder-se-ia certamente pensar que não se necessitaria aqui, primeiro – como de costume –, de uma decisão particular entre fim e início, uma vez que ninguém quer de maneira alguma o fim e todos preferem o prosseguimento e, por completo, o início. Mas a decisão não cabe ao jardim bem cuidado de nossas inclinações, desejos e intenções. Se ela é transposta para aí, deixa de ser uma decisão. *Ela cabe ao âmbito de nossa prontidão ou ausência de prontidão para o porvir.* Esse âmbito só se abre – *quando* ele se desdobra – de acordo com a originariedade, com a qual ainda conseguimos sair da perdição em meio às maquinações e funcionalidades, escapando do aprisionamento fatídico no elemento autoevidente e gasto e reencontrando o caminho para aquilo que propriamente acontece. Mas só conseguimos chegar até aí por meio de uma meditação sobre o início e sobre aquilo que foi entregue a esse início como tarefa. Pois somos inteiramente heranças e temporões de uma longa história, preenchidos e ávidos pela tomada de conhecimento historiológico e pelo cômputo do que passou. No atordoamento por meio do historiológico, nos desviamos da história. Mesmo que queiramos apenas preparar o outro início, só conquistaremos essa preparação se estivermos efetivamente preparados para o inabitual e para aquilo que talvez ainda esteja reservado e conservado para nós – a saber, iniciar com o início, isto é, *iniciar com o primeiro início,* levando-o para além de si, para o interior de seu futuro – a partir de um *outro* início.

Precisamos meditar sobre o primeiro início do pensamento ocidental porque nós nos encontramos em seu fim. Se falamos aqui de um fim, então isso é, uma vez mais, *ambíguo. Por um lado,* o que temos em vista com isso é: nós nos encontramos no âmbito daquele fim que é o *fim do primeiro início.* Nesse sentido, fim não significa nem a interrupção nem o esmorecimento da capacidade inicial. Ao contrário, o fim de uma história efetiva e essencial não pode ser ele mesmo outra coisa senão algo essencial. É nesse sentido de "fim" que concebemos a filosofia de *Nietzsche,* em sua grandeza e figura únicas e estranhas – uma filosofia cujo efeito essencial ainda não começou. A grandeza do fim não consiste apenas na essencialidade da conclusão das grandes possibilidades, mas, ao mesmo tempo, na força para a preparação da transição para algo totalmente outro.

Fim também significa, contudo, *ao mesmo tempo*, o esgotamento e o autodesgarramento de todos os efeitos da história do pensamento até aqui no Ocidente, aquela confusão que talvez ainda se estenda por muito tempo e que não tem mesmo como ser reconhecida de posições fundamentais, avaliações, conceitos e princípios tradicionais em meio às interpretações correntes do ente. É nesse sentido duplo de fim que nos encontramos. Por isso, precisamos meditar sobre o início.

b) A experiência do fim e a meditação sobre o início da história ocidental por meio de Hölderlin e Nietzsche

Apesar dessa breve explicitação, porém, a exigência agora expressa de uma meditação sobre o início não passaria de pura arbitrariedade e de um simples atrevimento se não soubéssemos – ou, dito de maneira mais precavida, se não estivéssemos em condições de saber – que os dois homens que experimentaram de maneira extremamente profunda o fim do Ocidente no sentido duplo (não o "declínio"), *Hölderlin e Nietzsche*, só puderam suportar essa experiência em sua criação, transformando-a nessa criação, a partir de sua simultânea meditação sobre o início da história ocidental, sobre aquilo que, para os gregos, era necessidade. Se *Hölderlin e Nietzsche* não se encontrassem – ainda que, naturalmente, de modo totalmente indômito e não apreendido – sob o poder dessa história, não teríamos nenhum direito de exigir que se iniciasse com o início.

O fato de os dois terem reconhecido o início grego de maneira mais originária do que todas as épocas antes deles tem a sua única razão no fato de eles terem experimentado, pela primeira vez, o fim do Ocidente, dito de maneira ainda mais clara: no fato de eles mesmos *terem chegado ao fim* em sua existência e obra; e, em verdade, cada um dos dois de maneira diversa. Inversamente, também podemos dizer: eles só experimentaram o fim e chegaram ao fim porque foram tomados pelo início e elevados por ele ao nível da grandeza. As duas coisas, a meditação sobre o primeiro início e a fundação de seu fim consonante com esse início e com a sua grandeza, se copertencem na *viragem*[20].

Ora, mas o fato de os dois, *Hölderlin e Nietzsche*, terem entrado na moda de maneira intensificada não é naturalmente nenhuma prova de que compreendemos o que significa dizer que *Hölderlin e Nietzsche* se encontram em nossa história como o fim de seu primeiro início e,

20. O termo *Kehre* é central na obra de Heidegger. Ele designa em primeiro lugar a passagem do projeto da ontologia fundamental em sua articulação com a analítica existência, ou seja, do projeto de pensar a gênese das ontologias em sintonia com a análise do modo de ser do ente que pode compreender algo assim como o ser, para o pensamento ligado à história do ser, ao acontecimento histórico do aí que requisita, de certa forma, o ser-aí, mas que não é condicionado pelo ser-aí e por suas crises singularizantes. Nesse sentido, o termo foi, por vezes, interpretado como indicando uma virada na filosofia heideggeriana, algo como a passagem de um momento específico para outro. A questão é que a passagem para o pensamento da história do ser foi reiteradamente explicitada pelo próprio Heidegger não como uma mudança na questão apresentada em *Ser e tempo*, mas antes como uma inserção mais radical nessa questão mesma. Por isso, a virada empreendida nos anos de 1930 mostra-se muito mais como uma viragem para o interior da questão do ser, uma viragem que revolve o solo e enraíza ainda mais o pensamento em si mesmo. (N. do T.)

por isso, se lançam para além de nós. Ao contrário, todos os indícios, sobretudo os livros e teses de doutorado que se acumulam sobre eles, falam a favor do fato de que se está agora a ponto de retificar *Hölderlin e Nietzsche* historiologicamente e, com isso, de torná-los historicamente inefetivos.

Para mencionar apenas a desmedida em relação a *Hölderlin* – na maioria das vezes essa desmedida é bastante vulgar, como tudo o que fazemos –: ou bem se contabiliza a obra de *Hölderlin* com vistas ao "elemento pátrio" e se pinça nela as passagens nas quais aparecem, por exemplo, termos como "povo", "herói" e coisas do gênero, ou bem se o inscreve aberta ou tacitamente no "elemento cristão", transformando-o em um componente de uma "apologética" bastante duvidosa, ou bem, ainda, se o "exalta" como o mediador entre classicismo e romantismo. Ao mesmo tempo, sempre se insere o poeta, de algum modo, em algum lugar, como um autor de poemas, peças teatrais e romances, ao lado de outros autores, como *Klopstock, Herder, Goethe, Schiller* e *Kleist* – em vez de deixá-lo se transformar na decisão que ele é – uma decisão cujo caráter medonho jamais será pressentido pelos pequenos-burgueses literatos – quanto mais não seja, porque eles não estão dispostos a se deixar tocar por essa decisão! Trata-se da decisão quanto à fuga definitiva ou à chegada dos deuses, uma decisão que, como toda decisão, encerra em si a decisão prévia sobre a nossa prontidão ou ausência de prontidão para tal decisão.

O que pretende essa referência? Ela procura apenas inculcar uma vez mais uma única e mesma coisa: o fato de que mesmo *Hölderlin e Nietzsche,* no que concerne à nossa exigência de *iniciar com o início,* não nos fornecem nenhuma justificação e nenhum auxílio *enquanto* os considerarmos historiologicamente; e isso mesmo que continuemos trabalhando de acordo com critérios tão elevados como "pátria" e "cristianismo". Mesmo *Hölderlin e Nietzsche,* isto é, mesmo suas obras, precisam antes se tornar história para nós, para que experimentemos historicamente a sua retomada histórica do início. Tudo isso não significa, uma vez mais, senão o seguinte: eles não se tornarão históricos para nós se nós mesmos não nos tornarmos criadores ou, dito de maneira mais modesta, preparadores e questionadores nos âmbitos correspondentes. Com relação à exigência de iniciar com o início para superar o fim, a designação desses dois nomes não pode ser tomada como uma petição de autoridades, mas apenas como uma referência às tarefas indômitas que não chegaram nem mesmo a ser reconhecidas e, assim, também como indícios de que estamos muito longe de apresentar "dogmaticamente" uma "filosofia da história privada".

§ 32. A determinação entregue aos gregos como tarefa: iniciar o pensamento como questão acerca do ente enquanto tal e enquanto experiência do desvelamento como caráter fundamental do ente (ἀλήθεια, φύσις)

No curso da questão da verdade e de seu desdobramento, chegamos ao ponto no qual precisamos meditar sobre o fato de os gregos terem experimentado a essência mais originária da verdade – a saber, o desvelamento do ente – e de, porém, não terem dedicado à verdade mesma e *à sua essência nenhuma questão originária* – e isso de tal modo que, em sua época áurea, a filosofia grega chegou, por fim, a até mesmo abandonar aquela essência originária. Em face desse acontecimento, precisamos perguntar: por que foi que, para os gregos, a ἀλήθεια mesma e enquanto tal não se tornou questionável e até mesmo o que há de mais questionável? Nossa resposta assume de início a forma de uma afirmação: os gregos não deixaram de lado a questão mais originária acerca da ἀλήθεια por uma incapacidade da faculdade pensante ou mesmo a partir de um esquecimento e de uma fugacidade da caça ao sempre novo e mais novo, mas a partir da força de fazer frente à sua própria determinação e de suportá-la em seu mais elevado desdobramento.

No que concerne ao elemento pensante, qual era sua determinação? O que foi conferido ao seu pensamento? Podemos ser tão petulantes a ponto de querer decidir isso? Pois mesmo quando nos reportamos simplesmente àquilo que os gregos levaram a cabo de maneira pensante, sempre poderia subsistir ainda a possibilidade de que o que eles levaram a cabo tivesse sido um desvio de sua determinação. A questão é: felizmente, não se trata de um recurso a "resultados" de sua filosofia, mas sim do modo de seu pensar, do modo de seu questionar, da direção a partir da qual eles inquiriram a resposta. Sua determinação era aquilo para o que eles sempre se viam uma vez mais impelidos, aquilo que concernia a pensadores fundamentalmente diversos em seu modo de ser como o mesmo, aquilo que, por isso, era uma necessidade para eles. Toda necessidade vai ao encontro do homem a partir de uma indigência. Toda indigência se torna coercitiva *a partir* de uma e *em* uma *tonalidade afetiva fundamental*. Com esses acenos indica-se o caminho no qual podemos refletir sobre o que é concernido de maneira pensante aos gregos e, com isso, sobre o início.

A determinação e a tarefa pensante dos gregos não consistiam em pensar isso ou aquilo, mas em *iniciar o próprio pensamento* e trazê-lo ao seu fundamento. Como forma de execução da filosofia, pensar visa aqui àquele despontar e àquele procedimento do homem, graças ao qual ele traz a si mesmo, em meio ao ente, para diante do ente na totalidade, e se sabe como pertencendo a esse ente. A realização fundamental desse pensamento é, por isso, a *questão acerca do ente mesmo,* aquilo que ele, o ente enquanto tal, é na totalidade.

Qual foi a resposta que os gregos deram a essa pergunta? Para o interior de que determinação fundamental eles impeliram o ente, ou melhor, como o que é que eles deixaram que o ente enquanto tal se mostrasse acima deles mesmos, a fim de despontar como eles mesmos e neles mesmos e aprumar-se sobre si?

Só conseguimos dizer isso *formalmente* – no contexto dessa preleção. O ente enquanto tal é φύσις. Mas deixemos de imediato todas as interpretações e traduções posteriores dessa primeira denominação do ente, uma denominação que silencia mais do que fala, deixemos todas aquelas interpretações que compreendem φύσις como "natureza", uma vez que a própria natureza visa uma vez mais – quer consideremos a palavra em sintonia com a Antiguidade tardia, com o cristianismo ou com o mundo moderno – a algo totalmente diverso, ainda que copertinente.

"Ente" – enquanto tal era, para os gregos, o constante, o que finca pé em si em contraposição ao que cai e desmorona em si. Ente – os gregos experimentaram o ente como o constante no sentido da consistência persistente ante a mudança do mero emergir e já logo desaparecer uma vez mais. Entidade do ente – significa *constância* no duplo sentido indicado de aprumar-se em si e perdurar. O ente como o de tal modo constante em contraposição à mudança e à decomposição é, ao mesmo tempo, o que se presenta em contraposição a tudo o que se ausenta e a todo definhamento. Consistência constante e presença restabelecem em si mesmo o que se essencia em sua essência, mas não para além de si: elas o instauram em si mesmo como o erigido da figura em contraposição ao desfigurado de toda confusão. O constante, aquilo que por si se presenta e que em si se configura, desenvolve a partir dele mesmo e para ele mesmo o seu contorno e os seus limites em contraposição a tudo aquilo que apenas arrebata e se mostra como sem limites. Constância, presença, figura e limite – tudo isso, na simplicidade de suas relações alternantes, pertence àquilo e determina aquilo que ressoa na palavra grega φύσις como a denominação do ente em sua entidade.

Não obstante, ainda não denominamos a determinação mais essencial da entidade; e mais essencial porque reluz através de todas as determinações citadas. O constante como o que finca pé em si (aí) e como aquilo que, de maneira duradoura, não cede é o que se acha destacado e, a partir dele, ressaltado em contraposição à decomposição e à mudança. Aquilo que se presenta como o que permanece e deixa para trás todo definhamento é o que se apresenta. A figura como o que doma toda confusão é o que impele para além de e para adiante. O limite como a defesa contra o sem limite dispensa o mero arrebatamento e é o que traz à tona. De acordo com as determinações citadas e com a sua copertinência, o ente é sobretudo e inteiramente o que se acha destacado e ressaltado, o que se apresenta por si mesmo, o que impele para adiante e que traz à tona – em suma e em síntese: o que vem à tona de maneira vigorante e o que se acha assim desvelado, em contraposição ao velado que se subtrai. Todas as determinações da entidade do ente – a constância em suas duas significações, a presença, a figura e o limite – irradiam e dominam inteiramente a determinação una que foi por último citada, mas que precisaria ter sido, contudo, a primeira a ser designada: o desvelamento – ἀλήθεια.

O que obtivemos a partir de tudo isso? A ἀλήθεια é para os gregos uma, sim, *a* determinação fundamental do próprio ente – algo estranho para nós hoje, sim, para todos aqueles que não são gregos, algo que só é compreensível de maneira lenta e difícil, mas que, quando é compreendido, o é com uma profusão de intelecções essenciais. A resposta decisiva para *a* única questão dos pensadores gregos, uma questão por meio da qual eles deram início ao início do pensamento, a resposta à questão "o que é o ente?" é: ele é o *desvelamento*. A ἀλήθεια como desvelamento reúne em si o sentido originário grego da palavra originária φύσιθ. Pois essa palavra significa: aquilo que desponta por si mesmo, se desdobra e vigora, tal como a rosa desponta e, despontando, é o que ela é – o ente enquanto tal, assim como um grande lance de olhos se abre e, vigendo aberto, só pode repousar uma vez mais em um olhar *que o acolhe*.

A resposta, porém, a uma e sobretudo à questão pensante que traz pela primeira vez todo pensar ao seu início, a resposta a essa questão filosófica não é *nunca um resultado*, passível de ser posto de lado e encerrado em uma proposição. Uma tal resposta não pode ser desatada da própria questão. Ao contrário, *essa* resposta só permanece essencial como resposta se ela, e quanto mais ela, permanecer pertinente ao questionar e estiver contida nele – como sua consumação. No pensar, opinar e questionar habituais, e, em verdade, de maneira totalmente legítima, a resposta é aquilo que alija a questão. Responder é aqui satisfazer e alijar o questionamento. Com a resposta pensante: o ente é desvelamento (φύσις, ἀλήθεια), contudo, o questionamento não se interrompe, mas se inicia, ele se desdobra como início. Isso quer dizer: o que importa agora para os gregos é, à luz dessa interpretação do ente como desvelamento, perguntar de maneira mais clara, mais fundamentada e mais multifacetada o que o ente é afinal.

Repetição

1) O não questionamento dos gregos acerca do desvelamento e a necessidade de sua tarefa

Em meio à crítica ao conceito tradicional de verdade, nosso questionamento acerca da essência da verdade deparou-se com a *abertura* do ente. Essa abertura foi estabelecida como o que há de mais digno de questão, como aquilo de que tem de partir a questão acerca da essência da verdade; e isso caso a questão da verdade traga consigo, e, com isso, também desdobre, uma necessidade que lhe é consonante logo que ela mesma é questionada. Ao mesmo tempo veio à tona o seguinte: os gregos experimentaram originariamente a essência da verdade como ἀλήθεια, como o desvelamento do ente. Aquela abertura a que nós visamos e o desvelamento junto aos gregos – assim parece ao menos – são o mesmo. Não obstante, subsiste a diferença essencial: para os gregos, o desvelamento é o inquestionado; para nós, contudo, ele é o que há de mais digno de questão. Por que os gregos não formularam a pergunta acerca da própria ἀλήθεια? Esse seu não questionamento poderia nos deixar indiferentes; sim, alguns poderiam ficar até mesmo felizes com o fato de, com isso, também terem restado questões para nós. O problema é que o não questionamento dos gregos não é nada indiferente. Pois precisamos levar em conta o fato de que, para os gregos, a ἀλήθεια era uma, sim, era *a* determinação do próprio ente, e de que a questão acerca do ente mesmo – o que ele é – se tornou *a* questão filosófica dos gregos. Assim, na via de direcionamento de sua questão filosófica mais própria acerca do ente se achava a questão acerca do desvelamento do ente, ou seja, acerca do desvelamento! Todavia, eles não a colocaram em questão. Se não empreenderam tal questionamento e se esse não empreendimento não se deu por um desleixo ou, então, por uma incapacidade qualquer, mas por uma *necessidade,* que *sua* tarefa trouxe consigo, então *nós* precisamos meditar sobre qual era essa tarefa, a fim de concebermos aquele não questionamento e de assim sabermos como o nosso próprio questionamento se acha em relação a ele.

A tarefa dos gregos não era nada menos do que *estabelecer o início da filosofia.* Conceber esse início talvez seja para nós o mais difícil, porque nos encontramos na esfera de domínio do *fim desse início.*

2) Nietzsche e Hölderlin como fim e transição a cada vez de maneira diversa

Nesse contexto, compreendemos fim em um duplo sentido: o fim, na medida em que reúne em si todas as possibilidades essenciais da história de um início – não uma interrupção e nem um mero não mais, mas inversamente: a afirmação do início sob o modo da consumação de suas possibilidades surgidas a partir daquilo que se seguiu ao início. Esse fim do primeiro início da história da filosofia ocidental é *Nietzsche;* a partir daqui, e apenas a partir daqui, é que sua obra tem de ser descortinada futuramente, se é que ela deve se tornar aquilo que ele, como fim, precisa ao mesmo tempo ser – a *transição.* Todo julgamento e toda avaliação diversamente orientados sobre *Nietzsche* podem ter a sua utilidade determinada e condicionada – eles permanecem sempre filosoficamente inessenciais e induzem a erro. E não precisamos falar *nesse* contexto de maneira alguma da expoliação e do despojamento, de resto, usuais, de *Nietzsche*. Em sentido essencial, Nietzsche é o fim da filosofia ocidental.

Ao mesmo tempo, porém, encontramo-nos sobretudo na atmosfera do fim do pensamento ocidental em um segundo sentido; em um sentido de acordo com o qual fim significa: o esmorecimento e o autodesgarramento da fusão preparada e configurada durante séculos entre as diversas posições fundamentais, avaliações, conceitos e "sistemas". Esse fim – o efeito da tradição ela mesma desenraizada e não mais reconhecível nos modos de pensar que se tornaram cristalizados – possui a sua própria duração e, é de se supor, uma duração ainda bem longa; o fim pode continuar imperando e subsistindo, mesmo que um outro início já tenha há muito se iniciado; no longo esmorecimento do fim, é de se supor que "modos de pensar" anteriores sejam sempre uma vez mais assumidos, e que o fim venha a se tornar caracteristicamente uma sucessão de "renascimentos".

Há mais de um século a obra de *Hölderlin* é *a* prova histórica de que o fim *propriamente dito*, isto é, o grande eco da grandeza do início, pode permanecer abafado e sem efeito.

Deduzimos daí o fato de a própria história não ser apenas dotada de uma pluralidade de camadas, de nela não se entrecruzarem apenas épocas que se sucedem umas às outras, mas também o fato de não sabermos quase nada sobre a sua realidade efetiva propriamente dita; e isso sobretudo porque nossa pretensão de saber permanece aqui uma pretensão insuficiente, e cada vez mais insuficiente, uma vez que o sistema de informações – um fenômeno do presente, que mal chegou a ser até aqui concebido – predelinea para nós aquilo que queremos saber e como o podemos saber – o sistema de informações, aquilo que, de uma forma transformada e elevado a uma abrangência e a uma rapidez gigantescas, realiza o que outrora era levado a termo pelo ἱστορεῖν, pela sondagem das coisas notáveis.

Nós homens de hoje nos encontramos – na maioria das vezes sem que o saibamos – muito mais, sim, quase exclusivamente apenas em meio à atmosfera desse fim esmorecente do pensamento ocidental e ainda não no âmbito de domínio do fim no primeiro sentido. Pois se chegássemos até aí, estaríamos voltados imediatamente para a transição; no âmbito do pensamento, contudo, até o ponto em que podemos falar disso, não vejo em parte alguma um sinal de que se tenha dado um passo de maneira pensante no grande arco da ponte que leva para o futuro, sim, de que um tal passo tivesse sido mesmo que apenas querido.

Isso não pode tampouco nos espantar – enquanto *Hölderlin e Nietzsche* permanecerem nomes e tabuletas bem visados e muito citados. Quase não conseguiríamos saber hoje algo sobre o modo de ser e a necessidade da meditação sobre o primeiro início se esses dois – dois poetas e pensadores respectivamente diversos – não se encontrassem na via de nossa história; e isso uma vez mais em um lugar histórico respectivamente diverso. Uma vez que os dois, cada um de uma maneira diferente do outro, *são* fim e transição, o início precisou despontar para eles de forma inicial e, assim, acabou por despertar neles o saber acerca do fim. Nesse contexto, apesar de ser o mais distante, se computarmos historiologicamente, *Hölderlin* é, de qualquer modo, o mais prenhe de futuro, isto é, aquele que se lança para além de *Nietzsche*; não porque o próprio *Nietzsche* conhecia *Hölderlin* desde sua tenra juventude, mas porque *Hölderlin*, o poeta, está lançado muito mais para a frente do que *Nietzsche*, o pensador, que, apesar de tudo, não conseguiu reconhecer e desdobrar de maneira originária a questão inicial dos gregos. Precisamente nesse aspecto mais intensamente do que em outros, ele permaneceu sob o domínio de sua época confusa em termos de pensamento e sobretudo grosseira e irrequieta.

Denominamos e temos em vista Hölderlin aqui e em outros lugares apenas a partir da esfera dessa tarefa única própria à meditação pensante sobre o primeiro início, isto é, sobre o outro início por vir do pensamento ocidental. Portanto, não se trata aqui de uma predileção "estética" qualquer por esse poeta em detrimento de um outro, nem tampouco de uma avaliação historiológico-literária qualquer, provavelmente bastante unilateral, de *Hölderlin* em contraposição a outros poetas. Para vermos isso não precisamos senão apontar uma vez mais para o fato de que o aspecto no qual denominamos *Hölderlin* e a essência da poesia é um aspecto de um tipo único – e de um tipo único justamente pelo fato de que ele se destaca nesse aspecto mesmo como para além de toda comparabilidade. A essência da poesia, tal como a estabelece *Hölderlin* por meio de sua obra, não se torna visível para "aprimorar" ou alterar o conceito de poesia, para que um novo critério de medida esteja à disposição; um critério com o auxílio do qual também se investigariam agora os outros poetas. Em meio a tal negócio, o máximo que se encontraria seria o fato de esse conceito de poesia *não* se adequar a outros poetas. É só no âmbito de nossa tarefa que *Hölderlin* e sua obra, e isso em toda a sua fragmentariedade, se tornam visíveis como uma – como *a* questão ainda não levantada ao futuro de nossa história; e isso uma vez mais apenas se pressupusermos que, para a preparação dessa história, a questão acerca da essência da verdade é uma questão essencial. Tudo isso encontra-se totalmente fora daquela competição com a historiologia da literatura e com a história do espírito e também não pode ser absorvido nesse âmbito.

Somente se resistirmos à obra de *Hölderlin*, somente se suportarmos a obra de *Nietzsche*, em vez de contorná-la, nossa questão conquistará sua via indicada; somente então, porém, chegaremos também a compreender a meditação sobre o primeiro início e, sobretudo, sobre aquilo que nele não aconteceu.

3) A tarefa dos gregos: suportar o primeiro início

Afirmamos: como os gregos se mantiveram firmes em *sua* tarefa, eles não levantaram a pergunta acerca da ἀλήθεια enquanto tal. Sua tarefa era a questão: o que é o ente? A partir do modo como questionaram essa questão, isto é, a partir do modo como a responderam, precisa se tornar compreensível por que *esse* questionamento lhes impediu a colocação da pergunta acerca da ἀλήθεια, por que esse impedimento não significou nenhuma restrição de seu questionamento, mas antes a sua consumação, ou seja, a suportação do primeiro início.

Os gregos experimentaram o ente como φύσις. O que ressoa nessa denominação do ente enquanto tal e aquilo que é conceptualizado de maneira una nas diversas correntes da interpretação grega do ente é o que nós buscamos caracterizar formalmente e em meio a uma mera enumeração. Uma apresentação realmente suficiente precisaria realizar, no mínimo, uma explicitação da história do questionamento grego acerca do ente, tal como ela nos foi legada primevamente de maneira fontal na sentença de *Anaximandro* e, por último, na *Física* e na *Metafísica* de *Aristóteles*.

Os gregos experimentaram e pensaram inteiramente o ente enquanto tal como o constante, tanto no sentido daquilo que se apruma em si mesmo quanto com o significado do que perdura. O ente é para eles o que se presenta, παρεόν, em contraposição ao que se ausenta, ἀπεόν. Ente é, para eles, o que se limita, em contraposição ao que não possui limites e ao que se dilui. Nessas determinações reside, a cada vez de maneira diversa e com frequência de maneira pouquíssimo realçada, o caráter fundamental do que é destacado e ressaltado, do apresentar-se emergente e do encontrar-se "aí", do alçar à luz, envolver e conservar. O caráter fundamental do ente enquanto tal é aquilo que desponta, se desdobra, vem à luz e vigora, o desvelado. O caráter fundamental da φύσις é a ἀλήθεια, e a φύσις precisa, se é que ela deve ser concebida de modo grego e não mal interpretada por meio de modos de pensar posteriores, manter a sua determinação a partir da ἀλήθεια.

Os gregos colocam a pergunta acerca do ente, acerca daquilo que ele é enquanto tal, e respondem: desvelamento. Essa resposta, contudo, é uma resposta filosófica. Isso quer dizer: ela não resolve a questão. Ao contrário, ela exige dela e a impele ao desdobramento – ela fomenta justamente a questão: o que é o ente.

§ 33. O início do pensamento e a determinação da essência do homem

a) A manutenção do reconhecimento do ente em sua entidade e a determinação da essência do homem como aquele que apreende o ente enquanto tal (νοῦς e λόγος)

Os gregos, porém, no grande início com o qual eles iniciaram o pensar, isto é, a interpretação do ente enquanto tal, teriam abdicado de sua missão mais própria se ainda tivessem levantado reiteradamente a questão acerca da própria ἀλήθεια? Nesse caso, *então*, eles não teriam mais questionado, isto é, não teriam mais se mantido na via de sua questão, uma via que se consuma com aquela resposta e que, com isso, traz a si mesma, pela primeira vez, para o interior da dinâmica de sua realização. Pois, para se manter na questão acerca do que é o ente, eles precisaram permanecer na esfera daquilo que essa questão consuma, na resposta ὄν, ἀλήθεια – pois só assim o ente se lhes desvelou enquanto tal em sua constância, presença, figura e limite. Somente assim eles resguardaram o campo de jogo, no interior do qual puderam se desdobrar toda a riqueza do pensar grego e, com isso, as determinações do ente.

Perguntar em direção à ἀλήθεια, colocar em questão a própria ἀλήθεια, na esfera e na direção da questão iniciada, significaria abalar a resposta e, desse modo, o questionar. Mas – por mais estranho que isso possa soar – o grande abalo do questionar essencial não consiste no fato de ele se ver recolhido em um elemento mais originário, mas no fato de ele se solidificar em seu próprio caráter corrente, se cristalizando e se degradando ao nível de uma fórmula na qual ele pode ser transmitido de qualquer um para qualquer um. E, de fato, foi só no instante em que a ἀλήθεια começou a abdicar de sua essência inicial, do desvelamento, em favor da correção nela fundada, foi só nesse instante decisivo, cuja preparação acontece no pensamento de *Platão*, que a grande filosofia dos gregos chega ao fim.

O não questionamento acerca da ἀλήθεια enquanto tal não é nenhum descaso, mas, inversamente, é a insistência segura dos gregos na tarefa que lhes foi estabelecida. Esse não questionamento – o não acontecimento dessa questão acerca do que, afinal, a ἀλήθεια, por seu lado, seria – é o que há de mais grandioso. Por quê? Por que ele exige a perseverança em uma necessidade, a saber, trazer pela primeira vez, efetivamente, o ente enquanto tal ao *reconhecimento* e, assim, levá-lo à mais simples interpretação. Sair furtivamente de uma coisa pouquíssimo apreendida para a próxima estimulante é fácil, abrir caminho a força para sair do simples em direção ao múltiplo dispersivo e sempre novo é atraente e confortável. Mas resistir àquele primeiro reconhecimento do ente enquanto tal em sua entidade, um reconhecimento que foi suportado pelos gregos, é o mais difícil e, em sua simplicidade, o mais ingente que precisou acontecer, para que, futuramente, se desse para o Ocidente um início de seu pensamento e para que o homem mesmo enquanto essente pudesse se *saber* sendo em meio ao ente.

Pois o que é exigido pelo reconhecimento do ente enquanto tal em seu caráter fundamental da φύσις e da ἀλήθεια? Nada menos do que a *postura fundamental do simples acolhimento do ente em sua entidade*, e, com isso, no *elemento uno* que determina o ente enquanto tal. Assim, a partir dessa posição fundamental do homem em relação ao ente enquanto tal precisou-se determinar ao mesmo tempo a *essência do homem* como aquele ente que, em meio ao ente, deixa vir à tona diante de si esse ente mesmo na totalidade, a fim de apreendê-lo e conservá-lo em sua constância, presença, figura e limite, em seu desvelamento. Por isso, juntamente com esse início do próprio pensar, o homem foi determinado como aquele ente que tem sua distinção no fato de ser *o que apreende o ente enquanto tal*.

Essa apreensão significa em grego νοεῖν – νοῦς e essa reunião e junção originárias do ente a partir daquilo que ele é de antemão como uno, ἕν, são ditas em grego λέγειν, coligir, e λόγος. Essa apreensão é o contrário de mero acolhimento passivo, ela é muito mais o constante deixar vir à tona e se encontrar na presença, algo por meio do que o ente é *recolocado precisamente sobre si mesmo.* O apreender, νοεῖν, é o deixar vigorar a φύσις ou, como também costumamos dizer, o deixar ser o ente naquilo que ele é. O homem é aquele que apreende o ente, aquele que guarda o ente em sua entidade, e isso significa, em sua verdade. O recolhimento e a junção do ente com vistas ao uno que ele é – ente –, o λόγος, não é nenhuma bricolagem ulterior do ente particular, mas é a reunião originária antecipativa de tudo aquilo que vem ao encontro com vistas ao elemento *uno* que é ser um ente; algo por meio do que, então, o ente particular enquanto tal se torna pela primeiríssima vez visível.

b) A transformação da determinação essencial inicial do homem como aquele que apreende o ente para a determinação essencial do homem como animal racional

No interior do ente e como pertencente ao ente, o homem é experimentado imediatamente de maneira superficial como um "ser vivo", um ζῷον, como um animal. Nesse ponto, porém, se mostra o seguinte: o homem é aquele "animal" que possui a distinção de apreender o ente, ele é o animal cuja faculdade fundamental é a apreensão, a reunião, νοῦς ε λόγος, traduzido em termos romano-latinos, *ratio. Homo est animal rationale.* Há muito tempo costumamos traduzir essa definição da seguinte forma: o homem é animal racional. Essa é a concepção ainda hoje válida do homem. Olhamos ainda hoje para esse elemento duplo no homem. Nós o consideramos, por um lado, "biologicamente" como ser vivo e nos remetemos, por outro lado, à sua razão e à sua racionalidade, transformando a razão, a "lógica", em critério de medida de sua ação. Nós tratamos o homem racionalmente e exigimos que a sua política seja "racional e lógica". O homem é animal racional. Isso é válido para nós de uma maneira tão autoevidente que não chegamos nem mesmo a cogitar a possibilidade de essa interpretação ter surgido de um início totalmente único, o que significa, ao mesmo tempo, a possibilidade de essa interpretação ter, entrementes, se afastado bastante de tal início e de ser, em vez de algo autoevidente, algo extremamente digno de questão.

Até que ponto esse animal racional e a compreensão de sua essência estão distantes da posição hierárquica inicial que foi atribuída ao homem de maneira pensante no início do pensar? Não ouvimos nada mais sobre o inicial, isto é, não ouvimos ao mesmo tempo mais nada sobre o necessário. Pois a determinação inicial do homem como aquele que apreende e guarda o ente foi logo abandonada. O apreender transformou-se em razão e essa se tornou uma faculdade de uma alma, que pertence a um corpo. Tudo isso passou a ser apenas uma parte e um acontecimento do ente. E, em seguida, no cristianismo, a alma se transformou na alma do singular, de cuja salvação supraterrena tudo dependia – uma salvação que não se torna certa senão na fé, e não na *ratio*. O homem e a razão humana também não são mais agora uma ocorrência no interior do ente. Assim como esse ente mesmo, eles só continuam se mostrando agora como criaturas e como entes criados, entregues a uma estada fugidia e desprovidos de Terra. Não se fala mais nada sobre aquela apreensão e guarda do ente.

E, não obstante, uma vez mais a razão se assenta sobre si mesma em meio à libertação em relação à fé, por meio de uma, sim, por meio d*a* nova autointerpretação; mas não da maneira inicial, e sim da maneira determinada *pelo* Cristianismo. A razão assume ela mesma o planejamento, a instauração e a feitura do mundo. O ente não é mais φύσις no sentido grego, mas a "natureza", isto é, aquilo que é inserido na antecipação planejadora do cálculo e estabelecido em meio às correntes do cálculo prévio. A razão se torna agora cada vez mais racional e todo ente se transforma em sua maquinação; e essa palavra compreendida em seu sentido essencial, não pejorativo. O homem se torna cada vez mais engenhoso e esperto, mas, ao mesmo tempo, cada vez mais como a massa e cada vez menor. As ocasiões e as possibilidades nas quais ele coloca em jogo suas maquinações se tornam, por meio dessas maquinações mesmas, ilimitadas. Tudo isso não exclui, mas exige muito mais que tudo aquilo que se contrapõe à razão calculadora como limite, o carente de razão, ou seja, não impede que aquilo que não é calculável racionalmente, se faça valer à *sua* maneira, e, em verdade, no âmbito das maquinações da razão. Quanto mais vertiginosas as maquinações da razão e de seu cálculo, tanto mais estridente e massificado é o grito pela "vivência". As duas coisas se excedem e se interpenetram reciprocamente. Mais ainda: as maquinações, por exemplo, as realizações gigantescas da técnica, se tornam elas mesmas a maior das "vivências" e as vivências buscam a forma da maquinação. Uma luta de boxe é uma "vivência", mas de modo algum para os boxeadores; esses não vivenciam nada, mas ao menos continuam ainda lutando; a "vivência" dá-se junto aos espectadores, e o vivenciado é toda a maquinação do espetáculo "grandiosamente organizado". A vivência transforma-se em maquinação; reflitamos por um instante naquilo que se reuniu na expressão *"front confessional"*[21] e no fato de se ter chegado a essa expressão, e não apenas à ocorrência.

---

21. Trata-se de uma expressão surgida em 1937, em meio ao domínio do regime nacional-socialista, em resposta à concessão do prêmio Nobel da Paz a um homem de nome Ossietzky, acusado de alta traição. Por conta desse evento, o partido afirmou a crença no governo nacional-socialista como um "front confessional", que envolvia diretamente o alinhamento da Igreja. (N. do T.)

A vivência como maquinação e a maquinação como vivência – aquilo que vem à tona nesse processo conjunto não deve ser atribuído a nenhum homem em particular. Ao contrário, trata-se do processo no qual o homem – se sabendo e se realizando como "animal racional" – retira as últimas consequências de sua "cultura" e de sua "civilização": a mais extrema distância da posição inicialmente fundada em relação ao ente. O fato de a essência originária da verdade não ter podido ser mantida e de o homem histórico findar por toda parte em suas maquinações e vivências é um e o mesmo processo. Não é de espantar que hoje só compreendamos com dificuldade e muito raramente o que aconteceu no início do pensamento ocidental *como* início.

§ 34. A indigência e a necessidade de nosso questionamento acerca do próprio desvelamento a partir de uma concepção originária do primeiro início

A perseverância dos gregos no início, o questionamento acerca do ente enquanto tal e a persistência na primeira resposta, no desdobramento do que por ela se abre, ou seja, o não questionamento acerca da verdade, não é nenhum descaso e nenhum fracasso, mas a prova da força de estar à altura da necessidade. Se *nós* perguntarmos agora, e talvez precisemos perguntar, o que é afinal esse desvelamento mesmo, então essa pergunta também não poderá se mostrar como nenhuma recuperação de algo que passou despercebido por descaso. O que ela precisará ser se for a preparação do acontecimento de algo que ainda não aconteceu? O que o nosso questionamento precisa ser ao menos e em primeiro lugar, e, em verdade, de maneira necessária? Ele precisa ser *uma vez mais* uma *necessidade* e, até mesmo, *uma vez mais um início*, mas um *outro início*.

Por que levantamos a questão acerca da essência da verdade? Somente porque há algo a "criticar" na concepção da verdade até aqui? Esse seria um motivo por demais mesquinho e pequeno. Onde encontramos, porém, a necessidade? Ou seja, de acordo com o que dissemos antes, onde se acha a *indigência*? As duas são de um tipo único e de uma unicidade precisamente porque permanecem de início veladas para nós, porque parece que não estamos de modo algum em meio à indigência em termos pensantes e que poderíamos e deveríamos continuar patinando de maneira viva e feliz na filosofia até aqui, isto é, que deveríamos abusar dela de modo inopinado e misturando bem todas as coisas; e isso contanto que venhamos a inserir agora o elemento racial e que entreguemos ao todo uma face corretamente política – não como se as duas coisas não fossem essenciais para a nossa autodeterminação; ainda mais essencial, porém, continua sendo o fato de sabermos e aprendermos a reconhecer que grandes tarefas exigem uma grande prontidão e uma equipagem ainda maior, se é que elas devem ser mantidas em sua dignidade.

Precisamos prestar primeiro expressamente um auxílio a nós mesmos para que entremos em nossa indigência, e só podemos prestar tal auxílio na medida em que conquistarmos uma vez mais um olhar para uma indigência essencial e para a sua necessidade, criando, assim, para o nosso próprio olhar, pela primeira vez, novamente um critério de olhar. Se não o criarmos a partir de nós mesmos, então precisaremos buscá-lo e só poderemos encontrá-lo lá onde se iniciou primordialmente e pela única vez até aqui um início. Precisamos procurar conceber de forma *ainda* mais originária o início do pensamento ocidental de acordo com esse aspecto.

A história inicial da essência da verdade traz consigo a verdade como essência do próprio ente, como desvelamento. Esse estabelecimento inicial da essência, entregue ao iniciar do início, inclui o fato de não se ter levantado a questão acerca da própria ἀλήθεια. O não questionamento tornou-se agora claro como algo surgido da necessidade de princípio, lançada para o longo prazo, de colocar, conservar e desdobrar o ente em sua entidade. Essa necessidade – de que indigência ela emergiu? Em todo caso, despontou com isso algo necessário diante dos gregos, algo que não dizia respeito a um comportamento qualquer nem a um particular, nem tampouco a uma comunidade, mas que desencadeou o início de uma história, sim, *da* história na qual ainda hoje nos encontramos.

Naturalmente, seria ao mesmo tempo equivocado e infantil achar que os gregos, que precisaram iniciar esse início, teriam sabido disso da mesma maneira ulterior que nós que viemos depois deles. Pois supondo que esse saber tivesse se vivificado, ainda que apenas por meio de pressentimentos indeterminados, nesse caso a necessidade do que lhes foi entregue já teria perdido, então, sua grandeza e essencialidade. Pois tudo aquilo que é necessário, tudo aquilo que se apoia sobre a finalidade reconhecida, já seria tocado com isso em sua incondicionalidade e pureza. O necessário em sua figura maior é sempre desprovido das muletas do "por que" e do "por isso", assim como dos apoios do "para que" e do "para isso". Em tal necessidade também já precisa agir, então, coercitivamente uma indigência insigne, para que o necessário seja experimentado e suportado.

Repetição

1) Rigor e ordem interna do questionar diferentemente da sistemática de um sistema

O que importa em nosso desdobramento da questão da verdade é que acentuemos cada vez mais o fato de que tudo depende do *curso* no qual avançamos. Esse avanço, porém, não pode ser pensado no sentido habitual de que a "conexão sistemática" precisaria ser mantida em vista a fim de inserir de maneira correta as particularidades em seus respectivos lugares. Pois não se trata de uma doutrina sistemática da verdade, da apresentação de proposições sobre a essência da verdade, que deveriam se reunir em um sistema doutrinário. A era dos "sistemas" da filosofia passou definitivamente. E não porque a matéria do saber cresceu de forma gigantesca para que se pudesse ainda ordená-la de maneira até certo ponto abarcável, mas porque a essência do saber se modificou, assumindo uma figura diferente e contraposta sobretudo ao saber moderno, que é o único a exigir em si e por si a "sistemática". No grande início do pensar ocidental, não havia, em verdade, necessariamente, nenhum sistema; e depois do fim desse primeiro início não haverá mais nenhum sistema. Por quê? Porque o pensar e o questionar serão dirigidos por necessidades mais profundas e porque sua *ordem* e *rigor internos* serão mais velados do que o caráter fechado aparentemente inexcedível, uma vez que transparente, de um sistema. É só sob duas condições que o sistema se mostra como a forma suprema do saber:

1. Se e até o ponto em que o que é sabível na totalidade, o ente enquanto tal, é determinado a partir do fio condutor do *pensamento*;

2. Se e até o ponto em que o próprio pensar funda a si mesmo sobre princípios derradeiros sobre si mesmo e determina toda fundamentação como derivação a partir desses princípios.

Mas, se essas duas condições já tiverem sido abaladas, então o *rigor* do questionamento e de seu curso não se tornam de maneira alguma caducos com isso. Ao contrário, o rigor e o tipo de procedimento só não podem mais ser regulados agora a partir da sistemática de um sistema.

Tudo depende do *curso* no qual avançamos no desdobramento da questão acerca da verdade. O problema é que, por meio do fato rico em consequências de que a concepção do saber é determinada há séculos a partir da ciência moderna, deparamos com o fato de que é só com muita dificuldade que conseguimos nos libertar da sistemática científica na filosofia. Isso quer dizer: tudo aquilo que não se apresenta como um tratamento científico de um objeto e de um âmbito material é por nós interpretado como "psicologia", isto é, como descrições do modo como um pensar filosófico é "vivenciado". É possível que haja tais descrições. A filosofia de *Nietzsche* é em larga escala e quase em tudo aquilo que foi por ele publicado passível de ser falseado nessa direção.

2) A meditação histórica sobre a necessidade do primeiro início e a conquista dos critérios de medida para a necessidade do próprio questionamento acerca da verdade

Se falamos muito pouco na presente preleção sobre a própria essência da verdade e não expomos nenhuma teoria acerca de tal essência, mas nos mantemos constantemente apenas no questionamento dessa questão acerca da verdade, então também parecemos estar tratando mais da "vivência" da questão da verdade do que da essência da verdade. E, contudo, esse curso em que avançamos não é nem uma sistemática do problema da verdade nem uma psicologia de sua problemática, mas – ele é o quê? Uma designação disso não contribuirá em nada se não compreendermos o que está ocorrendo aqui.

A breve explicitação crítica do conceito tradicional de verdade transforma-se em uma meditação histórica sobre o início do pensar ocidental. Essa meditação vê-se agora levada a pensar inteiramente a necessidade *do* questionamento, em cuja realização pela primeira vez a ἀλήθεια, o desvelamento do ente, a verdade, ganha o espaço do saber, sem ser ela mesma colocada em questão. Nossa meditação histórica precisa meditar sobre a necessidade da questão da verdade. Essa necessidade é tudo, menos um objeto de discussões psicológicas. A necessidade da questão da verdade é muito mais aquilo que decide quanto e qual é o "conteúdo" que a determinação da essência da verdade precisará ter no futuro. De maneira totalmente diversa de toda sistemática, nossa meditação persiste junto ao conteúdo material da questão da verdade.

A meditação sobre a necessidade da questão acerca da verdade decide quanto à sua originariedade e essencialidade, quanto a *se* ainda uma vez e *como* aquilo que brilhou inicialmente como ἀλήθεια, para logo se apagar uma vez mais, pode se tornar algum dia a *fornalha ardente* de nossa existência. A condição prévia para tanto é que consigamos imaginar primeiramente de maneira correta a essência da ἀλήθεια. Nossa meditação histórica apontou, por isso, para algo cuja amplitude ainda não mensuramos: o fato de a verdade ter sido inicialmente o caráter fundamental do próprio ente. Isso significa ao mesmo tempo: a verdade é sabida e pensada em conexão com a pergunta acerca do ente enquanto tal. Essa pergunta, porém, é o início do pensar ocidental. Nisso reside o seguinte: a necessidade do saber acerca da verdade é acompanhada pela necessidade desse início. É só na meditação sobre essa necessidade que conquistamos os critérios suficientes para *a* necessidade, que precisa determinar o *nosso* questionamento acerca da verdade; se é que esse questionamento não deve se degradar imediatamente em uma análise indiferente do conceito de verdade, em mera substituição da doutrina tradicional por uma doutrina modificada, sem que se tenha preparado o mais incontornável: a transformação surgida da tranquilidade do pensar e do questionar.

Agora veio à tona, em um último momento, o seguinte: o questionamento inicial dos gregos acerca do ente é de um tipo tal que impede o questionamento acerca da ἀλήθεια enquanto tal. Pois o desvelamento é aquela determinação do ente que constitui, em geral e de antemão, o campo de visão no interior do qual a exposição dos ditos caracteres do ente e, com isso, a realização da questão acerca do ente se tornam possíveis. Para que possamos visualizar aquilo que se encontra em um campo de visão, justamente o próprio campo de visão precisa primeiro reluzir, para que ele ilumine aquilo que se encontra em seu interior; ele não pode nem deve, contudo, ser aquilo que é expressamente visualizado. O campo de visão, a ἀλήθεια, precisa ser, de certa maneira, perdido de vista.

O que nos interessava agora, porém, era apreender e reter o ente enquanto ente, instaurar o puro reconhecimento do ente enquanto tal e nada além disso. Tal interesse era de fato suficiente se lembrarmos daquilo que foi ao mesmo tempo fundado com ele: a determinação essencial do homem como aquele ente que, em meio ao ente na totalidade, deixa esse ente vigorar em seu desvelamento. O deixar vigorar realiza-se na medida em que expõe o ente em suas figuras e presentações e o guarda nelas – um acontecimento no qual a poesia e as artes plásticas, o ato fundador de Estado e a veneração dos deuses conquistam pela primeira vez a sua essência, para tornar essa essência essente historicamente e como história em suas palavras e obras, ações e encantamentos, afluências e ocasos.

3) Origem da concepção do homem como animal racional a partir da incapacidade de sustentação do primeiro início

No entanto, como aquele início da determinação do homem a partir de sua relação com o ente enquanto tal só se tornou um primeiro começo e não permaneceu nenhum início; como aquilo que se seguiu a esse início não conseguiu reter essa fundação essencial do homem em sua essencialidade, isto é, criá-la de maneira cada vez mais originária, acabou sendo necessário comprovar, logo em seguida, como a outrora e ainda hoje corrente concepção do homem como animal racional emergiu da incapacidade de suportar aquele grande início, no qual o homem se colocou diante do ente enquanto tal e precisou se mostrar ele mesmo, em meio ao ente mesmo, como um ente.

Se apontamos nesse contexto para as ramificações mais extremas que nos são hoje visíveis dessa história da determinação essencial do homem, então isso não aconteceu para que começássemos uma "crítica cultural" infrutífera e coisas do gênero, ou mesmo apenas para que descrevêssemos uma "situação atual" do homem. Ao contrário, a referência à distância da concepção atual de homem, completamente corrente, em relação ao seu início encontra-se totalmente e apenas em conexão com o nosso questionamento acerca da verdade e da história de sua essência. Pois, se agora, com base em uma preparação secular e sobretudo por meio da modernidade, o ente se transformou em maquinação da razão, uma maquinação à qual, por princípio, nada deve poder resistir, e se, juntamente com isso, essa razão se reporta como essente ao vivenciar e à vivência, e, em caso de embaraço, quando a maquinação fracassa, "cita" o destino, então, com essa referência à maquinação e à vivência, só denominamos os dois polos entre os quais oscila a concepção corrente da verdade – a *correção.*

A determinação da verdade como correção não é o conteúdo doutrinário, indiferente e inofensivo, de uma "lógica" que há muito se tornou indiferente como disciplina escolar: a correção revela-se como a adequação e o ajuste calculáveis de todo comportamento humano à maquinação. O que contraria a maquinação é triturado. Esse elemento correto, porém, seu efeito e seu sucesso, é apropriado e mantido como uma posse, sendo transmitido em seguida para a utilização e para o gozo pela vivência. O que foi estabelecido pela primeira vez no começo do pensamento moderno, por *Descartes,* como certeza do eu, como a certeza na qual o homem se assegura do ente como um objeto de sua representação, de sua segurança, é o germe daquilo que constitui hoje, como "vivência" e como "vivenciar", a forma fundamental do ser humano. Estão entre as coisas grotescas da história o fato de se ter descoberto hoje – naturalmente de maneira bastante tardia – a necessidade de refutar *Descartes* e o fato de as pessoas levarem a termo tal refutação, na medida em que se reportam à "vivência" *contra* ele e o seu "intelectualismo". A "vivência" não é senão a filha bastarda do *cogito ergo sum* cartesiano.

Dessa referência deduzimos o fato de a concepção do homem seguir lado a lado com a sua posição em relação à verdade e de, inversamente, a situação da questão acerca da verdade, ou seja, mesmo e sobretudo o esquecimento e o não mais apreender essa questão sempre corresponderem a determinada autoconcepção do homem e de sua relação com o ente enquanto tal. Com isso, ainda não se decidiu naturalmente nada sobre o caráter propriamente dito da relação essencial entre verdade e homem. Nós não devemos sobretudo compreender em termos psicológicos ou histórico-culturais a mudança na autoconcepção do homem. Essas transformações psicológicas, morais e culturais movimentam-se todas no interior de *uma* estabilidade da concepção do homem – uma estabilidade que se vê agora abalada e exige a primeira grande mudança. Essa mudança só pode ser mensurada a partir da relação do homem com o ente enquanto tal e com a sua verdade. Daí vem à tona o fato de essa mudança ser mais rara do que poderíamos achar e de ela ter o seu fundamento mais velado, mas ao mesmo tempo mais poderoso na concepção do ente enquanto tal e da necessidade dessa concepção.

Supondo que nos encontramos diante de uma mudança essencial da essência da verdade e, juntamente com isso, diante de uma mudança da posição do homem em meio ao ente e em relação ao ente, então essa mudança só pode advir de uma necessidade que está à altura da necessidade do início. Aqueles que preparam a mudança precisam estar preparados para tal necessidade. A prontidão só pode ser plantada por meio de um saber acerca da necessidade. Um tal saber, que é algo diverso da mera manipulação de informações, possui uma força recriadora e cresce a partir da meditação – para nós aqui, por meio da meditação acerca da necessidade do questionamento em cujo campo de visão brilhou pela primeira vez a essência da verdade como ἀλήθεια, por meio da meditação sobre o modo de ser da necessidade do início do pensar ocidental. Toda necessidade, porém, emerge, em conformidade com o seu modo de ser, de uma indigência.

QUINTO CAPÍTULO

A INDIGÊNCIA E A NECESSIDADE DO PRIMEIRO INÍCIO E A INDIGÊNCIA E A NECESSIDADE DE UM OUTRO QUESTIONAMENTO E INICIAR

§ 35. A indigência do não se saber fora nem dentro como um modo do seer. O espaço-tempo inóspito do entre

Qual é a indigência que vigora na necessidade de iniciar aquele início do pensamento ocidental? O que compreendemos aqui em geral pela palavra "indigência"? Indigência – a palavra soa como miséria e lamentação, aponta para um prescindir e um carecer e visa, de qualquer modo, na totalidade, a uma falha, uma falta, um ficar de fora e um "não". Nem tudo aquilo que possui o caráter de não é algo negativo no sentido do depreciativo. Tranquilidade, por exemplo. Nós pensamos a tranquilidade como a ausência e o ficar de fora de barulho e perturbação. Assim, porém, apenas interpretamos algo originário como negativo com o auxílio da negação, a saber, de barulho e perturbação, sem levar em conta aí a essência do negativo e do não. Nem tudo aquilo que tem caráter de não precisa ser falho, para não falar de maneira alguma de lastimoso e rabujento. Nós estamos habituados a interpretar a indigência e o cuidado somente a partir da esfera cotidiana do aflitivo, rabujento e chato, o que significa, contudo, que estamos habituados a transformar nossas preocupações e aflições em critério de medida das coisas. Por mais inextinguível que seja esse hábito e, por isso, por mais que ele pareça ser o único justificado, precisamos reconquistar sempre novamente, ou, até mesmo, desenvolver pela primeira vez para a nossa linguagem, o poder velado de nomeação do essencial.

Se falamos de indigência aqui como aquilo que impõe aquele elemento necessário de uma figura extrema, então não temos em vista miséria e falha. Não obstante, pensamos em um *não*, em algo marcado pelo caráter de não. Mas o quão pouco sabemos sobre o que possui o caráter de não e sobre a negação, por exemplo, sobre a recusa, o retardamento e o fracasso. Tudo isso não é nada *iníquo*, mas maximamente – se não ainda mais elevado do que o máximo – o contrário. O fato de a negação e o não provirem do excesso do supérfluo e poderem ser uma doação suprema, assim como o fato de ultrapassarem infinitamente, isto é, essencialmente, como esse não e esse negativo, todo sim corrente, isso não entra jamais no campo de visão de nosso entendimento calculador. E é bom que seja assim. Pois o entendimento "explicaria" tal fato segundo os princípios da "lógica". De acordo com esses princípios, há afirmação e negação, ainda que o sim possua o primado, porque posiciona algo e, com isso, reconhece algo que se encontra defronte. O presente à vista e o que se presenta são considerados como o ente. Assim, é difícil para nós, onde quer que o aparentemente "negativo" venha ao nosso encontro, ver a partir daí mais do que apenas o "positivo", concebendo, para além dessa diferença, algo originário. Aqui, no momento em que meditamos sobre a indigência daquela necessidade do início, só a mais profunda compreensão da essência da indigência pode se mostrar como boa o suficiente.

A indigência a que se visa é o *não-se-saber-fora-nem-dentro*; isso, porém, não acontece de maneira alguma por conta de uma ocasião qualquer, por conta dessa ou daquela ocasião, como um embaraço. Mas pelo quê, então? O não-se-saber-*fora* e o não-se-saber-*dentro*: a partir *daquilo* e para o interior *daquilo* que se abre pela primeira vez por meio de um tal saber como esse "espaço" não desbravado e não fundado. Esse "espaço" (tempo-espaço) – se é que podemos falar aqui assim – é aquele "entre" no qual ainda não está determinado o que é essente e o que é não essente e no qual, de qualquer modo, a completa confusão intrínseca à inteireza não individuada do ente e do não ente também já não arrasta todas as coisas e as leva por aí consigo. Essa indigência, como um tal não-se-saber-fora-nem-dentro, nesse entre que assim se abre, é um modo do "seer". Na medida em que o homem alcança esse modo ou em que ele se vê talvez jogado aí, ele experimenta – mas não leva ainda em conta – pela primeira vez aquilo que denominamos *em meio ao* ente.

Essa indigência implode o ente, que ainda se encontra velado como tal, para tornar ocupável e fundamentável o espaço do em meio a si mesmo como o posto possível do homem em geral. Essa indigência – ainda bem pouco anunciada por meio do discurso acerca do não-se-saber-fora-nem-dentro – *lança um para fora do outro,* aquilo que ora se determina como o ente em sua entidade em contraposição ao não ente – supondo que a indigência impõe ao homem a necessidade que lhe é correspondente.

A indigência a que se visa aí também não se mostra, portanto, como nenhuma indigência indeterminada. Ao contrário, ela se revela como uma indigência bastante determinada em sua imposição, na medida em que já cria para o pensamento o seu espaço essencial, sim, na medida em que não é outra coisa senão isso. Pois pensar significa aqui deixar o ente despontar na decidibilidade de seu seer e se postar diante de si, acolhê-lo enquanto tal e, com isso, denominá-lo pela primeira vez em sua entidade.

Essa indigência – o não-se-saber-fora-nem-dentro no interior do em-meio-a ele mesmo infundado do ente e do não ente ainda indecididos – essa indigência não é nenhuma falha e nenhum carecimento, mas o excesso de uma doação, que é naturalmente mais difícil de suportar do que qualquer expiação. Essa indigência – dizemos – é um modo do seer, e não, por exemplo, do homem, de maneira que essa indigência emergiria nele "psiquicamente" como "vivência" e teria nele o seu lugar, mas o inverso: é o homem que emerge ele mesmo pela primeira vez dessa indigência, que é mais essencial do que ele mesmo, que só é determinado (marcado em sua afinação)[1] por ela.

Essa indigência pertence à verdade do seer mesmo. Ela possui a sua mais elevada *doação* no fato de ser o fundamento da necessidade para as possibilidades extremas, em cujos caminhos o homem retorna à verdade do seer, criando para além de si e através do ente.

§ 36. A indigência do pensar e seu impor afinador do homem na tonalidade afetiva fundamental do es-panto (θαυμάζειν)

A indigência que se tem em vista determina o homem, na medida em que ela o *afina inteiramente*, por mais

1. Heidegger hifeniza o verbo determinar (*bestimmen*) em alemão. Como a hifenização não tem correlato direto em português, optamos por oferecer uma tradução literal entre parênteses. Na verdade, o verbo *be-stimmen* tem uma relação direta com o substantivo *Stimme* [voz] e com o verbo *stimmen* [afinar]. *Be-stimmen* significa literalmente "dar uma afinação". (N. do T.)

que a incompreensão possa se imiscuir aqui novamente e de imediato e nos levar a pensar que as tonalidades afetivas são algo que o homem "possui" e que, então, elas dependeriam ou bem de dados e circunstâncias exteriores ou bem de estados corpóreos internos, enquanto, em verdade, quer dizer, concebido a partir da essência do seer (acontecimento apropriativo), são as tonalidades afetivas que possuem o homem e que o determinam, consequentemente, de maneira a cada vez diversa, até mesmo em sua corporeidade vital. A tonalidade afetiva também pode suportá-lo através da corporeidade vital como uma de suas vias que conduzem para além dele. A cada vez, o mundo é trazido *ao* homem de uma forma diversa; a cada vez, seu si mesmo é descerrado e decidido para o ente de maneira diversa.

De maneira ainda mais essencial é preciso dizer[2]: a concepção até aqui do homem, isto é, a concepção biológica e psicológica, poderia compreender mal o que acabamos de dizer, considerando a tonalidade afetiva como uma faculdade muito importante do homem que não teria sido até aqui suficientemente avaliada e interpretada. A tonalidade afetiva corretamente compreendida, porém, leva muito mais a uma superação da concepção até aqui do homem. Dizemos habitualmente: "Somos transpostos para essa ou aquela tonalidade afetiva." Em verdade, ou seja, concebido a partir da essência originária do ser, o que acontece é o inverso: a tonalidade afetiva nos transpõe a cada vez de um modo ou de outro para o in-

2. Quanto à essência da tonalidade afetiva, cf. *Ser e tempo*, GA 2, Org. por F.-W.von Hermann, Frankfurt a. Main, 1977; e sobretudo a preleção sobre Hölderlin: *Hölderlins Hymnen "Germanien" und "Der Rhein"* (Os hinos hölderlinianos "Germania" e "O Reno"), GA 39, Org. por S. Ziegler, Frankfurt a. Main, 1980.

terior dessa ou daquela relação fundamental com o ente enquanto tal. Mais exatamente: a tonalidade afetiva é *esse elemento trans-portador*, que nos transpõe de tal modo que funda concomitantemente o tempo-espaço da transposição.

Ainda não podemos perguntar aqui como precisamos entender o fato de esse elemento *transportador* vigorar. Como um trecho e uma via no interior de nossa questão acerca da *abertura* enquanto tal (ser-aí), contudo, essa questão é essencial.

Com vistas à essência da indigência, o que precisamos levar em conta aqui inicialmente é: aquela indigência do não-se-saber-fora-nem-dentro, como uma indigência afinadora, não compele apenas para o interior de uma relação determinada com o ente já aberto e interpretado em sua entidade, mas ela *torna* necessário pela primeira vez aquele "entre" e "em meio a", em cujo espaço-de-jogo-temporal o ente na totalidade pode ser determinado em sua entidade. Aquela indigência do pensar inicial, a que se visa aqui, só pode nos compelir para uma *tonalidade afetiva essencial* ou, como dizemos, para uma *tonalidade afetiva fundamental*.

Todavia, precisamos fazer valer agora, finalmente, o fato de o que foi discutido até aqui sobre a indigência e a tonalidade afetiva não passar justamente de "fantasias" atuais e, por fim, apesar de tudo, de declarações "psicológicas" sobre a psicologia que nos é completamente desconhecida dos gregos arcaicos. Contra essa interpretação equivocada, ainda não há hoje, de fato, nenhuma defesa suficiente; e tampouco haverá futuramente tal defesa, porque essas interpretações equivocadas, constantemente possíveis, só se tornam impossíveis com base em uma transformação essencial do pensar e do questionar. Nós nos encontramos a caminho da realização necessária dessa transformação.

Mas talvez a nossa meditação sobre a necessidade e a indigência do início do pensamento ocidental ganhe ares um pouco menos "fantásticos" se pudermos nos lembrar do fato de que os próprios pensadores gregos dizem que a origem da filosofia – ou seja, daquilo que eles iniciaram – seria o θαυμάζειν, que nós traduzimos por: o es-panto. μάλα γὰρ φιλοσόφου τοῦτο τὸ παθος, τὸ θαυμά ζειν οὐ γὰρ ἄλλη ἀρχὴ φιλοσοφίας ἤ αὕτη[3]. διὰ γὰρ τὸ θαυμάζειν οἱ ἄνθτρωποι καὶ νῦν καὶ τὸ πρῶτον ἤρξαντο φιλοσοφεῖν[4]. (φιλοσοφία: ἐπιστήμη τῶν πρώτων ἀρχῶν καὶ αἰτιῶν θεωρητική)[5]. Ou seja: portanto, uma tonalidade afetiva fundamental? Mas em que medida o es-panto é o elemento afinador e determinante, isto é, o modo da imposição daquela indigência citada e, de acordo com isso, a maneira como essa indigência mesma é e como ela inclui o homem em si para transpô-lo, por meio dessa inserção, para uma tonalidade afetiva fundamental, para aquele não-se-saber-fora-nem-dentro? (Esse saber tornou-se mais tarde, ao final da grande filosofia grega, com Aristóteles, um componente do próprio procedimento, e hoje transformou a admiração em uma técnica vazia do academicismo.) Se quisermos conceber o θαυμάζειν como esse es-panto, então precisamos insistir de antemão no seguinte: o que importa é elucidar a tonalidade afetiva fundamental do início pensante. Por isso, não pode ser suficiente, sim, pode até mesmo nos induzir a erro, aderir à representação corrente daquilo que é visado pela palavra θαυμάζειν.

O fato de os gregos conhecerem o θαυμάζειν como o "início" da filosofia é há muito sabido. Tão certo

3. Platão, *Teeteto*. Platonis opera. Org. por J. Burnet. Vol. 1. Oxford, 1900. 155d 2 ss.

4. Aristóteles, *Metafísica*, op. cit. A 2, 982b11 ss.

5. Cf. op. cit. A2, 982b8 ss.

quanto isso, porém, é o fato de se considerar esse θαυμάζειν como algo óbvio e corrente, aquilo que pode ser levado a termo sem esforço e que se acha completamente explicitado mesmo sem qualquer reflexão. As representações usuais da origem da filosofia a partir do θαυμάζειν têm, na maioria das vezes, tal teor, que surge daí a opinião de que a filosofia emergiria da curiosidade, uma determinação parca e lastimável da origem da filosofia, só possível lá onde nunca se meditou sobre aquilo que deve ser determinado em sua "origem". Sim, considera-se tal meditação precisamente desnecessária, porque se considera que, por meio da dedução da filosofia a partir da curiosidade, também se teria determinado a sua essência. Não se leva em conta o quão definitivamente se indica precisamente a inexplicabilidade da filosofia por meio da referência ao θαυμάζειν como a origem da filosofia, a inexplicabilidade no sentido de que, aqui, a explicação e o querer-explicar não passam de um engodo.

Uma das razões principais para a interpretação falsa do θαυμάζειν é, porém, uma vez mais o procedimento habitual de transformar a compreensão a cada vez usual daquilo que é visado pela palavra em critério de medida da interpretação. Pois mesmo essa palavra sempre pensa, a cada vez, tal como todas as palavras essenciais de cada língua criadora de história, um significado e uma coisa comuns e um significado e uma coisa insignes – aqui uma tonalidade afetiva e uma postura. Perguntamos: em que medida o θαυμάζειν, o es-panto, é uma tonalidade afetiva fundamental – algo que transpõe para o interior do início do pensar pensante e o afina inteiramente? Fazemos bem em partir do conceito usual para termos, efetivamente, um fio condutor da meditação sobre o θαυμάζειν como tonalidade afetiva fundamental.

Mas não são distintos e enumerados aqui significados diversos da palavra θαυμάζειν em termos lexicais. Ao contrário, queremos ver algo da multiplicidade interna da tonalidade afetiva designada.

§ 37. O conceito corrente do espanto como fio condutor para a meditação sobre o θαυμάζειν como tonalidade afetiva fundamental

a) O admirar-se e o maravilhamento

Não partimos aí tampouco do espanto, mas do espantoso, θαυμαστόν. O espantoso se nos mostra inicial e habitualmente como o que nos chama a atenção e, por isso, como o que é estranho; na maioria das vezes, ele chega mesmo a ter o caráter do esquisito, extravagante, surpreendente e, por isso, ex-citante. O que é visado aqui pode ser mais bem designado como o *curioso* e *maravilhoso*, aquilo que atiça, fixa e ocupa a avidez pelo *admirar-se*; e, em verdade, de tal modo que torna mais ardente a busca por coisas sempre diversas desse tipo. O admirar-se e o maravilhamento mantêm-se constantemente junto a algo inabitual, que chama a atenção e *des*taca-se *do* habitual. O conhecido, o compreensível e o explicável constituem, nesse caso, a esfera para a qual não atentamos mais amplamente, uma esfera na qual o maravilhoso vem à tona, atraindo para si e para a saída do habitual. O admirar-se é um certo não-poder-explicar e um não-conhecer-o-fundamento. Todavia, esse não-poder-explicar não equivale, de maneira alguma, à constatação e ao enunciado de que o fundamento explicativo não estaria à mão – ao contrário, o não-poder-explicar é em um primeiro momento e essencialmente uma espécie de *encontrar-se disposto* diante do inexplicável, um ser-tocado por ele; e, considerado mais exatamente, o admirar-se também não quer ter, de modo algum, o maravilhoso como algo explicado, mas quer ser afligido e fascinado pelo inexplicável como o outro, pelo sur-preendente e inabitual em face do que é em geral conhecido, entendiante e vazio. Nesse caso, contudo, o maravilhoso é sempre um evento particular a cada vez determinado e sempre se destaca em relação à esfera determinada, a cada vez dominante, do que é precisamente conhecido e corrente.

O admirar-se e o maravilhamento têm graus e níveis diversos e encontram nos mais variados âmbitos do ente aquilo que procuram. Quanto mais aleatório, quanto mais alternante, com frequência mesmo, quanto mais inessencial, mas, de qualquer modo, extravagante, que seja o respectivamente maravilhoso, tanto mais ele se mostra como suficiente para o admirar-se que sempre está a cata de ocasiões e que exige mesmo tais ocasiões nas quais é excitado em sua própria busca. O deixar-se-afetar pelo inabitual acontece aqui de tal modo que o habitual é colocado de lado e o inabitual se transforma, por si mesmo, em algo familiar, que enfeitiça e encanta. Assim, o inabitual alcança o seu modo de ser, a sua forma e o seu tipo fixos. Para tanto, necessita-se até mesmo de um hábito insidioso. Pensemos fugidiamente sobre aquilo que o cinema precisa nos oferecer constantemente em termos de coisas inabituais; essa coisa sempre nova, que nunca esteve antes presente, é o sempre igual e habitual.

Repetição

1) O caráter de não da indigência como não-saber-se-fora-nem-dentro. O a-partir-de-onde-para-fora e o para-o-interior-de-que como o entre aberto do caráter indeciso do ente e do não-ente

Nós meditamos sobre a necessidade do início do pensamento ocidental, no qual a essência da verdade precisou reluzir como o caráter fundamental do próprio ente, para, logo em seguida, extinguir-se uma vez mais. Essa meditação é uma meditação histórica. Ela tem um valor para nós não na medida em que aplicamos a nós algo mais antigo, mas porquanto nos *inserimos* na história da essência da verdade, quer dizer, porquanto podemos escutar a exigência dessa história velada, seu futuro, ou seja, na medida em que transformamos em *algo maximamente digno de questão* a essência da verdade; e isso a partir de uma autêntica necessidade. A meditação se volta para a necessidade de nossa questão acerca da verdade, a questão a partir da qual apenas se determina a direção e o âmbito do questionamento e, com isso, aquilo que precisa ser fundado e fundamentado como essência da verdade. Necessitamos de um olhar firme para o tipo de necessidade de um tal questionamento. E só conquistaremos tal olhar a partir da meditação sobre o início e sua necessidade. Essa necessidade emerge de uma indigência. A indigência compele sob o modo da tonalidade afetiva.

Por isso, foi importante anteriomente dizer algumas coisas sobre a indigência e a tonalidade afetiva, a fim de tentar caracterizar, então, a tonalidade afetiva fundamental do pensamento inicial como θαυμάζειν, como es-panto. Em tudo isso, estamos constantemente expostos ao perigo de transformar as experiências e interpretações habituais e correntes de indigência, necessidade e tonalidade afetiva em critério de medida daquilo que buscamos com o mesmo título no início do pensamento ocidental, um início que permanece sempre incomparável com os eventos cotidianos.

Para nós, a indigência designa habitualmente uma falta, algo "negativo". O "negativo", contudo, torna-se de imediato para nós algo julgado depreciativamente e simplesmente repulsivo. A relação com ele é marcada apenas pela defesa e pelo alijamento. Todo negativo é, em verdade, determinado por uma negação e por um não. Mas nem toda negação e nem todo não, nem tudo aquilo que possui o caráter de não, é nulo. A indigência no sentido essencial é, em verdade, algo dotado do caráter de não e, contudo, não é nada nulo, com o que só podemos ficar contentes alijando-o ou contornando-o.

A indigência a que temos em vista como o fundamento da necessidade do questionamento inicial é algo dotado de caráter de não no sentido do não-se-saber-fora-nem-dentro. Na medida, porém, em que esses a-partir-de-onde-para-fora e para-o-interior-de-que precisam se fazer presentes no início; na medida em que eles não são uma situação e uma ocasião quaisquer *determinadas* nem um impasse de um comportamento e de uma relação *determinadas quaisquer* com um objeto e uma circunstância *determinados,* uma vez que o "a-partir-de-onde-para-fora" e o "para-o-interior-de-que" não são nada menos do que o entre aberto, no qual o ente e o não-ente na totalidade se acham postados, porque ele se mostra, com isso, como a *totalidade* desse indecidido, não há nada em direção a que uma saída seria possível. E, como ele é o todo do indecidido, não há nada para cujo interior um caminho conduziria a um posto. Aquilo que não permite aí nenhum fora e nenhum dentro compele em um sentido inabitual para si como esse "entre". Por isso, esse não-se-saber-fora-nem-dentro, essa indigência, possui um excesso que a alça para além de toda e qualquer falha em geral e deixa ser algo que precisamos tratar como o contrário de toda falta, como um supérfluo. Trata-se da desmedida do caráter indecidido entre aquilo que o ente na totalidade é enquanto ente e aquilo que se impõe como o instável, amorfo, arrebatador, o que sempre significa aqui ao mesmo tempo: o que logo se subtrai.

2) O compelir da indigência como transposição do homem para o início de uma fundação de sua essência

A indigência compele para o "íntimo entre" desse caráter indecidido. Ela ejeta pela primeira vez o decidível desse caráter indecidido. Na medida em que essa indigência se abate sobre o homem, ela o *transpõe* para o interior desse *"entre"* do ente ainda indecidido enquanto tal, do não-ente enquanto tal. Por meio dessa transposição, porém, o homem não sai apenas inalterado de um lugar em que ele se encontrava até aqui para um outro novo, como se ele fosse uma coisa que poderia ser empurrada de um local para o outro. Ao contrário: essa transposição coloca o homem pela primeira vez no interior da decisão das relações mais decisivas com o ente e o não-ente. Essas relações lhe emprestam o traço fundamental de uma nova essência. Essa indigência *transpõe* o homem para o início de uma fundação de sua essência. Nós dizemos, com cuidado, de *uma* fundação, porque nunca podemos dizer que ela seria a fundação absoluta.

Não obstante, o que é chamado aqui de transposição é o caráter essencial daquilo que conhecemos sob o nome de tonalidade afetiva ou de "sentimento". Um hábito há muito enraizado na experiência e no dizer traz consigo o fato de interpretarmos os sentimentos e as tonalidades afetivas – assim como a vontade e o pensamento – em termos *psicológico-antropológicos* como ocorrências e transcursos junto a e em um corpo vivo, como vivências anímicas, como *vivências* que *temos ou não temos*. Também achamos, por isso, que seríamos "sujeitos" em si presentes à vista , que são transpostos para tal e tal tonalidade afetiva, uma vez que a "acolhemos" – quando, ao contrário, é a tonalidade afetiva que nos transpõe para tal e tal *relação com o mundo*, para tal e tal transfiguração ou encobrimento do mundo, para tal e tal decisão e fechamento[6] de nosso *si mesmo*, que é *essencialmente* um ser-no--mundo.

A indigência compele na medida em que afina, e o afinar é um *transpor*, de tal modo que nos encontramos ou não nos encontramos de maneira determinada, afinados de tal e tal modo em relação ao ente, nos dispondo nós mesmos de tal e tal modo[7]. Se interpretarmos isso "psicologicamente" como "vivência", tudo se perde. É por isso também que tudo aquilo que diz respeito aos gregos – sobretudo ao início – nos é tão dificilmente acessível: porque buscamos aí, de imediato, "vivências", "traços pessoais" e "cultura", o que não havia de modo algum naquele tempo igualmente breve e grandioso. É em virtude disso, também, que nos vemos tão completamente alijados de uma compreensão efetivamente real, por exemplo, da *tragédia* grega ou da poesia de *Píndaro*:

---

6. Há aqui um jogo de palavras que se perde na tradução. Heidegger vale-se acima de uma nuança etimológica da palavra alemã *Entschlossenheit*, que traduzimos por "decisão". Decidir-se, em alemão, implica um des-cerramento (*ent-schliessen*). Nesse sentido, ao movimento da decisão corresponde diretamente o movimento de se fechar. (N. do T.)

7. Disposição – cf. *Ser e tempo*.

porque as lemos e ouvimos, imediatamente também, de maneira cristã. Quando o grego fala, por exemplo, do αἰδώς, do pudor, que acomete o homem ousado e apenas ele, ou da χάρις, a graça doadora e protetora, que é em si o rigor (todas essas não passam de traduções lastimáveis e impertinentes), não está denominando nenhuma vivência do ânimo, que despontaria em um corpo vivo e que alguém poderia ter ou não. O que o grego tem em vista é indicado pelo fato de que ele denomina "deusas", "semideusas". Mas já estamos uma vez mais de posse de nossa explicação psicológica, na medida em que dizemos agora que ainda se trataria, de qualquer modo, da "vivência" *mítica*. E o mito? Uma forma determinada da *vivência*, do irracional.

3) O θαυμάζειν como a tonalidade afetiva fundamental do pensamento ocidental inicial

Tendo em vista a embriaguez vivencial do homem moderno, portanto, é, em um primeiro momento, muito difícil apreender uma tonalidade afetiva fundamental, *a* tonalidade afetiva fundamental, que compeliu o pensar ocidental inicial e o deixou se tornar necessário. Mas como a única coisa realmente em questão aqui – *antes* de todas as teorias e sistemas abrangentes – é o fato de estarmos preparados para a necessidade do questionamento, precisamos tentar elucidar aquela tonalidade afetiva fundamental inicial, a indigência afinadora – mesmo correndo o risco de que tudo seja tomado apenas como uma "explicação psicológica". Pois não nos iludamos: não se ganha nada com o fato de se construir um princípio doutrinário a partir de proposições tais como "é a tonalidade afetiva que nos tem e não nós que temos a tonalidade afetiva". Se compreendemos ou não aqui, isso é algo que só se mostra no agir, no criar e no ser do homem, não na medida em que nos arrogamos como os representantes de uma nova opinião sobre a essência da tonalidade afetiva.

Os gregos denominam, como a origem da filosofia, o θαυμάζειν. Nós traduzimos: o es-panto. Costuma-se introduzir com frequência e com prazer essa caracterização da origem da filosofia a partir do maravilhamento – como também se diz – a fim de se interpretar psicologicamente a proveniência da filosofia e para, assim, retirar dela precisamente o seu elemento espantoso. Toda psicologia tem essa impertinência própria ao desencantamento e à degradação. A única coisa que está agora em jogo, porém, é trazer a filosofia à tona – assim como aquele poder criador essencial – em sua *inexplicabilidade* e preservá-la de tal e tal modo, apenas, como uma posse possível antes de toda trivialização. A filosofia emerge do es-panto, quer dizer: ela é algo espantoso em sua essência e se torna, com isso, tanto mais espantosa quanto mais ela se torna o que ela é.

Para apreendermos agora o θαυμάζειν como a tonalidade afetiva fundamental do início da filosofia ocidental, partiremos intencionalmente das experiências e interpretações correntes daquilo que designamos com os termos admiração e espanto a fim de podermos manter esse elemento corrente expressamente afastado de nossa meditação sobre o θαυμάζειν.

O espantoso é, em um primeiro momento, o que chama a atenção, o estranho, aquilo que destoa do habitual. Nós o denominamos o maravilhoso e o admirável. O maravilhar-se diante do inexplicável é um encontrar-se diante do inexplicável de tal modo que, em verdade, em tal tonalidade afetiva, o inexplicável é retido. Onde quer que o maravilhar-se do homem o afine, o homem imerge no admirável na medida em que persegue a sua constância, o que significa aqui a mudança incessante, a alternância e o exagero. Pois esse é o traço distintivo do admirável: destoar como um elemento determinado, como esse a cada vez particular, de uma esfera particular, a cada vez determinada, própria, ao que é conhecido. Do mesmo modo, o maravilhoso é algo inabitual particular determinado, destacado de algo habitual determinado. O maravilhar-se, contudo, é o ser tomado por esse elemento inabitual determinado e, com isso, abandonar o habitual, que também está igualmente determinado em sua esfera.

b) O admirar

Diferentemente do maravilhar-se e do maravilhamento, temos a *admiração*. O admirado também é, em verdade, algo inabitual, ele também se acha destacado uma vez mais como particular do habitual. Todavia, não mais apenas como aquilo que retém a curiosidade e o ter sido surpreendido, mantendo encadeado, por assim dizer, o maravilhar-se. O inabitual da admiração, o admirado, torna-se expressamente objetivo *como* o inabitual. A produção do admirado, a consumação por meio da qual ele vem a ser e o modo como ele vem a ser, é reconhecida e dignificada expressamente.

A admiração – por mais "total" e "autenticamente" que seja arrebatada por aquilo que a preenche – sempre envolve, de qualquer modo, uma liberdade em relação ao admirado; e isso em tal medida que, até mesmo em cada admirar, apesar de todo recolhimento diante do admirado, reside algo assim como um se-fazer-concomitantemente-valer. Pertence à admiração a pretensão ao direito e à capacidade de levar a termo por si a avaliação que reside na admiração e de comunicá-la ao admirado. A admiração se sabe – se não na realização, ao menos na capacidade de julgamento do que foi levado a termo – congênere do admirado. Por isso, todo aquele que se deixa admirar, e precisamente quando isso acontece com razão, também se acha inversamente em um nível hierárquico inferior. Pois ele se submete ao campo de visão e aos critérios de medida dos admiradores. Para o nobre, em contrapartida, toda admiração é uma ofensa. Mas isso não é nenhum argumento contra a própria admiração. Ela permanece necessária em seus limites. O que seria de um saltador de esqui ou de um corredor, o que seria de um boxeador ou de um ator sem a admiração?

O admirado, porém, tal como o maravilhoso, é toda vez algo inabitual que se destaca do habitual, isto é, que é colocado ao lado dele e sobre ele, de tal modo que se pode mudar de um para o outro oscilatoriamente, porque os dois precisam desse destacar-se recíproco.

c) A surpresa e o pasmo

Precisamos distinguir da admiração a *surpresa* e o *pasmo*. Aqui também vige, em verdade, tal como na admiração, o recolhimento propriamente dito ante aquilo com o que nos pasmamos; e isso até a experiência daquilo que denominamos o estar chocado. Mas o recolhimento ante o inabitual não mais se insinua agora, na surpresa, como aquela avaliação e proteção arrogantes e autorreferenciais que todo admirador, bem ou mal, traz consigo. Na admiração, sempre continua presente aquela postura que se sabe pertinente àquilo que acontece com o admirado. À surpresa pertence o recolhimento decidido próprio à tomada de posição. O inabitual não é mais agora apenas o outro, a alternância estimulante em relação ao habitual, nem tampouco apenas o que é reconhecido em sua inabitualidade e como tendo o mesmo nível hierárquico do admirado. A surpresa deixa emergir muito mais o inabitual como o extraordinário em meio àquilo que excede a capacidade habitual e porta em si a petição a uma determinação hierárquica própria. Na surpresa já vigora aquela postura que se sabe excluída daquilo que se encontra presente no pasmo. Aqui também, contudo, a surpresa é um encontro com o que nos pasma a cada vez de maneira singular e determinada e o deixar-se tomar por ele. E, assim, essa surpresa também ainda não preenche aquilo a que temos em vista com o es-panto e que procuramos conceber como a tonalidade afetiva fundamental que transpõe para o início do pensar pensante.

§ 38. A essência do es-panto como a tonalidade afetiva fundamental que compele à necessidade do pensar inicial

De uma maneira diversa, essencialmente diversa de todos os tipos e níveis de automaravilhamento, admiração e surpresa, temos aquilo que denominamos, em um sentido acentuado, o *es-panto,* e que assumimos como a essência do θαυμάζειν. Procuraremos tornar visível, em treze pontos (a – m), a essência do es-panto, isto é, *da* tonalidade afetiva fundamental que compele à necessidade do pensar inicial. Os modos até aqui citados do maravilhamento – se é que podemos considerá-los sob esse título – têm, apesar de toda a diversidade, inteiramente esse ponto em comum: o fato de se alçar, se destacar e pairar acima deles algo inabitual singularmente determinado com vistas a uma esfera sempre uma vez mais determinada a cada vez do habitual que é precisamente experimentado. O habitual mostra-se a cada vez como algo diverso em relação ao inabitual, e todo maravilhar-se, tanto quanto todo pasmar-se, não passa de um virar as costas e de um se colocar para além do habitual, e, com isso, de um deixar em paz e de um saltar por sobre o habitual em sua habitualidade. Como as coisas se mostram no caso do es-panto?

a) No es-panto, o mais habitual mesmo se torna o mais inabitual

O habitual e o mais habitual – e a cada vez precisamente aquele elemento mais habitual, que se expande tão amplamente em sua habitualidade que também não é, de modo algum, nem mesmo conhecido e atentado em um primeiro momento – *esse elemento maximamente habitual mesmo* torna-se, *no* es-panto, e *para* ele, o mais inabitual.

b) Para o es-panto, o mais habitual de tudo e em tudo, que algo seja em geral e de um modo qualquer, torna-se o mais inabitual

Esse habitual, que irrompe no es-panto como o mais inabitual, não é isso ou aquilo que se expandiu de maneira precisamente objetiva e incidental em uma atividade qualquer e em uma consideração particular. Ao contrário, o mais habitual de tudo e em tudo torna-se no es-panto o mais inabitual. Com isso, *tudo* se torna maximamente inabitual. Tudo, sem exceção, possui de saída aquele elemento maximamente habitual, para o qual não atentamos e que, ao ser nomeado, não é de modo algum expressamente levado em conta. Tudo, sem exceção, porta justamente o maximamente habitual consigo: o fato de *ser* constantemente, em geral e de um modo qualquer. Tudo nesse elemento maximamente habitual (no ente) transforma-se, em meio ao es-panto, de maneira *una*, em algo maximamente inabitual: o fato de que ele é o que ele é. Nisso reside o seguinte:

c) O mais extremo es-panto não conhece nenhuma saída do que há de mais inabitual no maximamente habitual

O es-panto, para o qual cada coisa como cada coisa, e tudo como tudo, se torna maximamente inabitual, chega ao *extremo*. Ele não se mantém mais junto a esse ou aquele ente, a partir do qual o caráter inabitual do habitual ainda poderia ser explicado e, com isso, a partir do qual se poderia reduzir uma vez mais a sua inabitualidade, transformando-a em algo corrente. Junto a esse avanço ao extremo da inabitualidade, porém, o es-panto também não encontra mais nada, então, que ainda pudesse lhe oferecer uma saída. Ele não consegue mais escapar daí, mas se sabe unicamente exposto ao inabitual do maximamente habitual em tudo e em cada coisa: ao ente *como* ente.

d) O es-panto não conhece nenhum caminho para o interior da inabitualidade do mais habitual

Não obstante, na medida em que o es-panto precisa ousar se lançar ao extremo da inabitualidade de tudo, ele é, ao mesmo tempo, restabelecido totalmente sobre si mesmo, sabendo que não consegue adentrar explicativamente a inabitualidade, porque, assim, ele acaba justamente por destruí-la. O es-panto não conhece nenhum caminho para o interior da inabitualidade do mais habitual de tudo, assim como não conhece uma saída – ele é posto diante da inabitualidade do habitual, é posto em meio ao habitual de tudo.

e) O es-panto no entre de inabitualidade e habitual

Não é se sabendo fora e não é se sabendo dentro que o es-panto se encontra em um *entre*: entre o mais habitual, o ente, e seu caráter inabitual, o fato de que ele "é". Esse "entre" só é liberado e ejetado por meio do es-panto como "entre". O es-panto – compreendido transitivamente – traz à tona o aparecer do mais habitual em sua inabitualidade. O não-se-saber-fora-nem-dentro entre a inabitualidade e o habitual não é nenhum des-espero, porque o es-panto enquanto tal não quer ter nenhuma esperança. Ao contrário, ele é um des-espero, porque o es-panto precisa manter aberto e preenchido esse "entre" que recusa todo caminho para fora ou para dentro. O es-panto não volta as costas para o habitual, mas, antes, se volta para ele. Todavia, ele se volta para ele como o mais inabitual de tudo e em tudo. Na medida em que essa tonalidade afetiva se estende à totalidade, ela é chamada de uma *tonalidade afetiva fundamental*.

f) Irrupção da habitualidade do mais habitual na transição do mais habitual para o mais inabitual. O unicamente es-pantoso: o ente como *ente*

Se dissemos que, no es-panto, o mais habitual de tudo e de cada coisa, e, com isso, tudo mesmo, se transforma no mais inabitual, então essa afirmação desperta a impressão de que o mais habitual já seria, de algum modo, experimentado e sabido de antemão em sua inabitualidade. Precisamente, isso não procede, porém, porque, com isso, o mais habitual já não seria mais o mais habitual. A habitualidade do mais habitual só se quebra no instante em que o mais habitual se transforma no mais inabitual. Nessa transição *se separam* pela primeira vez o mais habitual *em* sua habitualidade e *em* sua inabitualidade; e isso de tal modo, em verdade, que aquela habitualidade vem à tona *como* essa inabitualidade. É agora e desse modo que o es-panto abre seu elemento unicamente es-pantoso, a saber: o todo como o todo, o todo como o ente, o ente na totalidade, *o fato de que* ele é *o que* ele é; o ente *como* o ente, o ens qua ens, τὸ ὄν ᾗ ὄν. Aquilo que é denominado aqui o "como", o qua, o ᾗ, é aquele "entre" ejetado no es-panto, o aberto de um campo de jogo que mal pressentimos e que mal levamos em conta, um campo de jogo no qual o ente entra em jogo como tal, a saber, como o ente que ele é, no *jogo de seu ser.*

g) O es-panto transpõe o homem para a apreensão do ente como ente, para a sustentação do desvelamento

O es-panto é o ejetar desse campo de jogo; mas isso de tal modo que ele *transpõe* ao mesmo tempo o espantado para o ejetado. O homem que se es-panta já é, sim, o es-pantado, quer dizer: ele já é o homem transposto por essa tonalidade afetiva fundamental para o interior de sua essência por ela afinada. O es-pantar transpõe o homem do caráter indecidido e confuso do habitual e inabitual para o interior da primeira decisão de sua essência. Afinado no es-pantar, ele não consegue outra coisa senão apreender o ente enquanto ente, ou seja: o homem precisa tomar pé como es-pantado no reconhecimento disso que irrompeu, precisa vê-lo em seu des-encobrimento insondável, experimentando e suportando a ἀλήθεια, o desvelamento, como a essência inicial do ente. Pois é isso, antes de tudo que precisamos aprender a conhecer: o fato de que a ἀλήθεια, o desvelamento, é, para o pensar inicial grego, a essência do próprio ser. Desvelamento visa ao vir à tona que desponta, à presentação no aberto. A ἀλήθεια, o desvelamento – nós costumamos dizer, de maneira por demais vazia, a "verdade" – não se acrescenta primeiramente ao ente na medida em que *nós* a conhecemos. Ao contrário, é no desvelamento que se dá pela primeira vez o ente *enquanto* ente, isto é, como algo que se presenta abertamente ao homem, transpondo-o para o aberto do desvelamento e colocando-o, assim, na essência de tal ente que apreende e reúne no aberto, e, então, experimenta pela primeira vez o que é fechado e velado *como* um tal.

h) O es-panto, como tonalidade afetiva fundamental, pertence, ele mesmo, ao que há de mais inabitual

Só o es-panto transpõe para o interior e para diante do ente enquanto tal. A transposição mesma é a afinação propriamente dita da tonalidade afetiva fundamental. Ela é chamada tonalidade afetiva fundamental porque, de maneira afinadora, transpõe o homem para o interior daquilo sobre o que e em que se fundam palavra, obra e ação como acontecentes e sobre o que e em que a história[8] pode se iniciar. A tonalidade afetiva fundamental, porém, não pode ser nem simplesmente querida nem realizada pelo homem. Ela também não é o efeito de uma causa, que, vinda da direção do ente, atuaria *sobre* o homem. Essa transposição subtrai-se a toda explicação, uma vez que toda explicação tem aqui, necessariamente, vista curta demais e chega tarde demais, uma vez que ela só poderia se movimentar naquilo e precisaria se reportar apenas àquilo que só pode vir ao encontro, *na* transposição ejetante, como algo desvelado. Toda explicação

---

8. Há aqui uma peculiaridade da língua alemã que se perde na tradução. Em verdade, o termo alemão *Geschichte* [história] tem uma proximidade com *geschehen* [acontecer]. A *Geschichte* designa, para Heidegger, o próprio acontecimento da história. (N. do T.)

depende do ente já desvelado como tal, a partir do qual apenas é possível retirar uma causa explicativa. Essa tonalidade afetiva fundamental do es-panto, uma tonalidade que transpõe o homem para o âmbito no qual o mais habitual, esse elemento até aqui ainda impensado enquanto tal (o ente), é estabelecido em sua inabitualidade mais própria – a saber, na inabitualidade do ser – e o ente se torna, assim, como um tal, o que há de mais digno de questão. Essa tonalidade afetiva fundamental pertence, ela mesma, ao mais inabitual e, por isso, mais raro. Na medida em que o homem pode realizar, a partir de si, efetivamente uma relação com ela, ele é aquele ente marcado pela *prontidão* para a compulsão incondicionada, que vige na tonalidade afetiva e não tolera nenhuma evasão. O es-panto é a tonalidade afetiva fundamental, que afina a princípio o homem no início do pensar, porque transpõe pela primeira vez o homem para o interior daquela essência que se encontra e se dispõe em meio ao ente enquanto tal na totalidade.

i) Análise do es-panto como projeção retrospectiva da transposição do homem para o interior do ente enquanto tal

Essa análise do es-panto como a tonalidade afetiva fundamental que compeliu ao primeiro início não pode ser agora mal compreendida, a ponto de se pensar que essa tonalidade afetiva também teria sido conhecida dessa maneira inicialmente. Ao contrário, pertence à unicidade do domínio dessa tonalidade afetiva e de sua compulsão, assim como acontece com toda tonalidade afetiva fundamental, a suprema simplicidade do completo estranhamento e o caráter incondicionado de sua propagação. A análise realizada – caso queiramos denominá-la assim – não é nenhuma análise no sentido de uma solução explicativa em muitos componentes, mas é, simplesmente, a tentativa de uma *projeção retrospectiva* da simplicidade e estrangeiridade *daquela transposição* do homem para o interior do ente enquanto tal, uma transposição que acontece apropriativamente como o es-panto, que logo permanece intangível como o início mesmo ao qual ela compele.

A falsa interpretação dessa projeção retrospectiva no sentido de uma análise é naturalmente tanto mais natural quanto maior for o tempo em que vimos nos habituando, também aqui, e, precisamente nesse âmbito insigne, com maior razão, a considerar tudo "psicologicamente", como ocorrências de vivências "na" alma do homem, quando o homem mesmo é que foi, pela primeira vez, afinado pelo acontecimento dessa transposição para o início e determinado (marcado de maneira afinadora) a se mostrar como aquele que apreende o ente enquanto tal.

j) A sustentação da transposição que vige na tonalidade afetiva fundamental do es-panto na realização da necessidade do questionamento acerca do ente enquanto tal

Com tudo isso, porém, foi feito um aceno em direção ao espaço no qual temos de buscar a necessidade da postura pensante inicial. A tonalidade afetiva fundamental do θαυμάζειν compele ao interior do puro reconhecimento da inabitualidade do habitual. O mais puro reconhecimento do mais inabitual é levado a termo, contudo, por aquele questionamento que indaga o que, afinal, seria o mais habitual mesmo, o fato de ele se abrir, assim, como o mais inabitual.

Ora, mas o questionamento não envolve precisamente a impertinência e a curiosidade, e, com isso, o que, na maioria das vezes, e primariamente, mais contraria o puro reconhecimento? Com certeza; e, em verdade, principalmente quando transformamos aqui o questionamento em um comportamento característico da lida cotidiana própria ao tipo essencial do questionar pensante. O ponto é que esse questionamento pensante não se confunde com a curiosidade impertinente e precipitada inerente à vontade de explicar, mas se mostra antes como a sustentação e a tolerância em relação ao inexplicável enquanto tal; e isso apesar de ser acometido pela pressão daquilo que se mostra. A sustentação da posição diante do inexplicável só procura apreender aquilo que o desvelado mostra em seu desvelamento: a presentação, a constância, o expor-se na figura, o limitar-se na aparência. A sustentação da tonalidade afetiva fundamental não é nenhum gozo e nenhuma imersão vagos e vazios em "sentimentos", mas a *realização plena* da necessidade do questionamento acerca do ente como ele mesmo em sua região.

Repetição

1) Destaque da tonalidade afetiva fundamental do es-panto em relação aos tipos congêneres da surpresa

Nós meditamos sobre a essência *da* tonalidade afetiva fundamental que compeliu ao início do pensamento ocidental na medida em que ela deixou que a questão acerca do que é o ente enquanto tal se tornasse uma necessidade; e isso de tal modo, em verdade, que ela vedou a pergunta acerca da ἀλήθεια. Essa tonalidade afetiva fundamental é o *es-panto*. Sua essência, o modo de sua afinação, deve se tornar clara. A afinação de uma tonalidade afetiva fundamental é a transposição transformadora do homem para o interior do ente e para diante do ente. Todavia, para destacar de maneira suficientemente clara o modo da afinação no es-panto, tentamos realçar essa tonalidade afetiva fundamental em contraposição aos tipos congêneres, mas, de qualquer modo, essencialmente diversos, do surpreender-se. O maravilhar-se, o admirar e o pasmar-se foram anteriormente denominados e elucidados em alguns aspectos. A cada vez obtivemos, nesse contexto, uma posição diversa do homem, seja pelo fato de ele se ver preso pelo extravagante e perdido nele, pelo fato de ele se colocar livremente diante do admirado e se sentir, em certa medida, igual a ele, se não mesmo, superior a ele, ou pelo fato de, mantendo-se retraído, ele se submeter àquilo diante de que fica pasmo. Pertence inteiramente a esses modos do surpreender-se, porém, o fato de, a cada vez, ainda que de maneira diversa, algo inabitual particular ser alijado de uma esfera do habitual e de no surpreender-se o habitual ser afastado e posto de lado, de ele ser temporariamente abandonado. Diante disso, o que significa o es-pantar?

Precisamos elucidar o mais imediatamente possível a tonalidade afetiva fundamental do es-panto precisamente no que concerne a essa relação do inabitual e do habitual.

2) Sequência de passos da caracterização do es-panto como caminho para a necessidade do questionar inicial

Busca-se a caracterização do es-panto em treze pontos. O que se mostra para a reflexão é o fato de que não se trata aqui de mera enumeração de propriedades selecionadas do es-panto. Em uma construção determinada, um caminho conduz muito mais para aquilo sobre o que meditamos: para a necessidade do questionamento inicial, uma necessidade que veda um questionamento acerca da ἀληθεια. Nisso reside, contudo, o fato de somente *uma necessidade e uma indigência* correspondentes poderem compelir à pergunta acerca da verdade e, assim, determinar previamente (marcar de maneira afinadora) a fundação da essência mais originária da verdade. Os primeiros dez pontos da caracterização do es-panto foram inteiramente discutidos. No es-panto, algo inabitual não é destacado de algo habitual. Ao contrário, o es-panto transpõe para diante do que há de mais habitual como o mais inabitual. Ao mesmo tempo, o habitual não é isso ou aquilo, nem tampouco uma região do ente. Como o es-panto coloca diante do que há de mais habitual e como esse mais habitual se mostra constantemente em tudo e em cada coisa, de tal modo que ele é, de antemão, precisamente desconsiderado, tudo se torna muito mais, em tudo, o que há de mais inabitual. Assim, não há nenhuma saída em direção à qual o es-panto poderia se salvar, explicando, a partir daí, o mais inabitual e transformando-se, assim, uma vez mais em algo habitual. Também não há, contudo, uma via de entrada, a partir da qual o mais inabitual mesmo pudesse ser, por assim dizer, dissolvido e, com isso, simplesmente destruído. O es-panto não permite a saída nem a entrada, mas transpõe para diante e para o interior da inabitualidade de tudo em sua habitualidade. Mas esse mais habitual mesmo só vem à tona enquanto tal, em sua inabitualidade, quando essa inabitualidade reluz no es-panto. O es-panto transpõe para diante de tudo em tudo – o fato de que tudo é e de que é o que é – para diante do ente enquanto ente. Na medida em que o homem é transposto para aí, ele mesmo é transformado naquele que, não se sabendo fora nem dentro, tem de fixar, a princípio, o ente como ente no puro reconhecimento. Esse elemento maximamente simples é o maior e é o início que tudo decide, o início ao interior do qual compele a tonalidade afetiva fundamental. Só se suporta, porém, esse reconhecimento do ente enquanto ente no questionamento acerca do que seria o ente enquanto tal. *Esse* questionamento não é uma busca de explicação e de alijamento do mais inabitual, do fato de que o ente é o que ele é. Ao contrário, esse questionamento é a retenção cada vez mais pura do ente em sua inabitualidade, o que significa inicialmente, em sua pura emergência, em seu puro encontrar-se aí, em seu desvelamento, ἀλήθεια, naquilo que pertence a essa emergência imediatamente, isto é, que se desdobra a partir dela. Suportar a tonalidade afetiva fundamental significa *levar a termo* a *necessidade* de tal questionamento, um questionamento ao interior do qual compele o não-se-saber-fora-nem-dentro. Como é que temos em vista, contudo, essa realização como sustentação da tonalidade afetiva fundamental?

k) A realização do necessário: um sofrimento no sentido da suportação criativa do incondicionado

Interpretamos inicialmente a realização do necessário como a simples execução e instalação do requerido. Nesse contexto, entendemos "realização" como desempenho e como produto de nossa maquinação. Como ação, contabilizamos a realização como pertencente à nossa própria atividade. A questão é que a realização *do* necessário, à qual compele a indigência da tonalidade afetiva fundamental, aquele pensar intencional, questionador do ente enquanto tal, é essencialmente um *sofrer*. Todavia, mesmo que apenas mencionemos essa palavra, já nos encontramos uma vez mais na esfera de uma falsa interpretação corrente. Tendemos a pensar, em termos psicológicos, morais e cristãos, no acolhimento modesto, na mera tolerância, que renunciou a todo orgulho. Ou, contudo, equiparamos, ao menos, o sofrer de imediato à ausência de ação, e o contrapomos ao agir. O agir designa, ao mesmo tempo, o campo do senhorial, sobretudo quando se distingue até mesmo o ato do mero pensamento e do pensar. Mesmo nesse caso, porém, quando colocamos o pensar pensante em uma oposição aguda à ação, o pensar continua sendo sempre, para nós, uma ação, e, com isso, de modo algum um sofrimento. Seria preciso, então, que sofrimento significasse aqui algo diverso do mero deixar que algo se abata sobre nós como uma aflição. Com certeza – sofrer significa aqui tomar sobre si e equilibrar aquilo que excede o homem e, assim, o transforma, e, com isso, suportar cada vez mais aquilo que ele deve apreender, se ele precisa apreender o ente enquanto tal na totalidade. A realização do necessário é aqui um sofrimento no sentido de uma tal capacidade de suportação criativa do incondicionado. Esse sofrimento encontra-se para além da atividade e da passividade habituais.

Talvez devêssemos interpretar, no sentido desse sofrimento essencial, um "fragmento" oriundo dos hinos poéticos tardios de *Hölderlin*; talvez, porque esse fragmento visa a algo ainda mais profundo, ao qual não conseguimos fazer frente[9]. N. v. Hellingrath inscreve esse fragmento naquele fragmento maior, que ele intitulou "Da esfera de motivos dos Titãs"[10]. Ele certamente pertence a esse contexto, não porque teria com ele uma rela-

---

9. Hölderlin, *Bruchstücke und Entwürfe* [Fragmentos e esboços Nr. 14]. Em: Hölderlin, *Sämtliche Werke* [Obras reunidas]. Org. por N. v. Hellingrath, vol. IV, 2ª edição, Berlim, 1923, pp. 247 s., versos 18-27.

10. Hölderlin, Da esfera de motivos dos Titãs, op. cit., pp. 215-8.

ção particular, mas porque, no fragmento a ser introduzido, algo é denominado que constitui uma, senão mesmo, a determinação essencial de todo o âmbito dos hinos poéticos tardios.

Os versos dizem:

Pois sobre a terra vagueiam
Poderes tremendos,
E toca seu destino
Aquele que o sofre e observa,
E ele toca dos povos o coração.
Pois tudo precisa apreender
Um semideus ou
Um homem, em sofrimento,
Na medida em que ouve, sozinho, ou é ele mesmo
Transformado, pressentindo à distância os cavalos do senhor,

Abdicando de toda e qualquer interpretação, faremos apenas uma referência ao contexto. *Hölderlin* diz: tudo precisa apreender – em sofrimento – sozinho um semideus ou um homem. E o sofrimento é algo duplo: o ouvir, o observar, o apreender e o deixar-se transformar, um sofrimento no qual se abre o pressentimento longínquo dos cavalos do senhor, a chegada do deus. O sofrimento – uma apreensão ou um ser transformado; trata-se essencialmente da entrega que escuta e, juntamente com isso, a prontidão para a transição para um outro seer[11]. Na escuta, lançamo-nos, expandindo-nos por amplos espaços, para muito além de nós mesmos; e isso de tal modo, porém, que, nos adequando ao que é ouvido, o recolhemos na reunião de nossa essência. O a-preender é sofrimento no sentido da paixão ao mesmo tempo mais ex-

11. Quanto ao "sofrimento" e ao "sofrimento do deus" cf. a conclusão de "Como se fosse feriado...", op. cit., pp. 151 ss.

pansiva e mais íntima. Apreender tudo é algo medido segundo o critério da força para tal sofrimento.

A apreensão acontece apenas em sofrimento. Nisso reside, para Hölderlin, sobretudo a liberdade diante de todo ser coagido, de toda coerção e cômputo, de todo desconhecimento do tempo, do instante em que se dá o tempo. Pois, de que outra forma senão no sentido desse sofrimento essencial, alguém poderia pressentir longinquamente o deus em um âmbito no qual se fala do deus o seguinte:

> Pois odeia
> O deus reflexivo
> Atemporal crescimento[12].

De acordo com aquilo que foi dito, de maneira breve, sobre Hölderlin, no contexto da tarefa da meditação sobre o início, não é naturalmente por acaso que nos referimos ao poeta objetivando a explicitação daquilo que temos em vista com o "sofrimento" como o modo de realização essencial do necessário.

l) A τέχνη *como postura fundamental em relação à* φύσις, *na qual se desdobra e se fixa a conservação do es-pantoso (da entidade do ente). A* τέχνη *mantém a vigência da* φύσις *no desvelamento*

Como realização do necessário, suportar a necessidade é um sofrimento no sentido indicado, e essa é a essência do *questionar pensante*. Em tal sofrimento, corresponde-se ao que se precisa captar, na medida em que o que se capta se transforma de acordo com o que se precisa

12. Op. cit., p. 218.

captar. De acordo com ele – quer dizer: o que precisa ser captado, aqui o ente enquanto tal, em sua entidade, compele o que capta para o interior de uma posição fundamental, em virtude da qual pode se desdobrar o puro reconhecimento do desvelamento do ente. Aquele que capta e apreende precisa se colocar *de tal modo* de acordo com o a ser captado que esse, o ente mesmo, é captado, mas captado *de tal modo* que é entregue por meio daí precisamente à sua própria essência, a fim de vigorar em si mesmo e, por isso, também perpassar, com sua vigência, o homem. O ente, que os gregos denominam φύσις, precisa se encontrar na ἀλήθεια. Com isso, apenas tocamos de forma tangencial, uma vez mais, naquele elemento, maximamente velado: o fato de o captar ser um sofrer.

E como é que poderíamos compreender de outro modo em que medida os dois maiores e mais conhecidos pensadores dos primórdios gregos, *Heráclito e Parmênides*, se compertencem em suas posições fundamentais. Quando *Heráclito* diz: o ente é o uno e único no λόγος – na reunião antecipativa – e quando *Parmênides* ensina: o ente é aquilo que é apreendido no νοεῖν – no apreender, então reside, indicado na antecipação *apreendedora* da reunião, o seguinte: o captar, que é um sofrer como um ser transformado do homem.

Por isso, precisamente, o vir-a-ser-conforme originário não pode ser uma adequação no sentido de que o homem simplesmente seria φύσις, mas, ao contrário, precisa ser um diferenciar-se. Esse diferenciar-se, porém, precisa ser comedido, isto é, precisa ser um diferenciar-se tal que retenha sua medida, a φύσις, comportando-se de acordo com ela e erigindo, a partir daí, o seu comportamento. Se é que o homem não é justamente o ente na totalidade mesmo, mas muito mais aquele que é transposto para o interior do "em meio ao ente", como o guardião de seu desvelamento, então essa apreensão e essa guarda não podem se determinar uma vez mais como φύσις, mas precisam ser aquele diverso que é conforme a φύσις, que se libera e, contudo, se contém coeso.

E o que é isso? Qual é a postura fundamental na qual se desdobra e, contudo, ao mesmo tempo se fixa a guarda do es-pantoso, da entidade do ente? Temos de buscar essa postura naquilo que os gregos chamam de τέχνη. Todavia, precisamos afastar dessa palavra grega a palavra hoje usual e dela linguisticamente derivada, "técnica", assim como todos os contextos significativos que o nome "técnica" sugere. Com certeza – *o fato* de se ter podido e precisado chegar à técnica moderna e contemporânea está fundado no início e fundamentado pela impossibilidade incontornável de reter o início. Com isso se está dizendo: a técnica atual – a saber, como uma forma da "mobilização total" (*Ernst Jünger*) – só pode ser concebida a partir do início da posição fundamental ocidental em relação ao ente enquanto tal na totalidade; e isso supondo que aspiramos a um conceber "metafísico" e que, com isso, não nos satisfazemos em inserir a técnica no estabelecimento político de metas.

A τέχνη não visa à "técnica" no sentido da instauração maquinacional do ente. Ela também não tem em vista a arte no sentido da mera habilidade e jeito em meio a um procedimento e a uma manipulação quaisquer. τέχνη visa a um conhecimento – o saber fazer no avanço em direção ao ente (e no ir ao encontro do ente), isto é, da φύσις. Não é, naturalmente, possível nem tampouco necessário adentrar nas oscilações significativas da palavra τέχνη, que não são casuais. Não temos senão de levar em conta aqui o fato de essa palavra assumir ainda e precisamente em *Platão* o papel de designar o conhecer pura e simplesmente, o que significa a relação que apreende o ente enquanto tal. Nisso se anuncia, porém, o fato de que essa apreensão do ente em seu desvelamento não é agora nenhum mero olhar embasbacado para o ente, o fato de que o es-panto se realiza muito mais em um procedimento que vai ao encontro do ente; mas isso de tal modo que esse ente mesmo ganha justamente a aparição. Pois é isso que significa a τέχνη: apreender o ente que desponta por si como o que ele se mostra, em seu aspecto, εἶδος, ἰδέα, a fim de cuidar e de deixar crescer esse aspecto mesmo em conformidade com o próprio ente ou erigi-lo por meio da produção e da exposição de algo correspondente no interior do ente na totalidade. A τέχνη é o modo do proceder *ao encontro* da φύσις; mas, *aqui*, ainda não para dominá-la e explorá-la, e, sobretudo, não para transformar a utilidade e o cálculo em princípio, senão inversamente, para manter a vigência da φύσις no desvelamento. Por isso, precisamos dizer: como temos na tonalidade afetiva fundamental do es-panto o puro reconhecimento do ente enquanto tal, a apreensão da φύσις em sua ἀλήθεια, a indigência afinadora, a τέχνη e sua realização se transformam, como o totalmente outro da φύσις, em necessidade – o totalmente outro que pertence à φύσις da maneira mais essencial possível.

m) O risco, que reside na própria realização da tonalidade afetiva fundamental do es-panto, de sua perturbação. A τέχνη *como solo para a transformação da* ἀλήθεια *em* ὁμοίωσις. *A perda da tonalidade afetiva fundamental e a permanência de fora da indigência e da necessidade originárias*

Essa postura fundamental em relação à φύσις, porém, a τέχνη, como realização da necessidade própria à indigência do es-panto, é agora, ao mesmo tempo, o solo sobre o qual se faz valer a ὁμοίωσις, a transformação da ἀλήθεια como desvelamento em correção. Em outras palavras, na realização da própria tonalidade afetiva fundamental reside o *risco* de sua perturbação e destruição. Pois na essência da τέχνη que é exigida pela própria φύσις, da τέχνη como o deixar viger procedimental e instaurador do desvelamento do ente, reside a possibilidade do *arbitrário*, do estabelecimento descompromissado de metas e, com isso, da saída da necessidade da indigência inicial.

Se isso acontece, então, no lugar da tonalidade afetiva fundamental do es-panto entra a avidez do aprendizado e da capacidade de calcular. A filosofia mesma transforma-se, agora, em *uma* instituição entre outras, ela é submetida a uma finalidade que é tanto mais insidiosa quanto mais elevadamente permanece disposta – tal como, por exemplo, na παιδεία de *Platão*, uma palavra que traduzimos muito mal por "educação". Mesmo esse fato de, na *República* de *Platão*, os "filósofos" serem determinados a se tornarem os βασιλεῖς, os governantes supremos, já se mostra como a degradação essencial da filosofia. Na medida em que o captar do ente, o reconhecimento do ente em seu desvelamento, se desdobra e se transforma em τέχνη, os aspectos do ente que são visualizados em tal captação, as "ideias", se tornam inevitavelmente e cada vez mais o único elemento normativo. A captação transforma-se em um saber mover-se em meio às ideias, e isso exige o constante ajuste em relação a essas ideias. No fundo, porém, há um processo mais profundo e mais velado – a perda da tonalidade afetiva fundamental, a permanência de fora da indigência e da necessidade originárias –, um processo que é acompanhado pela perda da essência originária da ἀλήθεια.

Assim, o início abriga em si mesmo a necessidade incontornável de, na medida em que ele se desdobra, precisar abdicar de sua originariedade. E isso não fala *contra* a grandeza do início, mas a favor dela. Pois, será que o grande seria algum dia grande se não corresse o risco da queda e não precisasse, em seguida, se submeter a ela historicamente a fim apenas de permanecer tanto mais brilhante em sua unicidade primordial? No início, a questão acerca do ente mantém-se na claridade da ἀλήθεια como o caráter fundamental do ente. A própria ἀλήθεια, contudo, permanece necessariamente inquestionada. Mas a manutenção de fora da posição inicial, no sentido da τέχνη, conduz a uma decadência do início. O ente se torna, dito de maneira acentuada, o objeto do re-presentar que se orienta (se retifica) por esse objeto. Agora também se levanta a pergunta acerca da ἀλήθεια, mas, desde então, apenas a partir do campo de visão da τέχνη, e a ἀλήθεια transforma-se na *correção* do representar e do proceder.

§ 39. A indigência da falta de indigência. Verdade como correção e a filosofia (a questão acerca da verdade) sem indigência e necessidade

Desde que a verdade se transformou em correção e que essa determinação essencial da verdade se tornou a única coisa ainda conhecida e normativa em múltiplas modulações, desde então falta à filosofia aquela indigência e necessidade mais originárias, intrínsecas ao início. A filosofia transformou-se, depois de ter sido temporariamente serva da teologia, em uma presa liberta, naquele âmbito livre do desdobramento das capacidades humanas assentadas sobre si mesmas, capacidades cuja realização cria, cultiva e constrói para si aquilo que se denomina "cultura". A filosofia é um desdobramento livre de *uma* capacidade humana, o pensamento, e, assim, um bem entre outros da cultura. Ela tornou-se lentamente aquilo que a filosofia moderna sintetiza no conceito de um "fator cultural", um conceito no qual todos os que têm ouvido para ouvir precisam auscultar o elemento calculador e maquinacional, o que determina, de antemão, o ser do homem em meio ao ente. E, por fim, quanto mais a cultura acabou por se tornar, no século XIX, o objeto da *política* cultural, mais a filosofia se transformou em uma "curiosidade" ou, o que significa o mesmo, mais a essência da verdade se tornou, entrementes, o mais inquestionado e, com isso, o mais indiferente. O fato de professores continuarem ensinando "filosofia" em escolas superiores e em universidades, em todos os assim chamados países culturais do Ocidente e do Oriente, não contradiz essa situação da filosofia e da questão da verdade, porque não a toca de maneira alguma.

Pois bem, mas há por toda parte hoje um número mais do que suficiente de homens exaltados e sentimentais que se queixam dessa situação da filosofia e se arrogam, com isso, como defensores do espírito ameaçado. Mas o que eles gostariam é, de qualquer modo, apenas que a filosofia se tornasse novamente um bem cultural *mais* apreciado. Essa preocupação com a filosofia é mera nostalgia da pasmaceira de algo que se tinha até aqui, e, visto em termos do todo e do essencial, ela é mais nociva do que qualquer desprezo e do que qualquer negação da filosofia. Pois essa preocupação que pensa retrospectivamente induz a erro, conduz ao desconhecimento do instante da história ocidental.

O que significa o fato de a filosofia ter se transformado em curiosidade, de a *essência* da verdade ter se transformado em algo desprovido de questão e de a questão acerca dessa essência ter perdido sua necessidade? Significa que a filosofia se encontra no fim de seu primeiro início, na situação que corresponde ao início – ainda que apenas como *estado final*. Outrora, a filosofia era o que havia de mais estranho, raro e único – agora, ela continua sendo a mesma coisa, mas apenas sob a forma da curiosidade. Outrora, no início do pensamento ocidental, a verdade era o não questionado, aquilo que se encontrava fora de questão, mas isso em virtude da indigência e da necessidade supremas do questionamento acerca do ente – agora, a essência da verdade também é o não questionado e o desprovido de questão, mas somente ainda como o indiferente no interior da era da completa ausência de questão no essencial. A questão acerca da verdade é sem necessidade. Trata-se de um conhecimento essencial, que só desponta para uma meditação efetivamente real. Esse conhecimento, o levar a sério a situação da filosofia, é o único conhecimento decisivo. A preocupação com a filosofia como bem cultural pode permanecer tranquilamente entregue a si mesma.

A questão acerca da verdade é sem necessidade. Isso significa, porém, segundo a meditação realizada sobre o início: a questão da verdade é sem indigência; a tonalidade afetiva fundamental, a tonalidade que precisaria transpor o homem uma vez mais inicialmente para o interior do ente na totalidade, permanece de fora e se recusa.

Será que a indigência permanece de fora – ou será que o homem atual já está tão enfeitiçado pelas maquinações e tão arrebatado por suas vivências que não está mais à altura da indigência? Se é que a indigência essencial não é nenhuma coisa lastimável, em relação à qual só poderíamos estar dispostos de maneira desfavorável, mas é, antes, o que há de maior.

O que aconteceria se esse fato, de estarmos sem indigência, se essa ausência de indigência, fosse a indigência que ainda está recusada a nós? *A indigência da falta de indigência?*

Com essa questão, contudo, que não deve dizer nada e que deve, antes, silenciar tudo, aproximamo-nos do lugar de nosso maior perigo: aproximamo-nos do fato de, como homens atuais, transformarmos essa indigência, logo que ela é mencionada, em falatório, e de nos convencermos e nos imbuirmos dela até mesmo como uma "vivência", sem jamais sermos compelidos por ela, para não falar de levarmos a termo sua necessidade. Para encararmos esse perigo dessa posição seria necessária uma meditação sobre a necessidade do início do pensar ocidental, um início em cujo fim nos encontramos.

§ 40. O abandono do ente por parte do ser como o fundamento velado da tonalidade afetiva fundamental ainda encoberta. O compelir dessa tonalidade afetiva fundamental para o interior de uma outra necessidade de um outro questionamento e um outro início

A partir dessa meditação, sabemos agora o seguinte: aquela indigência essencial, que compeliu, como tonalidade afetiva fundamental, para o interior do questionamento essencial, era uma indigência tal que emergiu do *próprio* ente na totalidade, na medida em que o ente precisou ser reconhecido em sua entidade e conservado em sua verdade. Se o que se encontra em jogo para nós não é nada menos do que preparar a transição do fim do primeiro início para outro início, então a indigência que nos compele para o interior dessa necessidade precisa vir uma vez mais *apenas* do ente na totalidade, na medida em que ele é questionado com vistas ao seu ser.

Com isso, porém, já está dito que, quanto mais não seja apenas, com base na transformação da essência da verdade em correção, *nossa* posição fundamental em relação ao ente não é mais e nunca mais será a posição fundamental do primeiro início, apesar de permanecer determinada por ela no impulso contrário. Por isso, a tonalidade afetiva fundamental também não pode mais ser a tonalidade daquele es-panto, no qual o ente enquanto tal irrompeu pela primeira vez com vistas ao seu ser como o que há de mais inabitual. O quão distantes nos encontramos da possibilidade de sermos, algum dia, transpostos para o interior do ente por aquela tonalidade afetiva fundamental do início é algo fácil de avaliar a partir do fato de o *ser do ente*, aquilo que para os gregos era o mais espantoso, se mostrar para nós hoje e há séculos como o mais óbvio dentre tudo o que há de óbvio, como o mais corrente em que qualquer um pode a qualquer momento pensar. Pois quem poderia desconhecer o que significa dizer: a pedra é; o céu *está* encoberto?

A questão é que talvez se expresse algo aí, cujo conteúdo e amplitude ainda não consigamos nem mesmo pressentir, a saber, o fato de nos empenharmos pelo ente como o objeto de toda maquinação e da vivência, e, nesse contexto, não atentarmos de modo algum para o ser do ente. Por causa de sua obviedade, o seer se mostra como algo esquecido. O *esquecimento do ser* nos domina, ou, o que significa o mesmo, a filosofia como o questionamento acerca do ente enquanto tal é agora necessariamente uma curiosidade. O esquecimento do ser domina, isto é, *ele* determina nossa relação com o ente, de tal modo que mesmo o ente, o fato de que ele é o que é, permanece indiferente para nós – quase como se o ente fosse abandonado pelo ser e não atentássemos para isso; e atentamos tanto menos para isso quanto maior é o barulho insidioso em torno da "metafísica" e da "ontologia". Pois, com isso, não procuramos senão retornar a algo confiável até aqui, em vez de construir para o futuro, mesmo sem vê-lo.

O ente é e permanece, contudo, abandonado pelo seer, entregue a si mesmo a fim de se mostrar, assim, apenas como objeto da maquinação. Todas as metas para além do homem e dos povos desapareceram e, sobretudo, falta o poder criador de criar algo para além de si. A época do extremo abandono do ente pelo ser é a época da completa ausência de questionamento acerca do seer.

Como ficariam as coisas, porém, se esse abandono do ser do ente fosse um *acontecimento apropriativo*, que provém do ente na totalidade; e isso de tal modo que precisamente esse acontecimento apropriativo se tornaria o que há de menos visível e experimentável, uma vez que ele é o que há de melhor velado e encoberto e que o progresso de toda maquinação e a certeza de si de todo vivenciar se sabem tão próximos da realidade efetiva e da vida que é difícil imaginar uma proximidade maior? Como ficariam as coisas se o abandono do ser do ente fosse o *fundamento e a essência mais velados e mais próprios* daquilo que *Nietzsche* reconheceu pela primeira vez como "niilismo", interpretando-o platônico-schopenhauerianamente a partir da "moral", a partir do "ideal", mas sem ainda concebê-lo *metafisicamente*? (Isso quer dizer: sem concebê-lo ainda a partir do acontecimento fundamental do questionamento inicial da filosofia ocidental e, com isso, sem partir, ainda, daquilo que aponta antecipadamente para o âmbito da superação propriamente dita do niilismo, uma vez mais iniciante.) Como ficariam as coisas se o abandono do ser do ente, o fato de que o ente ainda "é" e de que o ser e sua verdade permanecem recusados ao ente e, com isso, ao homem (a recusa, porém, ela mesma como essência do seer), se esse acontecimento apropriativo que provém do todo do ente fosse o fundamento velado da tonalidade afetiva fundamental *ainda velada*, que nos compelirá para o interior de uma outra necessidade de um *outro* questionamento e de um *outro* iniciar originários? Como ficariam as coisas se o abandono do ser do ente fosse acompanhado por aquela *indigência* inerente ao fato de que a essência da verdade e a questão acerca da verdade ainda não são *nenhuma* necessidade? Como ficariam as coisas se a indigência da falta de indigência e, de acordo com o seu domínio velado, a época da completa ausência de questionamento tivessem o seu fundamento no abandono do ser do ente?

Precisamos atravessar essa meditação a fim de deixar que a meditação sobre o primeiro início se torne *aquilo* que ela é: o impulso para a transição. No entanto, supondo que a realizemos de maneira suficientemente longa e, sobretudo, de maneira suficientemente equipada e sapiente, talvez precisamente essa meditação nos mostre como ainda não estamos à altura disso, sim, quão pouco estamos preparados para sermos tocados pela tonalidade afetiva fundamental que pertence à indigência da ausência de indigência, ao abandono do ser do ente. Também não estaremos à altura desse abandono enquanto não nos prepararmos para tanto, mas continuarmos buscando refúgio na opinião de que a meditação histórico-metafísica paralisaria e colocaria em risco a ação, quando ela é, na verdade, o início propriamente dito do futuro. Pois é na meditação que ocorrem e permanecem os grandes pressentimentos. Com certeza, nós chegamos por meio de tal meditação ao cerne de toda a ambiguidade, que é própria a uma tran-sição: o fato de sermos impelidos para o interior de algo futuro, mas de ainda não termos nos tornado fortes o bastante para acolher criativamente o impulso e transmiti-lo para a configuração do futuro, isto é, para prepararmos aquilo por meio do que apenas um início se inicia, o salto para o outro saber.

§ 41. A necessidade que está reservada para nós: trazer ao seu fundamento a abertura como clareira do encobrir-se – o questionamento acerca da essência do homem como o guardião da verdade do seer

Para a questão da verdade, isso significa: nossa discussão permanece sem resultado. Como computamos incessantemente a partir do campo de visão do hoje e do ontem, continuamos esperando que nos seja dito agora o que seria a essência da verdade. Esperamos tanto mais por isso uma vez que a discussão começou com aquela referência crítica à abertura que se encontra na base da correção, a abertura que foi denominada o que há de mais digno de questão.

Nossa discussão se mostrará, com certeza, como desprovida de resultados enquanto continuarmos contando apenas com os "novos" dados da essência da verdade, deixando de ouvir todo o resto que foi dito, e enquanto constatarmos aí que não chegamos a um resultado final.

Mas o que aconteceu? As discussões foram intituladas: "Algo fundamental sobre a *questão da verdade*" – uma meditação sobre o questionamento acerca dessa questão. Em seguida, passamos a nos movimentar cada vez mais, até nos movimentarmos exclusivamente em meio a uma meditação histórica sobre o início do pensar ocidental, sobre o modo como se iluminou aqui, pela primeira vez, a essência da verdade como caráter fundamental do ente mesmo, sobre que indigência e que tonalidade afetiva fundamental compeliram para que necessidade do questionamento. Por fim, a meditação abateu-se sobre *nossa* indigência. Mas será que a meditação só se abateu sobre nós no final ou será que ela não era constantemente vigente para nós e *apenas* para nós mesmos?

O "resultado" dessas discussões – se quisermos efetivamente falar sobre resultados – consiste precisamente no fato de abandonarmos o contar com uma nova doutrina e de aprendermos primeiramente a saber e a questionar que dimensão histórica e que pressupostos internos a questão da verdade abarca em si. Como a questão acerca da verdade é a questão prévia para o pensamento futuro, é ela mesma que determina, pela primeira vez, o âmbito, o modo de ser e a tonalidade afetiva do saber vindouro. Por isso, a primeira coisa que precisamos realizar é: nós precisamos nos colocar em condições de não inserirmos uma vez mais a discussão da questão acerca da verdade na região habitual das doutrinas, teorias e sistemas até aqui.

O resultado dessas discussões "principiais" consiste, se é que ele deve consistir em algo, em uma *transformação* do ponto de vista, dos critérios de medida e das requisições – uma transformação que não é, ao mesmo tempo, outra coisa senão o *salto para o interior* de uma via mais originária e mais simples de acontecimentos essenciais da história do pensamento ocidental, uma história que nós *mesmos somos*. Somente quando tivermos levado a termo essa transformação de nossa postura de pensamento, por meio da meditação histórica, é que pressentiremos, em um instante propício, o fato de que já estávamos falando em nossas discussões sobre a *outra essência da verdade*, sim, de que talvez *só* estivéssemos falando aí dessa outra essência. Pois, se ainda não tivéssemos chegado até aí, como é que conseguiríamos saber algo do primeiro início, que só se dá a saber, no caso extremo, àquilo que é, no mais distante, um seu igual, ou seja, àquilo que é aqui o totalmente outro.

Naturalmente, tudo não passou de uma referência ao fato de a determinação, há muito tempo válida, da essência da verdade como correção do enunciado ter por base algo infundado: a abertura do ente. Com certeza, não se passou de uma insinuação da ἀλήθεια, do desvelamento do ente que, como se mostrou, diz menos sobre a essência da verdade do que sobre a essência do ente. Mas como é que poderia não residir na ἀλήθεια um prelúdio daquela abertura, sem que, contudo, esse prelúdio fosse completamente idêntico a ela? Pois a abertura que temos em vista não pode mais ser experimentada como o caráter do ente que desponta diante de nós e à nossa volta; e isso para não falar do fato de a experiência única dos gregos permanecer recusada para nós como fundamento possível de nossa história vindoura, e, em verdade, por meio *da* história que se acha entre os gregos e nós.

Mas talvez esteja reservado para nós algo diverso como necessidade: *trazer* a *abertura* mesma *para o seu fundamento* naquilo em que ela se essencia e no modo como ela se essencia. A abertura *não* é *mais* aqui, então, o caráter fundamental da φύσις assumido em um reconhecimento simples, o caráter que possibilita à τέχνη captar o ente enquanto tal. A abertura também *não* é *apenas* a condição de possibilidade da correção do enunciado. Ela só aparece de início e superficialmente como tal condição no campo de visão do retrocesso crítico a partir da correção. Este, porém, segundo aquilo que experimentamos sobre a necessidade da questão acerca da verdade, não pode ser o acesso originário à essência da verdade.

Esse acesso precisa surgir da indigência, de nossa indigência – a partir do abandono do ser do ente –, na medida em que levarmos a sério o fato de o ser se subtrair ao ente, algo por meio do que o ente se degrada e se transforma em mero objeto da maquinação e da vivência. Mas como ficariam as coisas se essa subtração mesma pertencesse à essência do seer? Como ficariam as coisas se essa essência fosse a verdade ainda não conhecida de toda a metafísica ocidental, uma verdade que tampouco pode ser um dia experimentada e exprimida pela metafísica: o fato de que o seer em sua essência é o encobrir-se? Como ficariam, se a abertura fosse em primeiro lugar essa essência: a *clareira* em meio ao ente, uma clareira na qual o *encobrir-se do seer* deve se tornar manifesto? Como quer que as coisas venham a se encontrar em relação à "resposta" a essas questões, a questão acerca da verdade não é nenhuma questão que possamos concretizar a partir de nós e com vistas a nós mesmos como observadores imparciais. Ela é muito mais aquela questão que se revelará um dia como a questão sobre quem nós mesmos somos.

No projeto retrospectivo do início do pensamento ocidental, dissemos que o homem seria determinado inicialmente como aquele que cuida do desvelamento do ente. No avanço para além do início, o homem se transformou em animal racional. Na transição do primeiro fim do pensamento ocidental para o seu outro início precisa ser levantada, com uma necessidade *ainda mais elevada,* juntamente com a execução da questão acerca da verdade, a questão sobre quem somos. Essa questão apontará na direção da possibilidade de dizer se o homem não seria mais do que apenas aquele que cuida do ente desvelado, se ele também não seria o *guardião da abertura do seer.* Somente quando soubermos que ainda não sabemos quem nós somos, fundaremos o único fundamento que conseguirá liberar, a partir de si, o *futuro* de um ser-aí simples, essencial do homem histórico.

Esse fundamento é a essência da verdade. Essa essência precisa ser preparada de maneira pensante na transição para o outro início. A relação entre os poderes que fundam, em um primeiro momento, a verdade, entre a poesia – e, com isso, a arte em geral – e o pensamento é diversa da que se tem no primeiro início. Não é a poesia que é a primeira, mas é o *pensar* que precisa ser, na transição, o *preparador do caminho.* A arte, porém, é futuramente – ou ela não é mais de modo algum – o pôr-se-em-obra da verdade – *uma* fundação essencial da essência da verdade. É a partir desse critério supremo que temos de medir tudo aquilo que poderia vir à tona como arte – como o caminho para deixar a verdade vir a ser *sendo,* naquele ente que encanta, como *obra,* o homem para a intimidade do seer, na medida em que o fascina a partir da luminosidade do desencoberto e, assim, o afina e determina como guardião da verdade do seer.

ANEXO

A QUESTÃO ACERCA DA VERDADE

I. Algo principial sobre a questão acerca da verdade.
II. O salto prévio para o interior da essenciação da verdade.
III. A lembrança da primeira reluzência da essência da verdade, da ἀλήθεια (desvelamento) como caráter fundamental do ente. (A história da reluzência e do apagamento de *Anaximandro* até *Aristóteles*.)
IV. A questão acerca da verdade como desdobramento da essenciação do seer, que se apropria, em meio ao acontecimento da clareira, do em meio ao ente.
V. A questão acerca da verdade como a fundação do ser-aí.
VI. A essenciação da verdade como verdade do seer no abismo.
VII. O ab-ismo como o espaço-de-jogo-temporal. (Espaço e tempo na interpretação até aqui, determinada pela metafísica e por sua questão diretriz.)
VIII. O abismo e a contenda. (Ser-aí: terra e mundo.)
IX. A verdade e seu abrigo no ente como devolução do ente ao seer.
X. A essenciação plena da verdade e a inclusão da correção.

Visão prévia do contexto ao qual pertence a discussão de I:

Em I, só se pode silenciar sobre o *ser-aí*, porque é nele, *como* o apropriado pelo seer em meio ao acontecimento, que se funda o fundamento da verdade, de modo que ele se torna o abismo.

O *ser-aí*, porém, não pode ser aqui nem mesmo nomeado, porque ele seria, com isso, imediatamente interpretado de maneira objetiva, e a determinação da essência da verdade seria assim inexoravelmente degradada e transformada em uma "nova" teoria. Em vez disso, o que se busca é tornar visível a necessidade da questão acerca da verdade a partir de seu necessário ser-inquestionado no primeiro início. Isso, no entanto, conduz à questão acerca da indigência inicial e acerca de sua tonalidade afetiva fundamental. Tudo isso, contudo, só pode ser dito se o ser-aí já for visado, e se ele for constantemente visado como a fundação da clareira para o encobrir-se.

Não obstante, tudo isso permanece passível de uma má interpretação em meio ao que é *vivencial*. A meditação *pensante* com vistas à essência da verdade como a clareira do seer só pode – e também precisa fazê-lo em um primeiro momento – *preparar*.

A revolução só pode ser levada a termo por meio de uma arte imposta pelo mais distante Deus, se é que a arte é o pôr-se-em-*obra* da verdade.

A PARTIR DO PRIMEIRO PROJETO

I. Algo principial sobre a questão acerca da verdade

1. O compelir da indigência do abandono do ser no pavor como a tonalidade afetiva fundamental do outro início

Esse compelir transforma-se na mera curiosidade no interior daquilo que é acessível a todos. A filosofia é ainda "empreendida", porque ela pertencia antes supostamente aos bens culturais e porque o cultivo da "cultura" impedia supostamente a barbárie. O saber que questiona a princípio a resistência ante o velado tornam-se a dominação de tudo, uma vez que tudo se tornou autoevidente. Aquela primeira claridade do es-panto, que só conhecia o escuro, transforma-se na transparência mediana, acessível a qualquer um e suficiente de toda informação e poder.

O fato de que o ente é não se mostra mais como questão: não é mais digno se falar sobre esse fato. Dizer o que o ente é, a saber, essente, é considerado um discurso vazio. E qualquer um sabe o que "ser" significa, sobretudo porque ele é a determinação "mais geral" e mais vazia de todas. Nesse deserto do que há de mais indiferente perdeu-se aquilo que gerava de início o mais elevado es-panto – e o fato de a erudição filosófica ainda ser empreendida zelosamente aqui e acolá não fala contra essa perdição, mas a favor dela.

São poucos, apenas, aqueles que continuam ainda despertos em meio ao transcurso dessa história da despotencialização do início e que pressentem aquilo que ocorre aí. Na medida em que eles ainda se acham impelidos ao questionamento, a indigência impelidora precisa se transformar sob a figura de sua compulsão. Ao mesmo tempo, porém, ela precisa permanecer mais indeterminada, uma vez que a unicidade do primeiro es-panto se perdeu e a tradição daquilo que foi, entrementes, questionado se imiscuiu aí. Qual foi a indigência que impeliu *Kant* à "crítica", que indigência impeliu *Hegel* ao sistema do saber absoluto? Somente depois que mesmo esse questionamento foi abandonado, e que tudo foi entregue à experiência calculadora, e, assim, lenta e esporadicamente, algo reluziu como uma ausência ameaçadora de metas e sentidos para todo ente; somente quando se ousou pensar de novo de maneira conjunta (*Nietzsche*)[1] a partir da admissão da perda de metas, ficou claro que o início tinha chegado ao fim e que a indigência precisaria se tornar uma outra tanto quanto a sua imposição também precisaria se mostrar de outro modo – supondo que ainda deveria haver o outro início.

É somente depois de *Nietzsche* e, de certa maneira, com ele e por intermédio dele (pois, como fim verdadeiro, ele é, ao mesmo tempo, transição), que entra em jogo a outra indigência; e isso uma vez mais apenas, como no primeiro início, para os poucos e raros aos quais se entrega a força para o questionamento e para o ocaso na transição.

A outra indigência e – se pudermos dizê-lo – a nossa indigência têm seu elemento próprio no fato de não se-

1. Cf. semestre de inverno de 36/37 e semestre de verão de 37.

rem experimentadas como indigência. Tudo é calculável e, dessa maneira, tudo se tornou compreensível. Não há mais barreira alguma na dominação do ente, contanto que a vontade seja suficientemente grande e constante. Aquela transparência daquilo que é sempre óbvio e desprovido de pano de fundo fornece uma claridade, na qual os olhos do saber são ofuscados até as raias da cegueira.

O questionamento, outrora a irrupção inicial em meio ao aberto do velado e o orgulho da resistência em meio ao que é digno de questão, decai agora sob a suspeita da fraqueza e da insegurança. Questionar se mostra agora como um sinal de impotência para o agir e para o atuar. No entanto, quem reconhece e experimenta esse estado, que se aguça nas mais diversas formas, há décadas, aprende a saber que, agora, em verdade, o ente é considerado como sendo; e isso de tal forma, com efeito, que é como se o seer e a verdade do seer não fossem nada. O ente se propaga como o ente e é, de qualquer modo, abandonado pelo seer. Essa indigência do abandono do seer, de mais a mais, não reconhecida enquanto tal, transforma-se em imposição na tonalidade afetiva fundamental do *pavor*. Não podemos mais nos deparar com o milagre do ente: com o fato de que ele é. Pois tal fato já se tornou há muito tempo autoevidente. Mas se abre com certaza o abismo intrínseco ao fato de que o ente pode ser considerado, ainda e aparentemente, como sendo de um modo tão próximo como nunca da realidade efetiva, e de que o ser e a verdade do seer são esquecidos.

No *es-panto*, na tonalidade afetiva fundamental do primeiro início, o ente se apruma pela primeira vez em sua figura. No *pavor*, na tonalidade afetiva do outro início, desencobre-se, por detrás de todo progresso e de todo domínio do ente, o obscuro vazio da ausência de metas e o desvio ante as primeiras e últimas decisões.

2. A questão acerca da essência do verdadeiro como a necessidade da mais extrema indigência do abandono do ser

Mas se quiséssemos ver no es-panto apenas o prazer ardente e o júbilo e buscar o pavor na atmosfera do desprazer, da aflição e do desespero, essa seria uma concepção muito extrínseca dessas tonalidades afetivas diversas. Assim como o espanto porta em si a sua espécie de susto, o pavor também abarca em si o seu tipo de contenção em si, de resistência comedida e de uma nova admiração. O questionamento totalmente outro, ao qual compele a tonalidade afetiva fundamental do pavor, medita sobre se mesmo o abandono do ser e o fato de o ente *ser* e de a verdade do seer poder ser esquecida, sobre se esse elemento abissal não pertenceria ele mesmo ao próprio ente: sobre se não seria apenas agora, depois de se ter passado por essa experiência do ente, que teria chegado o instante em que precisaremos levantar a questão acerca do ente uma vez mais e, contudo, de maneira totalmente diversa. Esse outro questionamento determina a época de um outro início. Esse outro questionamento não pode mais, por assim dizer, como no primeiro dia reluzente do ente, ir ao encontro do ente a fim de, em face dele, perguntar o que significa afinal *o fato de que* ele é. O outro questionamento provém do pavor diante da ausência de fundamento do ente: do fato de que nenhum fundamento o funda, sim, de que a fundação é considerada supérflua. Esse pavor apercebe-se de que algo verdadeiro e de que a verdade ainda são requisitados e de que ninguém mais sabe e questiona o que é a verdade, afinal, e como ela pertence ao ente enquanto tal. Isso, porém, só pode ser questionado e decidido se o ente enquanto ente não tiver caído em esquecimento com vistas ao seu ser. Em contrapartida, onde o ente se tornou autoevidente como ente (e, por conseguinte, a questão do ser se tornou apenas um objeto de ocupação para a "ontologia" enquanto disciplina fixa), aí permanece de fora a questão de saber como é que, afinal, o ente ganha o aberto enquanto ente e como ele mesmo se essencia, para que a representação corrente possa se orientar (se retificar) pelo ente que aparece. A permanência de fora da questão acerca da essência do verdadeiro transforma-se no mais forte ponto de apoio para a autoevidência do ente. É na permanência de fora da questão da verdade que se aquieta o abandono do ser, sem que se experimente o que cria, afinal, para ele, o aquietamento próprio ao autoevidente.

Mas se o abandono do ser é a indigência extrema, que se abre no pavor como indigência compelidora, então vem à tona, como a necessidade dessa indigência, como a primeira coisa necessária para a superação, sim, antes disso, para a experiência propriamente dita do abandono do ser, a questão acerca da essência do verdadeiro, a questão acerca da verdade. A própria verdade – sua essenciação – é o verdadeiro primeiro e o mais elevado, no qual apenas as outras "verdades", isto é, a referência fundada ao ente mesmo, podem encontrar o seu fundamento.

Com isso, se levantarmos a questão acerca da verdade, então o impulso para essa questão não provirá de uma mania pequena e casual de crítica e aprimoramento do conceito de verdade tradicional. Ao contrário, o que compelirá aqui, própria e unicamente, será a indigência mais velada e, assim, mais profunda, da própria época.

3. A questão acerca da verdade e a questão do ser

a) O desdobramento da questão acerca da verdade como meditação sobre o primeiro início. A reabertura do primeiro início em virtude do outro início

De qualquer modo, se o desdobramento da questão acerca da verdade nos introduz na história da verdade, então isso não acontece por um interesse historiológico qualquer, que gostaria de obter informações sobre como as coisas se encontravam anteriormente e sobre como o que temos hoje surgiu daí. Ao contrário, a indigência do abandono do ser é a indigência do primeiro início que não há mais como ser dominado. Esse início não é algo que passou, mas se mostra, antes, sob a forma do fim da história que dele decaiu, como mais atual e mais urgente do que nunca, ainda que também mais velada. Se a questão da verdade é imposta a partir da indigência mais profunda do abandono do ser da época, então o questionamento dessa questão precisa fazer, inversamente, essa indigência ressoar, e precisa realizar um primeiro passo para a sua superação: o fato de essa indigência não precisar permanecer mais no extremo como a indigência da falta de indigência, em cuja figura o mais ingente[2] circula – a saber, sob a aparência do autoevidente. A abertura da indigência, porém, na qual o início ainda se essencia sob a figura de sua inessência, transforma-se, com isso, em

---

2. Há no campo semântico do adjetivo alemão *unheimlich* algo que dificilmente se resgata nas traduções para o português. Em uma locução explicativa, *unheimlich* designa a situação em que nos encontramos no momento em que perdemos a nossa terra natal (*Heim*). Por isso, pode-se traduzir *unheimlich* por estranho, sinistro, numinoso. De qualquer modo, em seu cerne há o mesmo contraste que encontramos no vocábulo "ingente". Assim, optamos por esse termo. (N. do T.)

uma meditação sobre o próprio *primeiro início*. Essa meditação precisa mostrar que o primeiro início nunca é repetível em sua unicidade no sentido de mera imitação, mas que ele, por outro lado, permanece o único repetível no sentido da reabertura daquilo com o que a confrontação precisa a princípio se alçar, se é que um início deve vir a ser uma vez mais histórico e, com isso, se tornar o *outro início*. O outro início não é nenhuma deposição do primeiro início e de sua história – como se ele pudesse jogar o sido para trás de si. Ao contrário, como o *outro* início, ele se acha essencialmente referido ao *uno* e primeiro. Isso de um tal modo, porém, que, no outro início, o primeiro é experimentado de maneira mais originária e recolocado em sua grandeza, depois de ele ter sido falseado pelo domínio daquilo que lhe sucedeu, por aquilo que se alimentou dele e, ao mesmo tempo, dele decaiu, como o "primitivo", que ainda não tinha podido chegar à altura do desenvolvimento e do progresso do que veio depois.

Ora, mas como a indigência do *primeiro* início tem a sua própria figura e, de acordo com isso, a tonalidade afetiva fundamental compelidora é a tonalidade afetiva do es-panto, e, por conseguinte, o questionamento inicial e permanente é o questionamento acerca do ente – o que ele é –, a indigência do *outro* início se mostra sob a figura do abandono do ser, à qual corresponde a tonalidade afetiva fundamental do *pavor*. De acordo com isso, mesmo o questionamento inicial no outro início é diverso: ele é o questionamento acerca da *essenciação da verdade* – a questão acerca da verdade.

b) A questão acerca da verdade como questão prévia em relação à questão fundamental acerca do seer

A verdade, contudo, é a verdade do *seer*, e, por isso, a questão acerca da verdade é, no fundo, a questão prévia em relação à questão fundamental acerca do *seer* – a questão propriamente dita acerca do *ser* em comparação com a questão até aqui acerca do ente como a questão diretriz da história do primeiro início. (Cf. O primeiro desdobramento dessa questão em *Ser e tempo*. A questão acerca do "sentido" do ser. "Sentido" = âmbito projetivo – o aberto e o fundamento do seer e de sua essenciação. Em contrapartida, quando *Nietzsche* diz, por exemplo, que precisaríamos saber primeiramente o que o "ser" é, então ele tem em vista, aqui, precisamente o ente, e se mantém na confusão ainda hoje usual entre ente e ser. O fundamento desse equívoco, porém, reside no fato de não apenas a questão fundamental não ser levantada, mas de nem mesmo a questão diretriz, que perdura há séculos, ser desdobrada em sua problematicidade e reconhecida, com isso, em suas condições próprias.)

Essas reflexões principiais sobre a questão acerca da verdade e sua necessidade devem ter deixado claro o que se acha aqui em jogo. Incidentalmente também é possível que tenha ficado claro o fato de a questão acerca da verdade não ser mais aqui nenhum "problema" da "lógica". Todas as regiões de um questionamento enrijecido que, por isso, só persiste em aparência; são sem indigência e sem necessidade. Todas as tentativas vindas de fora de fundamentação de uma nova ciência se mostram como muito tradicionais e triviais – mesmo que nos abstraiamos do fato de, a partir da ciência, a questão acerca da verdade não poder ser, de modo algum, suficientemente fundamentada, uma vez que toda ciência, sobretudo a moderna, não passa de uma ramificação distanciada de determinado saber, que já decidiu sobre a essência e o tipo de verdade que lhe é normativa (como certeza).

II. O salto prévio para o interior da essenciação da verdade

4. A questão acerca da essenciação da verdade como uma questão que funda originariamente história

A questão acerca da verdade, tal como foi discutida acima, emerge da mais íntima indigência de nossa história e é a necessidade mais efetiva da fundação histórica. Para nós, a história não se mostra aí como a reunião das ocorrência públicas do dia, nem tampouco como o elemento passado de tais eventos. Tudo isso faz parte da história, mas nunca toca a sua essência. Pois história é aquele acontecimento no qual, por meio do homem, o ente se torna mais essente. Pertence intimamente a esse acontecimento o vir à tona do ente enquanto tal em meio a um aberto que, por sua vez, exige a fundação e o abrigo no ente. Esse acontecimento da abertura do ente, contudo, é a *essenciação da própria verdade*. A verdade possui, perseguida em sua proveniência e pensada com vistas ao seu futuro, a mais longa história, porque com ela, com o modo de sua essenciação, se inicia e termina a história. A questão acerca da essenciação da verdade é, por isso, a *questão* originariamente histórica, *fundadora de história*, e, assim, também é sempre a cada vez historicamente diversa de acordo com o instante histórico.

Entendemos ou, dito de maneira mais cautelosa, pressentimos o nosso instante histórico como o instante da *preparação do outro início*. Esse outro início, contudo, também *pode* ser – porque todo início é decisivo em grau extremo – o fim definitivo. Se não houvesse essa possibilidade, então o início e a sua preparação perderiam toda a agudeza e unicidade. Como questão inicial do outro início, a questão acerca da essência do verdadeiro é diversa daquela determinação essencial do verdadeiro, que não pôde ser colocada a princípio na história do primeiro início, mas apenas ulteriormente.

Todas as vezes, porém, a determinação da essência parece arbitrária. Parece ser tão pouco possível calculá-la a partir daquilo que se acha previamente dado que a determinação da essência torna cognoscível para nós muito mais algo previamente dado como esse algo, e não a essência. E quando o que importa é não apenas re-presentar (ἰδέα) a essência como o ser-o-que, mas experimentar também a essenciação, a unidade *originária* entre ser-o-que e o modo-de-ser, então isso não significa, por exemplo, que o modo-de-ser seria agora ainda acrescentado ao ser-o-que. Falamos aqui da experiência da essenciação e temos em vista, com isso, a *inserção* sapiente, volitiva e afinada na essenciação, a fim de se postar nela e suportá-la.

5. Indicações da essenciação da verdade por meio da meditação crítica e da lembrança histórica

a) Preparação do salto por meio do asseguramento do impulso inicial e do prelineamento da direção do salto. A correção como o ponto de partida para o impulso inicial, a abertura como direção do salto

Mas, se a re-presentação da essência (ἰδέα) já não pode eliminar a aparência de arbitrariedade e de ausência de fundamentos, e, por outro lado, se ela é realizada, de qualquer modo, constantemente, sem qualquer estranheza, então esse caráter dissonante é válido para muitas coisas mais, inerentes à inserção a ser agora realizada na essenciação. O acesso à essência sempre tem algo de imediato e sempre possui uma ressonância com o elemento criador, que emerge livremente. Falamos, por isso, de um salto, sim, até mesmo de um *salto prévio* para o interior da essenciação da verdade. Naturalmente, essa denominação não contribui muito, de saída, para a elucidação ou mesmo para a justificação do procedimento. Ela indica, porém, que esse procedimento sempre precisa ser levado a termo, a cada vez, expressamente por cada um em particular. Quem não der esse salto jamais experimentará aquilo que se abre por meio dele. O discurso acerca do salto deve indicar, ao mesmo tempo, contudo, o fato de uma preparação ser aqui possível e necessária: o *asseguramento do impulso inicial para o salto* e *o prelineamento da direção do salto.*

A questão acerca da verdade que podemos e precisamos levantar não se encontra mais no primeiro início, mas tem atrás de si uma rica tradição, que passou para a representação autoevidente da verdade como correção. Nós já sabemos ou, em todo caso, achamos que sabemos o que é a verdade. Com isso, temos um ponto de partida para tomarmos o impulso inicial para o salto em direção à essência mais originária da verdade. Já foi elucidado, na primeira explicitação, em que sentido isso se mostra como pertinente. A meditação sobre aquilo que a correção é e quer ser propriamente conduziu-nos para aquilo que ela primeiramente possibilita e que é o fundamento dessa possibilitação. Para que a representação possa se orientar (se retificar) pelo ente como o elemento normativo, o ente precisa se mostrar *antes* do orientar-se (retificar-se) por ele e precisa se mostrar para essa orientação (retificação), já se encontrando, com isso, no aberto. A via de referência ao próprio ente também precisa se encontrar aberta, a via na qual a representação que se orienta (se retifica) pelo ente e é correta se movimenta e se mantém. Por fim e antes de tudo, aquele que leva a termo o re-presentar, a fim de apresentar *para si* o re-presentado, também precisa deixar que o ente que aparece se mostre *com vistas a ele.* Correção é a distinção do orientar-se (retificar-se) por..., e esse orientar-se (retificar-se) precisa poder se movimentar em um aberto; e, em verdade, naquele aberto em que precisa se abrir aquilo pelo que o representar se orienta (se retifica) tanto quanto aquele mesmo que representa o objeto e que *se* representa. É esse aberto e sua abertura que constituem o fundamento de possibilidade da correção da representação. Com isso, se tomarmos para a nossa questão acerca da verdade, como ponto de partida do impulso inicial para o salto, a determinação corrente da verdade como correção, então retiraremos daí, ao mesmo tempo, um aceno para a direção do salto. O que importa é saltar para o interior desse aberto mesmo e de sua abertura. A essenciação dessa abertura precisa ser a essência da verdade, por mais indeterminada e carente de desdobramento que ela possa parecer para nós agora.

b) A experiência da abertura no primeiro início como desvelamento (ἀλήθεια). A inquestionabilidade do desvelamento e a tarefa da experiência mais originária de sua essência a partir de nossa indigência

O ponto de partida de nosso questionamento mais originário é a determinação da verdade como correção. Sabemos, porém, que essa determinação mesma é antiga, que ela foi alcançada na filosofia grega – em *Platão* e, sobretudo, em *Aristóteles*. Se, contudo, a correção tem em si, por fundamento, aquela abertura, vibrando por assim dizer nela e, com isso, não podendo ser tomada sem que isso se dê com vistas à abertura, então essa abertura já não precisa ter sido experimentada junto à apresentação dessa determinação da verdade como correção? Assim é, de fato. A prova mais simples disso nos é dada pela palavra com a qual os gregos denominaram inicialmente aquilo que para nós se chama "verdade": ἀλήθεια – desvelamento. O desvelado encontra-se e reside no aberto. Portanto, os pensadores do primeiro início também já tinham experimentado e pensado previamente a essência mais originária da verdade, e não há nenhum motivo para nós, sim, não há nem mesmo nenhuma possibilidade disto, a questionarmos de maneira mais originária.

Todavia, precisamos distinguir as coisas aqui. O fato de os pensadores gregos terem experimentado o desvelamento do ente é incontestável. Tão incontestável quanto esse fato, porém, é o fato de eles não terem transformado o próprio desvelamento em questão, nem o terem desdobrado em sua essência e trazido ao seu fundamento. Ao contrário, essa experiência da ἀλήθεια se perdeu. A prova desse acontecimento único no interior da grande filosofia do pensamento grego é o fato de, no momento em que importava conquistar o saber acerca da própria essência da verdade, a ἀλήθεια ter se transformado em ὁμοίωσις (correção). Apesar disso, manteve-se sempre ainda uma última ressonância da essência originária da verdade, sem que essa ressonância tivesse conseguido se impor na história subsequente da filosofia (cf. *Aristóteles, Metafísica* Θ 10).

Tanto mais urgente se torna para nós, porém, a tarefa de experimentar e fundamentar expressamente essa essência originária da verdade. A necessidade histórica da questão acerca da verdade torna-se, a olhos vistos, mais rica em termos de forças compelidoras, e o ponto de partida da essência mais originária da verdade como abertura perde cada vez mais a aparência de arbitrariedade. Pois tanto a meditação sobre o fundamento da possibilidade da correção quanto a lembrança da proveniência da determinação da verdade como ὁμοίωσις conduziram-nos para essa *abertura*, ela mesma obscura e livremente pairante, para esse desvelamento.

Ao mesmo tempo, contudo, fica claro: com a mera alteração do nome, com o fato de dizermos, em vez de verdade, desvelamento, ainda não conquistamos nada; e isso mesmo que queiramos tentar, o que é intrinsecamente impossível, renovar as experiências gregas iniciais, das quais emergiu essa palavra que as transformou simultaneamente, pela primeira vez, em experiências. Pois, tão certo quanto o fato de a essência da verdade ter reluzido para os gregos como ἀλήθεια, permanece o fato de os pensadores gregos não apenas não terem dominado de maneira pensante essa essência da verdade, mas de eles não a terem colocado em questão. No ser-aí dos gregos, a ἀλήθεια continua sendo ao mesmo tempo o elemento mais poderoso e o mais velado.

O fato de os pensadores gregos não terem levantado eles mesmos a questão acerca da essência e do fundamento da ἀλήθεια não repousa em uma incapacidade de seu pensamento, mas na preponderância da primeiríssima tarefa: falar sobre o ente mesmo enquanto tal pela primeira vez. Se precisamos questionar agora de maneira mais originária a questão acerca da verdade, não temos em vista com isso que podemos nos arrogar uma superioridade em relação aos pensadores gregos. Ao contrário. Mas tampouco temos o direito de achar que se trataria agora de recuperar para a ἀλήθεια, que permaneceu para os gregos inquestionada e sem uma determinação mais detida, uma definição adequada. O que importa é, antes, muito mais, apesar de toda vinculação originária à tradição, experimentar mais originariamente, *a partir de nossa indigência,* a essência da verdade, elevando-a ao âmbito do saber.

6. O abandono do ser como a indigência da falta de indigência. A experiência do abandono do ser do ente como indigência na aurora da pertinência do seer ao ente e a decisão

Nossa indigência – ela tem raízes tão profundas que não se mostra como indigência alguma para ninguém. A ausência de indigência é o caráter mais agudo dessa indigência única, que vem se preparando há muito tempo na história. Uma vez que essa indigência não se mostra como indigência para ninguém, toda referência a ela permanece, de saída, incompreensível ou, de qualquer modo, amplamente passível de ser mal interpretada. Já designamos a indigência com um nome: o *abandono do ser*. Explicitamos essa denominação e dissemos: o homem histórico empreende, usa e transforma o ente, experimentando a si mesmo aí como um ente – e o seer do ente não o interessa, como se ele fosse o que há de mais indiferente. Pode-se mesmo seguir em frente, como os progressos e os sucessos o mostram, sem o seer, que apenas assombra, por vezes, como o último resíduo de uma sombra, a mera representação voltada para a ação e para a atuação e, por isso, já irreal. Se esse seer é tão nulo diante do ente palpável que nos acomete imediatamente, e se ele permanece de fora da experiência e do cálculo, mas, contudo, é imprescindível, então não se pode denominar isso abandono do ser. Pois só há abandono lá onde o que é pertinente é subtraído de nós.

Quando falamos de abandono do ser, reportamo-nos tacitamente ao fato de o seer pertencer e precisar pertencer ao ente para que o ente seja essente e o homem mais essente em meio ao ente. Por isso, o abandono do ser do ente só é experimentado *como indigência* quando alvorece a pertinência do seer ao ente e, com isso, se torna questionável o mero empreendimento do ente. Mas então – assim o parece – também já se superou a indigência ou, de qualquer modo, já se deu o primeiro passo para superá-la. Não. Nesse caso, a indigência apenas se desdobra e conquista aquela agudeza que torna uma decisão, sim, que torna *a* decisão incontornável: *ou* se rejeita, apesar da aurora da pertinência do ser ao ente, a questão acerca do seer e, em vez disso, se eleva a dimensões gigantescas, por toda parte, o empreendimento do ente, *ou* ganha poder e espaço aquele pavor que, a partir de então, não deixa mais que a pertinência do seer ao ente caia em esquecimento e que torna questionável todo mero empreendimento do ente. Mas essa justamente é a indigência da falta de indigência, o fato de permanecer indiferente se se chegará um dia a essa decisão.

Se questionamos realmente a partir da indigência, e se questionamos com isso, necessariamente, quando levantamos a questão acerca da verdade, se e como já atravessamos aí essa decisão, e se e como uma decisividade se encontra por detrás de nosso questionamento, tudo isso é algo que não podemos comprovar de antemão – sim, não se pode comprovar de modo algum em sentido usual, mas apenas experimentar no curso da meditação. Mas se a questão acerca da verdade, tal como a estabelecemos, não devesse ser outra coisa senão a meditação inicial sobre o próprio seer, então haveria ao menos a possibilidade de que perguntássemos compelidos por aquela indigência e de que, com isso, esse salto prévio pudesse ser um impulso inicial para uma verdadeira meditação. Pois, onde todos os caminhos foram trilhados e nada mais há que possa ser considerado como inacessível, já se dá um passo em direção à meditação; contanto que aprendamos a saber que algo digno de questão ainda resta inquestionado.

Essa referência renovada à indigência enigmática da ausência de indigência deve deixar claro para nós o fato de que, mesmo se perguntássemos a partir da indigência e se nos encontrássemos em preferência para levantar assim a questão, resta sempre de saída e a longo prazo a aparência de que: aqui tanto quanto em um outro lugar qualquer, apenas analisamos meras palavras e conceitos e confeccionamos teorias vazias, só que de maneira talvez ainda mais circunstanciada e estranha. Mesmo isso, porém, faz parte da permanência de fora daquela indigência da falta de indigência, o fato de que essa aparência é assumida como inevitável.

7. Projeto indicativo da essência da verdade a partir da indigência do abandono do ser

Mas como devemos começar agora o *salto prévio* para o interior da essenciação da verdade? Falamos em "salto prévio" e temos em vista, com essa expressão, algo dúbio: por um lado, o fato de um *projeto* de seu transcurso e de sua direção se remeter aqui, antecipadamente ao salto propriamente dito, e, por outro lado, o fato de, em tudo isso, já ter sido realizado exemplarmente um *exercício prévio* ao salto. No começo desse saltar prévio sabemos duas coisas: 1. A essenciação da verdade nos é indicada pela meditação crítica e pela lembrança histórica como a abertura do ente; 2. A essenciação da verdade só é alcançada por nós por meio de um salto, graças ao qual nos postamos em meio à essenciação, o que significa algo diferente de pensar o conceito essencial de verdade a partir do fio condutor de uma definição.

Realizamos de saída o salto prévio como *projeto indicativo* da "essência" da verdade a partir da indigência do abandono do ser. Ainda que não experimentemos e que permaneçamos obtusos em relação a essa indigência, podemos nos dispor, por meio de tais referências, a formar um primeiro saber acerca daquilo que acontece nela.

a) A abertura como a clareira para o encobrir-se hesitante. O encobrir-se hesitante como a primeira caracterização do próprio seer

Por toda parte e constantemente, nós nos comportamos em relação ao ente como algo efetivamente real, como algo possível e necessário. Nós mesmos pertencemos a essa esfera do ente enquanto ente. O ente na totalidade nos é conhecido e corrente de maneira determinada; mesmo lá onde não nos voltamos para o ente expressamente, ele se encontra diante de nós e à nossa volta como algo acessível. Esse estado de fato autoevidente e não mais amplamente atentado no fazer, no empreender e no deixar de fazer cotidianos é o que fixamos agora expressamente. Esquecemos aí as teorias e doutrinas que possivelmente se impõem, teorias e doutrinas que talvez tenham em vista esse estado de fato em algum aspecto: por exemplo, o fato de termos consciência de objetos, o fato de um sujeito e muitos sujeitos juntos se referirem a objetos. Atentamos agora apenas para aquilo que se acha antes de tudo isso, e o retemos no seguinte aceno: o ente – e nós mesmos em meio ao ente – se encontra de certa maneira *aberto*. No ente impera tal *abertura*. É isso apenas que, em um primeiro momento, tentamos aproximar de nós, sem que decaiamos na busca precipitada por, nem bem ela foi vista da maneira mais tosca possível, já explicá-la.

O ente nos é conhecido e familiar nessa abertura de maneiras diversas, segundo as suas diferentes regiões. Ele encontra-se em uma claridade do entendimento e da dominação e confere caminhos e sendas de penetração para os modos mais diversos de elaboração, configuração e consideração. Nesse contexto, ele mesmo se mostra, a cada vez, como preso a e fundado em si. O ente acha-se em uma claridade e dá, em uma medida a cada vez diversa, um acesso livre à sua autoconsistência. Nós determinamos o que foi dito aqui de maneira mais detida e resumida na medida em que dizemos: o ente encontra-se em uma claridade, na luz, e libera o acesso e o transcurso – ele é clareado. Falamos de uma clareira na floresta, de um lugar livre, claro. A abertura do ente é uma tal *clareira*.

Ao mesmo tempo, porém, o ente é cercado, e, em verdade, não apenas por aquele ente que ainda não nos é acessível e que talvez nunca nos seja acessível, mas por algo velado, que se encobre precisamente quando nós, nos mantendo na clareira, somos entregues totalmente ao ente aberto ou mesmo decaímos totalmente nele. Justamente, então, é que atentamos o mínimo possível para ele e somos o mais raramente possível tocados pelo fato de que, sempre, a cada vez, esse ente "é" no aberto – ou, como dizemos, "possui" um seer. Aquilo que distingue o ente em relação ao não-ente, o fato de que ele é e de que é de tal e tal modo, não se encontra na clareira, mas no *velamento*. Quando nós, apontando para isso, fazemos a tentativa de captar esse seer – por assim dizer, como um ente –, pegamos em um vazio. O seer não é simplesmente e apenas velado – mas ele se subtrai e se encobre. Daí deduzimos uma intelecção essencial: a clareira, na qual o ente é, não é simplesmente limitada e demarcada por algo velado, mas por aquilo que *se encobre*.

Se, então, porém, no ente mesmo, o *seer* continua sendo o decisivo, e se todo empreendimento e resolução do ente que nós mesmos não somos e que nós mesmos somos impele, quer o saibamos ou não, para o seer do ente, para aquilo que ele é e como ele é, então a clareira não se revela apenas como limitada pelo que se encobre. Ao contrário, ela é clareira *para* o encobrir-se. Podemos e precisamos mesmo compreender essa determinação do que se encobre – vista a partir da clareira do ente – como uma primeira caracterização essencial do próprio seer.

Ora, mas como o ente e aquilo que é conhecido como ente se encontram na clareira, o seer se desvela de qualquer modo de certa maneira. O seu encobrir-se é, por isso, de um tipo originariamente próprio. Esse *renunciar-se hesitante* é aquilo que é propriamente clareado e aquilo para o que, na maioria das vezes, não atentamos – de maneira correspondente ao nosso comportamento no interior do ente, ao fato de que nós, nos encontrando em uma clareira na floresta ou nos deparando com ela, só vemos aquilo que nela se encontra dado: o espaço livre, as árvores ao redor, e justamente não a iluminação da clareira mesma. Assim como a abertura não é simplesmente desvelamento do ente, mas clareira *para* o encobrir-se, esse encobrir-se não é tampouco um mero estar ausente, mas uma renúncia hesitante.

Na reflexão crítica e rememorante, encontramos o fato de que aquilo que é visado no sentido do conceito corrente de verdade como correção possui por fundamento de sua possibilidade uma abertura do ente, e de que essa abertura já tinha sido inicialmente experimentada e denominada como ἀλήθεια. Essa abertura do ente já se mostrou agora como a clareira para o encobrir-se hesitante, que aponta incessantemente para o interior da clareira. Verdade, por conseguinte, não é simplesmente apenas desvelamento do ente – ἀλήθεια –, mas, concebida mais originariamente, ela é: a clareira para o encobrir-se hesitante. Já denominamos com a expressão "encobrir-se hesitante" o seer mesmo, algo que já tinha vindo à tona na indicação prévia mais provisória, o fato de que a essência da verdade está referida, da maneira mais intrínseca possível, ao próprio seer, o fato de que ela está tão intrinsecamente referida a ele que talvez o próprio seer careça de sua mais própria essenciação da verdade, e isso não apenas como um adendo.

b) A clareira para o encobrir-se como o fundamento de sustentação para o ser do homem. O fundar do fundamento de sustentação por meio do ser do homem como ser-aí

Um passo essencial, contudo, ainda não foi dado, um passo que já pertence à correalização desse projeto indicativo primeiro da essência da verdade. De saída, as coisas parecem ser de um modo tal, como se precisássemos apenas representar concomitantemente à primeira caracterização dada da verdade como abertura do ente (ou desvelamento) a outra determinação do desvelamento aí pertinente. Mas a clareira é clareira para o encobrir-se, e, sobretudo: a clareira do ente não é algo tal que apenas pensamos e imaginamos. Ao contrário, é o lugar em que nós mesmos nos encontramos – e isso aparentemente sem que precisemos fazer nada. Nós nos encontramos nessa clareira de tal modo que ela torna manifesta para nós, pela primeira vez, toda e qualquer relação com o ente – também com nós mesmos. Ela é o fundamento de sustentação de nosso ser humano na medida em que esse ser humano é determinado essencialmente pela distinção de se comportar em relação ao ente enquanto tal e, com isso, de ser determinado pelo ente enquanto tal. Mas a clareira do ente só é esse fundamento de sustentação na medida em que ela é clareira para o encobrir-se, para o essenciar-se do próprio seer em meio ao clareado. Por outro lado, porém, é válido uma vez mais o seguinte:

se o homem não fosse essente, então essa clareira também não poderia acontecer. A clareira para o encobrir-se – a verdade – é o fundamento de sustentação para o ser do homem; e isso só acontece uma vez que ele funda e se encontra exposto ao fundamento de sustentação. Uma vez que o homem se acha como essente no aberto do ente, ele também precisa se encontrar, ao mesmo tempo, em uma relação com aquele encobrir-se. O fundamento do ser do homem precisa ser fundado *pelo* ser do homem enquanto fundamento.

Por isso, se quisermos conceber a essência da verdade em sua essenciação, é importante saber que não nos é suficiente representar uma correção do conhecimento – sim, ainda mais, que uma representação nunca alcança a essenciação da verdade. Pois a verdade como clareira para o encobrir-se é o *fundamento* para o ser do homem – algo *diverso* do que nós mesmos somos e ao que nós, no entanto, pertencemos, ao que precisamos pertencer se quisermos saber originariamente a verdade. Desse modo, a essenciação da verdade só será alcançada se conseguirmos tres-loucar o ser do homem corrente e cotidiano e voltá-lo para o interior de seu fundamento. Para tanto, carece-se daquele salto, que só conseguimos preparar agora em sua direção projetiva.

A verdade, porém, é fundada como o fundamento por meio daquilo que denominamos o *ser-aí*, aquilo que suporta o homem e que, ao mesmo tempo, só lhe é atribuído por vezes e raramente, e apenas aos criadores e fundadores entre os homens, como presente e como algo fatídico. O "aí" visa àquela clareira, na qual respectivamente se encontra o ente na totalidade; e isso de tal modo, naturalmente, que nesse aí o seer do ente aberto se mostra e, ao mesmo tempo, se subtrai. *Ser* esse aí é uma determinação do homem. Em correspondência a ela, ele funda aquilo que permanece ele mesmo o fundamento de suas mais elevadas possibilidades de ser.

Desde então, o homem se comporta em relação ao ente enquanto tal e se configura a partir dessa relação como essente; desde então, o homem é histórico; desde então, precisa acontecer a clareira para o encobrir-se. Com isso, contudo, não se está dizendo que, desde então, também, já se teria experimentado e fundado esse fundamento do ser histórico do homem como o fundamento. Não foi por acaso que se pressentiu esse fundamento, no momento em que os gregos experimentaram aquilo que eles denominaram ἀλήθεια. Logo em seguida, porém, também não foi por acaso que essa experiência foi mal interpretada e reprimida em meio ao esquecimento. A representação do próprio homem *não* se determina *originariamente* a partir de sua essência mais originária, porque essa essência permaneceu até agora velada – *o fato de que ele é o ente que se encontra exposto, em meio ao ente, à verdade do seer.* Ao contrário, o conceito do homem foi muito mais construído com vistas ao animal e ao ser vivo em geral, com vistas a algo que é diverso dele mesmo. O próprio homem só foi diferenciado em relação ao animal na medida em que ele foi declarado o "animal racional", uma determinação que ainda hoje – em diversas modulações – se encontra vigente e é estimada. Mas essa determinação não originária do homem deve apresentar, então, ao mesmo tempo, o solo para as interpretações de tudo aquilo que é próprio ao homem – seu saber e sua criação, seu sobrepujar-se e sua autodestruição. O fundamento do ser do homem e, com isso, a essência da verdade em sua essenciação plena permaneceram velados.

Tudo se dá como se a indigência mais extrema, para a qual o homem foi historicamente impelido – a indigência da falta de indigência, a caça ao verdadeiro sem relação com a própria verdade –, tudo se dá como se essa indigência precisasse impeli-lo agora à meditação sobre o fundamento de sua essência. E seria, nesse caso, de se espantar que esse fundamento – contanto que o tenhamos inquirido – se abrisse para nós como um *abismo*, uma vez que ainda vivemos por demais a partir do hábito da época anterior e consideramos o corrente e o autoevidente como sendo a essência?

c) A questão acerca da verdade e o tresloucamento do ser do homem, que o retira de sua ausência de posto até aqui e o conduz para o interior do fundamento de sua essência: tornar-se o fundador e o guardião da verdade do seer

Mas assim como é inexorável o fato de a questão efetivamente real nos lançar de volta totalmente para nós mesmos e não tolerar nenhum apoio extrínseco, é certo que a história só se funda na superação do historiológico e que não podemos, de maneira alguma, nos destacar de toda história até aqui e nos colocar, por assim dizer, no vazio.

É preciso acentuar sempre uma vez mais: na questão acerca da verdade aqui levantada, não é importante empreender apenas uma alteração do conceito de verdade até aqui, nem apenas realizar uma complementação para a representação corrente. O que está em questão é uma *transformação do próprio ser do homem.* Essa transformação não é exigida por intelecções psicológicas ou biológicas – o homem não é aqui objeto de nenhuma antropologia. Ao contrário, o homem encontra-se aqui em questão no aspecto mais profundo e mais amplo, no aspecto propriamente fundamental, o homem em sua relação com o ser, isto é, na viragem: o seer e sua verdade em relação com o homem. A determinação da essência da verdade é acompanhada pela transformação necessária do homem. Essa transformação significa: o tresloucamento do homem, que o retira de seu posto até aqui – ou melhor, de sua ausência de posto – e o conduz para o interior do fundamento de sua essência: *tornar-se o fundador e o guardião da verdade do seer, ser* o aí como o fundamento usado pela essência do próprio seer.

O tresloucamento do ser do homem, um tresloucamento que o leva a ser esse fundamento, volta o homem da maneira mais ampla possível para além de si e para o interior da relação com o próprio seer. Mas é só a partir dessa mais distante amplitude que o homem pode verdadeiramente se reencontrar, a fim de ser ele mesmo.

Só se fala aqui "do" homem no caráter sintético da expressão. Mas "o" homem que nos importa é o homem histórico, ou seja, o homem criador da história e sustentado e movido pela história. "O" homem histórico não visa a um "indivíduo" isolado, que arrasta atrás de si o seu passado. A expressão tampouco visa apenas a muitos singulares, copertinentes em uma forma da comunidade. Singularização e comunidade só são, elas mesmas, modos possíveis e necessários do ser do homem histórico, e não esgotam esse seu ser de maneira alguma. O homem histórico – com isso temos sempre em vista a profusão, em si una ainda, não esgotada, das possibilidades e necessidades essenciais do ser do homem, e, em verdade, isso é aqui o decisivo, a partir de sua relação com o próprio seer. Questionando a partir de tal visão prévia, nos colocamos precisamente diante da possibilidade do início de uma história totalmente diversa, na qual o destino do singular, tanto quanto da comunidade, é determinado de maneira diversa, tão diversa que as representações até aqui não são mais suficientes.

Assim, o tresloucamento do homem, um tresloucamento que o volta para o seu fundamento, precisa ser levado a termo, em um primeiro momento, por aqueles poucos, singularizados, estranhos, que fundam e abrigam, de maneira diversa, como poetas e como pensadores, como construtores e formadores, como agentes e como realizadores, a verdade do seer por meio da reconfiguração do ente em meio ao ente mesmo. Junto à incisividade das decisões que se acham iminentes, eles se mostrarão, a cada vez à sua maneira, desconhecidos para a multidão, como uma vítima tácita.

Se avaliarmos a meditação sobre tal tresloucamento do homem, porém, a partir do campo de visão do saudável entendimento humano e de seu caráter corrente, nós a recusaremos, valendo-nos, de maneira arguta, de um modo de expressão usual, como "tresloucada" – sim, nem mesmo nos esforçaremos por uma recusa, mas apenas ridicularizaremos uma tal reflexão.

Nesse caso, contudo, os que sabem, porquanto há os que sabem, não se deixarão enganar por isso. Pois ainda paira um caso não dominado, o caso mais recente na história do pensamento alemão – o caso *Nietzsche*. Felizmente, tem-se aqui o fato irrefutável de que esse pensador se viu preso à loucura. Com o auxílio dessa circunstância, afastamos do campo de visão e de questionamento a sua meditação precisamente mais decisiva – a ideia do eterno retorno do mesmo – em toda a sua estranheza e dureza, na medida em que a tomamos como o prenúncio da loucura e como abortos do desespero. E como se acham as coisas em relação àquele outro ainda maior, em relação àquele homem que, poeta, antecipativamente de maneira muito mais ampla? Como se acham as coisas em relação a *Hölderlin*?

Será que já pensamos efetivamente de maneira suficiente o fato de ter acontecido aqui apropriativamente algo maravilhoso, desde que a história ocidental pressentiu, em suas meditações mais profundas, o seu rolar ao encontro do fim? Esse elemento maravilhoso é o fato de aqueles que sofreram e criaram tal meditação, e, assim, já suportaram o totalmente diverso em seu saber, terem sido arrancados precocemente da prontidão do ser-aí – e isso de um modo totalmente diverso e, a cada vez, em espaços próprios: *Schiller, Hölderlin, Kierkegaard, Van Gogh, Nietzsche*. Será que todos esses se "romperam", tal como poderia suceder com uma conta externa, ou será que se cantou para eles uma nova canção, que jamais tolera um etc., mas que exige o sacrifício "da via mais curta" (*Hölderlin*)?

Esses nomes são como sinais enigmáticos, inscritos no fundamento mais velado de nossa história. O poder efetivo da série desses sinais não é praticamente levado em conta por nós, para não falarmos da hipótese de já sermos fortes o suficiente para compreendê-los. Esses sinais acenam, de antemão, para uma mudança da história, uma mudança que se acha mais profunda e lança os seus tentáculos de maneira mais ampla do que todas as "revoluções" no interior do âmbito de atividade do homem, dos povos e de suas maquinações. Aqui acontece algo para o que não possuímos nenhuma medida e nenhum espaço – para o que *ainda* não "possuímos" –, algo que impelimos, por isso, todas as vezes, para o interior da desfiguração e do desconhecimento quando falamos dele na linguagem até então.

No entanto, se apontamos para aí em meio ao projeto da questão acerca da verdade, então isso acontece apenas para insinuarmos o quão amplamente estamos desgarrados da via efetivamente real de nossa história, o quanto cada um de nós já carece da força mais parca para que nos preparemos e para que preparemos os vindouros para que eles se virem expressamente para essa via. De uma tal preparação, porém, faz parte o fato de, antes de todo verdadeiro, ser preciso que a *própria verdade* se transforme em questão e em necessidade. Necessidade só advém de uma indigência originária. Nós nos subtraímos, porém, ao máximo a essa indigência quando nos afastamos dela em meio ao desvio que nos leva ao passado.

d) A questão acerca da essenciação da verdade como questão acerca da essenciação do seer

A questão acerca da verdade é, no fundo, a questão acerca da abertura para o encobrir-se. No sentido exclusivo e único, contudo, o que se encobre na esfera do ente aberto é o seer. Nós experimentamos esse seer no acontecimento mais indiferente e, de qualquer modo, mais enigmático de que o ente aflui e se impõe de maneira maximamente imediata e de que só o ente parece ser. Mas esse fato de que parecemos nos haver na relação com o ente apenas com ele talvez seja a aparência mais ingente a jogar conosco. Uma aparência que, ao mesmo tempo, com efeito, impera e irrompe constantemente, mas que, no entanto, pode ser superada. Quando nos colocamos no caminho da questão acerca da verdade, nós nos empenhamos pela superação dessa aparência, segundo a qual, quando um ente é, somente um ente seria manifesto. Ora, mas essa abertura é uma abertura tal para o encobrir-se. O que se encobre, porém, é o seer. Na medida em que o encobrir-se requer a abertura, esta pertence concomitantemente à essenciação do seer. *A questão acerca da verdade é a questão acerca da essenciação do seer.* O seer, contudo, é aquilo de que o homem precisa como o fundador e o guardião de sua verdade: o homem *enquanto* esse e aquele – não simplesmente apenas o homem, mas o homem que prepara o fundamento e os sítios para a verdade, que suporta a abertura para o encobrir-se, que é aí. Assim se essencia a verdade como essenciação do seer, fundada no ser-aí do homem, entre ser e ser-aí.

A *verdade* pertence à *essenciação do seer,* sem esgotar a sua essência. Faz parte do acontecimento apropriativo a verdade e a verdade pertence ao seer. *Por isso,* os gregos experimentaram pela primeira vez no pensamento do ente enquanto tal o *desvelamento* como a *entidade* do ente. Mas, como eles não levantaram a questão acerca do seer mesmo, a *verdade* foi degradada ao nível da *correção*: ela se tornou algo por si e perdeu a relação essencial com o próprio seer.

Se nos lembrarmos agora uma vez mais da concepção tradicional e corrente da verdade como correção e levarmos em conta o fato de que ela foi determinada, por fim, como relação entre sujeito e objeto, então reconheceremos na relação sujeito-objeto um ramo muito distante, completamente incapaz de informar sua proveniência, daquela ligação entre ser e ser-aí. É só com essa visualização que a questão acerca da verdade começa a desdobrar toda a sua amplitude e a perder completamente o caráter de uma questão isolada. Sim, mais ainda – ela não é apenas inserida nessa região extrema e maximamente ampla do saber pensante em geral. Ao contrário, no ponto de partida caracterizado, a questão acerca da verdade se transforma, ao mesmo tempo, no primeiro salto para o interior do centro da questão fundamental da filosofia.

Por isso, não pode nos causar espanto o fato de tudo aquilo que é dito sobre o conceito corrente de verdade permanecer, de saída, e durante muito tempo, estranho. Tanto mais intensamente, portanto, precisamos nos assegurar daquilo que já se acha acessível para nós na tradição como ressonância da essência originária e que se exprime na palavra ἀλήθεια [desvelamento]. Assim, a nossa questão acerca da verdade torna-se histórica em um duplo sentido: por um lado, na medida em que nela se prepara uma transformação do ser do homem até aqui e de sua relação com o ente e, com isso, na medida em que o que se tinha até aqui é voltado necessariamente para o cerne da confrontação; em seguida, contudo, por outro lado, na medida em que mesmo a determinação mais originária da essência da verdade já reluz necessariamente no saber inicial acerca da verdade, sem ser aí expressamente dominado. Nosso questionamento carece, por isso, para o seu asseguramento e clarificação, e, ao mesmo tempo, para o alijamento da suspeita de um caráter arbitrário, da realização expressa da *lembrança histórica*. Sua própria realização, contudo, deve fazer com que experimentemos o quanto, porém, essa lembrança se distingue da tomada de conhecimento historiológica das opiniões passadas.

III. A lembrança da primeira reluzência da essência da verdade como ἀλήθεια (desvelamento)

8. A lembrança do primeiro saber da verdade no início da filosofia ocidental como instrução para o questionamento próprio acerca da essência mais originária da verdade como abertura

A lembrança do primeiro saber acerca da verdade no início da filosofia ocidental deve nos fornecer uma instrução sobre aquilo que se insinua, ainda que de maneira indeterminada e infundada, na essência da verdade como abertura junto a contextos essenciais. A realização dessa lembrança é naturalmente mais difícil do que pode parecer à primeira vista. O que os gregos pensaram sobre a verdade já sempre se soube e, desde o momento em que passamos a ter uma pesquisa historiológica da história da filosofia, isso também foi mais ou menos representado. Certamente, esses relatos historiológicos são guiados pelo conceito tradicional de verdade como correção. Encontra-se junto aos gregos aquilo que eles disseram sobre a verdade nesse sentido e constata-se até onde eles chegaram com o desdobramento desse conceito de verdade e até que ponto eles ficaram aquém dessa tarefa. Só se encontra aquilo que se busca e só se busca aquilo que se quer saber em relação ao conceito diretriz "verdade" (verdade como correção). Não se procura precisamente pelo desvelamento.

Para que se possa levar a termo a lembrança da primeira reluzência da essência da verdade como ἀλήθεια, já precisamos ter levantado a pergunta acerca da essência mais originária da verdade como abertura do ente. Nós nos movimentamos aí naquela esfera conhecida de todo compreender e interpretar. Inversamente, poder-se-ia dizer: se já perguntamos sobre a essência originária da própria verdade e, com isso, já precisamos dispor de um saber sobre ela, então é supérfluo recuperar o que passou. A questão é que essa reflexão já é suspensa de maneira fundamental pelas considerações anteriores. A partir de agora, porém, precisamos atentar para o fato de só visualizarmos a primeira reluzência da ἀλήθεια, se nós mesmos questionarmos, ao mesmo tempo, e de antemão, em meio à essência originária. Conseguiremos ver algo tanto mais essencial, quanto mais decididamente nós mesmos perguntarmos e formos, assim, ao encontro da história que foi e continua sendo.

A realização da lembrança da primeira reluzência da ἀλήθεια equivale a uma confrontação com os passos essenciais dados no interior dos movimentos fundamentais da grande filosofia grega, cujo início e fim é estabelecido pelos nomes de *Anaximandro* e *Aristóteles*. O que vem depois na assim chamada "filosofia" grega tem um outro caráter, não mais originário; ou bem se trata de orientações escolásticas na sucessão de *Platão* e *Aristóteles*; ou bem de filosofias prático-morais como a dos estoicos e de *Epicuro*; ou, contudo, de tentativas de renovação da antiga filosofia grega sob a influência do mundo da fé cristão e dos sistemas religiosos da alta Antiguidade, tentativas que são coligidas sob o nome de neoplatonismo. Todas essas "filosofias" se tornaram no tempo subsequente historicamente muito mais efetivas do que a grande filosofia grega propriamente dita e originária. A razão desse fato reside em sua articulação com o Cristianismo. A grande filosofia grega, em contrapartida, cai cada vez mais em esquecimento e, onde foi levada em consideração, entra em um completo obscurecimento. O fato de *Aristóteles* ter se tornado, na Idade Média, o principal mestre da "filosofia" não fala contra esse fato. Pois, por um lado, aquilo que se chama, na Idade Média, de filosofia não é mais "filosofia" alguma, mas apenas a preliminar à razão, exigida pela fé, em sua preparação para a teologia. Por outro lado, justamente por isso, o próprio *Aristóteles* não foi compreendido de maneira grega, isto é, a partir dos inícios do ser-aí grego pensante e poetante, mas de maneira medieval, de maneira árabe-judaico-cristã.

A primeira tentativa de meditação filosófica sobre o início da filosofia ocidental, ou seja, sobre a grande filosofia dos gregos, só é levada a termo por *Hegel*, com base na sistemática elaborada por ele. A segunda tentativa, dirigida e conformada de maneira totalmente diversa, é a obra de *Nietzsche*. As duas tentativas, porém, de reatar uma vez mais os fios dilacerados com os gregos – de tornar essencial para nós o seu essencial em meio à lembrança criadora, isto é, de não *imitar* e apenas receber –, essas duas tentativas não são suficientemente originárias, porque elas não são atiçadas e sustentadas *pela* questão por intermédio da qual o pensamento inicial grego precisa sobrepujar a si mesmo em direção a um outro início.

9. Articulação da lembrança histórica em cinco níveis de meditação

Uma parte central dessa questão é a questão acerca da verdade tal como nós a desdobramos aqui. A realização da lembrança da primeira reluzência da ἀλήθεια – no sentido de uma confrontação com os passos essenciais do movimento fundamental da grande filosofia grega entre *Anaximandro* e *Aristóteles* – não é possível no quadro da presente preleção. Como compensação, também não podemos certamente remeter para a extensa pesquisa erudita que vem sendo realizada em termos de historiologia da filosofia. Essa pesquisa conhece, em verdade, todos os nomes, doutrinas e escritos e sempre os apresenta uma vez mais, computando e trazendo à tona as conexões e dependências mútuas entre os pensadores. A filosofia, porém, não ocorre aí, porque não se levanta a questão – e *não* se levanta a questão porque, como pessoas que chegaram depois, e mesmo como os homens de hoje, já se acredita saber tudo melhor do que os pensadores antigos.

A lembrança da primeira reluzência da ἀλήθεια, tal como a exigimos, e em sintonia com o fato de só a considerarmos realizável a partir do questionamento da questão da verdade, pode ser dividida em cinco níveis da meditação:

1. A reluzência inexpressa da ἀλήθεια na sentença de *Anaximandro.*

2. Os primeiros desdobramentos da ἀλήθεια, ainda que não expressamente direcionados para uma fundamentação, em *Heráclito* e *Parmênides,* nos *trágicos* e em *Píndaro.*

3. A última reluzência da ἀληθεια no interior da questão diretriz filosófica acerca do ente (τί τὸ ὄν;) em *Platão* e *Aristóteles.*

4. O apagamento da ἀλήθεια e sua transformação em ὁμοίωσις [correção[.

5. A transição mediata e mediável da ἀλήθεια para a ὁμοίωσις no desvio pela incorreção (falsidade – ψεῦδος).

No que concerne ao intuito da presente preleção, só perseguimos o *ponto médio* desses cinco níveis, o *terceiro nível,* e mesmo nesse caso, com vistas apenas à última reluzência da ἀλήθεια em *Platão;* essa reluzência, porém, naturalmente não ao modo de uma visão panorâmica vazia sobre a filosofia platônica, mas por meio de um acompanhamento do *filosofar de Platão.* Cada um de seus diálogos, sim, quase cada parte de seus diálogos, fornece de maneira imediata ou mediata a indicação para a questão acerca da ἀλήθεια. Nós escolhemos, contudo, uma parte insigne de um diálogo, que não apenas não trata explicitamente da ἀλήθεια, mas que também mostra, em seu modo de tratamento, um caráter peculiar, na medida em que *Platão,* aqui, como se diz, fala de maneira "alegórica".

Adendo ao §40

A indigência (indigência da falta de indigência: abandono do ser do ente) determina a necessidade (do questionamento acerca da verdade do seer); a necessidade determina a *direção* do questionamento (a questão acerca do seer da verdade) como questão prévia e, com isso, o conteúdo material da verdade, a esfera de sua essência.

A verdade: porque superação do fim, não correção; porque transição para o outro início, não ἀλήθεια. E, não obstante, apenas "não"; mas ἀλήθεια mais originariamente enquanto tal: a abertura; a abertura em si: essenciando-se mais originariamente: o ser-aí.

Não a mera explicitação crítica do conceito de verdade vigente, mas a necessidade da indigência atual é que determina o ponto de partida essencial da verdade. Por isso, aquela explicitação crítica mesma – aparentemente disparada à queima-roupa – já determina a partir da necessidade experimentada da questão acerca da verdade, que emerge a partir do fim da metafísica para o início da verdade do seer (acontecimento apropriativo).

A transposição, de acordo com a qual o homem é posto *ao mesmo tempo* no espaço livre da ousadia da criação e no caráter desprotegido da perduração de sua morada. *As duas coisas* fazem parte da essência da *abertura do en-*

tre, as duas coisas se tornam tanto mais poderosas quanto mais essa abertura enquanto tal tiver de ser fundada. As duas, porém, são soterradas, deslocadas e desfiguradas quando, a partir dessa transposição para o interior da essência inicial, tal como aconteceu, o homem se mostra como o *ser vivo racional*.

Adendo ao § 41

A abertura também *não* é *apenas* a condição de possibilidade da correção do enunciado. Ela se revela como tal condição na próxima referência crítica a ela. Mas ser uma tal condição não esgota a essência da abertura, nem chega mesmo a tocar o cerne dessa essência. Pois a abertura também denomina algo mais originário do que a ἀλήθεια; não apenas o desvelamento do ente que se presenta, mas também o clareado e a clareira, na qual, em geral, um ente desvelado pode se postar.

O que é essa clareira mesma em meio ao ente? O que ela precisa ser para que, nela, ente se encontre com ente e para que entes se compertençam aí? No que se funda e como se essencia esse "em-meio-a" clareado, para o interior do qual o homem é transposto pela tonalidade afetiva e que ele tem de ocupar e proteger no poder de erigir[1] de sua criação? A abertura do "em-meio-a" clareado, no qual o homem chega a se postar, desvela-se,

1. O termo *Ertragsamkeit* possui uma relação direta com o verbo *ertragen* [suportar, aguentar] e com o substantivo *Ertrag* [rendimento, produto, receita]. *Ertragsam* é algo que traz consigo uma contribuição, um rendimento, pelo qual ele se mostra como o ponto de sustentação. Para acompanhar o conteúdo significativo do original, escapando ao mesmo tempo de termos cujo sentido se encontra em conexão com um campo semântico diverso, termos tais como "produtibilidade", optamos pela tradução "poder de erigir". (N. do T.)

assim, como o fundamento do próprio ser do homem; mas não de um ser humano qualquer em geral, e sim daquele homem que só levanta a questão acerca de quem ele é por meio da questão acerca da essência da verdade como abertura. Em retroprojeção do início do pensamento ocidental, dissemos que o homem tinha sido determinado lá como o guardião do desvelamento do ente, o que se transformou, então, como dejeto, no animal racional. No questionamento acerca da essência mais originária da verdade como a abertura do ente, a questão acerca de quem é o homem conquista, pela primeira vez, a sua agudeza e necessidade. Pois essa questão questiona agora na direção da possibilidade de saber se o homem seria mesmo o guardião da essência da verdade, se todo o seu verdadeiro e correto não permanece frágil e superficial enquanto ele esquecer, e tantas vezes quanto ele esquecer, essa tarefa como guardião.

A essência da abertura não se esgota aí, mas é mais originária, algo para o que apontou o que foi dito sobre a tonalidade afetiva e sobre o lançar ex-plosivo e transpositor do ente.

A abertura não é apenas aquilo que possibilita isso – um comportamento humano particular, o enunciado e o julgamento sobre objetos. Ao contrário, ela é aquilo que possibilita, pela primeira vez, o próprio homem, na medida em que ele é concebido de forma finita e propriamente dita como o que joga em sua direção, de maneira inicial, a sua história ocidental, para que ele, assim o parece, *não* a apreenda em um primeiro momento, mas apenas a desfigure por meio do esquecimento.

E o que significa isso? O fato de o homem não ser apenas – como interpretamos na retroprojeção – o que cuida do desvelamento, mas também o *guardião da abertura do seer mesmo,* em cujo espaço-de-jogo-temporal o ente se torna pela primeira vez essente (mais essente e mais inessente). Nesse caso, isso seria a decisão dos que estão por vir e a prontidão dos homens de hoje, o fato de que o homem atual superaria a si mesmo e a sua verdade e, em vez de seguir em frente, isto é, em vez de se mostrar na posição do prosseguimento do igual, encontraria e iniciaria sua essência a partir de um fundamento mais originário – aquela essência que consiste em se tornar o guardião da verdade do ser.

A abertura se essencia como clareira do encobrir-se, como ser-aí na fundação do aí do ser-aí.

POSFÁCIO DO EDITOR ALEMÃO

A preleção aqui publicada, pela primeira vez, como o volume 45 da obra completa de Martin Heidegger foi ministrada pelo filósofo durante uma hora por semana no semestre de inverno de 1837/38.

Para a edição, tínhamos à disposição o manuscrito de Heidegger para a preleção, assim como dois textos diversos, datilografados, que foram providenciados por Fritz Heidegger a pedido de Martin Heidegger, e um terceiro texto, escrito à máquina por Hildegard Feick. O manuscrito, que se encontra em letras góticas do texto da preleção completamente trabalhado e reformulado, começa com a sequência de páginas de "a" até "d" e prossegue com a numeração das páginas de 1 até 50; ocasionalmente, uma página do manuscrito é multiplamente numerada por meio da inserção de letras minúsculas. Além disso, fazem parte do manuscrito da preleção as "repetições", elaboradas e reformuladas em páginas isoladas também completas. Martin Heidegger indica, nesse caso, os respectivos números das páginas no manuscrito às quais se refere a "repetição", e insere as páginas entre as folhas correspondentes do texto da preleção. O texto continuamente escrito e as repetições se encontram na parte esquerda das páginas do manuscrito, transversalmente disposta; as metades das páginas à direita servem aos complementos ao texto, aos aprimoramentos do texto e às observações marginais.

A segunda cópia datilografada, cronologicamente posterior, feita por Fritz Heidegger, distingue-se da anterior pelo fato de acolher as reelaborações empreendidas no manuscrito da preleção. O original desse segundo texto datilografado se encontra em uma forma coesa e foi, tal como nos informa a dedicatória escrita à mão, presenteada por Martin Heidegger a Vili Szilasi por ocasião do aniversário de 60 anos deste. Na página título se acha escrita a mão a sentença: "Αὒη ψυχὴ σοφωτάτη καὶ ἀρίστη (Heráclito 118): "Sóbrias almas – as mais sapientes e as mais nobres." O escrito datilografado providenciado por Hildegard Feick, a pedido de Martin Heidegger, é uma cópia do exemplar presenteado a Vili Szilasi, e contém reelaborações escritas à mão.

*

A atividade do editor movimenta-se no quadro demarcado pelas instruções dadas por Martin Heidegger para o estabelecimento do texto suficientemente apropriado para a publicação. As cópias datilografadas foram comparadas muitas vezes com o manuscrito da preleção, tanto quanto entre si. Uma série de erros de leitura foi corrigida. Para além de uma primeira revisão, feita à mão, do manuscrito, uma revisão que já tinha sido realizada por Martin Heidegger por ocasião da segunda transposição datilografada por Fritz Heidegger, o manuscrito da preleção também apresenta, ainda, uma leve revisão posterior, que é, em grande medida, de caráter estilístico e que empreende aprimoramentos para os quais Heidegger tinha instruído o editor em relação à edição de suas preleções. Essa última revisão também foi acolhida na versão impressa. A segunda cópia datilografada realizada por Fritz Heidegger contém, além de poucas melhorias leves escritas à mão, uma revisão maior, também feita à mão, daquela parte do texto que abarca, no presente volume, os parágrafos de 36 até 38. Essa revisão não ultrapassa, contudo, o plano imanente da meditação próprio à preleção ministrada.

O texto da preleção, redigido preponderantemente de maneira contínua, com a inclusão das repetições, foi dividido, de acordo com o sentido, em parágrafos. O estabelecimento de sinais nessa preleção, algo com o que Heidegger já tinha se ocupado amplamente antes, foi completado e uniformizado quando necessário. As expressões de realce e de ênfase, que são próprias ao estilo de apresentação oral, mas que soam estranhas no texto impresso, precisaram ser atenuadas nos casos em que elas já não tinham sido riscadas pelo próprio Heidegger no manuscrito da preleção.

Tendo por fim o estabelecimento de um índice detalhado que, segundo as instruções de Heidegger, deveria substituir o índice onomástico e o índice conceitual, algo que ele não desejava de modo algum, o texto como um todo foi dividido e dotado de títulos para as seções e parágrafos. No manuscrito da preleção encontram-se apenas dois títulos: o título do, agora, segundo capítulo da parte preparatória e o título da parte principal da preleção. A divisão do texto em uma parte preparatória e em uma parte principal, além da divisão em capítulos, parágrafos e subseções dos parágrafos e da formulação de todos os títulos, com a exceção de dois, tudo isso foi realizado pelo editor. A inserção dos títulos aconteceu exclusivamente a partir do emprego de expressões cunhadas pelo próprio Heidegger nas unidades subdivididas.

O modo de escrita de muitas palavras, que foram seguidas por dois pontos de exclamação, corresponde, de forma inalterada, ao original manuscrito. Para não interferir de maneira interpretativa no texto, o modo de escrever diverso de "seer" e "ser" também foi assumido a partir do manuscrito da preleção; e isso mesmo onde teria sido natural, em função da coisa, realizar uma correção. As poucas observações desse volume provêm, sem exceção, de Heidegger e só foram completadas bibliograficamente. Para a comparação dos textos citados, nós nos valemos dos exemplares usados por Heidegger. Na página 119 deste volume encontra-se, entre parênteses, uma referência inserida por Heidegger no texto corrente do manuscrito da preleção: "(Não dito: o passar ao largo do último deus. Cf.: *Do acontecimento apropriativo*)." Com essa referência, ele está se remetendo ao seu ensaio mais abrangente, ainda não publicado[2], que foi alocado por ele mesmo na Seção III de sua obra completa, um ensaio dos anos de 1936-1938. O "título público" desse manuscrito – tal como Heidegger diz no início desse ensaio – é *Contribuições à filosofia*, o "título essencial", contudo, é "Do acontecimento apropriativo". A partir desse ensaio, "acontecimento apropriativo" passou a ser a expressão diretriz de seu pensamento, tal como Heidegger escreve em uma observação marginal à sua *Carta sobre o humanismo* (Cf. *Marcas do caminho*, OC 9, p. 316).

*

O texto impresso em primeiro lugar no *Anexo*, "A questão acerca da verdade" – inserido no manuscrito da preleção antes do começo da parte principal – apresenta, ao lado do título, a observação "não ler", entre parênteses. O primeiro projeto para essa preleção previa elabo-

2. O texto do livro *Contribuições à filosofia [Do acontecimento apropriativo]* foi publicado pela primeira vez em alemão em 1988. Uma tradução para o português está sendo preparada e será editada pela Kalouste Gulbenkian. (N. do T.)

rá-lo segundo as dez unidades subdivididas dessa visão panorâmica. A execução desse plano, contudo, foi interrompida e abandonada. Heidegger decidiu-se a trabalhar a preleção, em sua parte principal, apenas a partir do título apresentado em primeiro lugar na visão panorâmica: "Pontos fundamentais sobre a questão acerca da verdade". Foram mantidas, do primeiro projeto, as páginas 19 e 36 do manuscrito e impressas no anexo em segundo lugar. Esse texto fragmentário começa com a parte final da Seção I completa e com a Seção III incompleta da visão panorâmica. Mesmo esse texto fragmentário foi trabalhado de maneira plena no original manuscrito e reformulado e passado para a cópia datilografada por Fritz Heidegger. A divisão dos parágrafos segundo números arábicos e a formulação dos títulos para as unidades subdivididas estão entre as tarefas realizadas pelo editor. Os dois adendos aos parágrafos 40 e 41, inseridos no manuscrito da preleção, foram passados para as duas cópias datilografadas por Fritz Heidegger.

*

Preciso agradecer enormemente ao dr. Hermann Heidegger, como administrador do espólio estabelecido de maneira testamentária por Martin Heidegger, pelo trabalho conjunto, repleto de confiança, e pelo diálogo constante que acompanhou todos os trabalhos de edição.

Por seu apoio solícito no estabelecimento do manuscrito para a impressão, gostaria de agradecer ao dr. Hartmut Tietjen. Agradeço sinceramente à dra. Luise Michaelsen por sua colaboração, realizada com grande zelo e cuidado. Agradeço cordialmente ao sr. Hans-Helmuth Gander, doutorando, por sua grande participação nos trabalhos de correção tanto quanto pelo auxílio constante nos diversos transcursos do trabalho, dentre os quais estava a comparação reiterada das bases textuais. Agradeço por fim à sra. Sonja Wolf, do Seminário de Filologia Clássica da Universidade de Freiburg, pela revisão atenta da última prova.

Freiburg em Brisgau, em julho de 1984 F.-W. v. Hermann

POSFÁCIO À SEGUNDA EDIÇÃO

Os poucos erros de impressão da 1ª edição foram eliminados na 2ª edição.

Sob o título, "A partir de uma explicitação da questão acerca da verdade", Martin Heidegger publicou um extrato do texto da preleção, que está impresso no presente volume nas páginas 88 até 91, levemente reelaborado em um pequeno livrinho da editora Neske por ocasião dos dez anos de existência da editora (Dez anos da editora Neske. Pfullingen, 1962, pp. 19-23). Essa comunidade, que o editor tinha se esquecido de mencionar em seu posfácio à primeira edição, é feito aqui.

A referência de Martin Heidegger ao manuscrito "Do acontecimento apropriativo", que se encontra na página 119 do presente volume, foi elucidada no posfácio à primeira edição por meio de uma indicação ao grande manuscrito *Contribuições à filosofia*, que ainda se encontrava inédito à época do lançamento do presente volume da preleção. Entrementes, esse manuscrito foi publicado na Seção III da Obra Completa como o volume 65, por ocasião dos 100 anos de nascimento de Martin Heidegger. Sobre a relação particular em que se encontra a preleção do semestre de inverno de 1937/38 com o *Contribuições à filosofia*, elaborado entre 1936 e 1938, o editor fala no posfácio ao volume 65, nas páginas 513 s.

Freiburg em Brisgau, em março de 1992 F.-W. v. Hermann